四川省科技计划项目（2013GZ0047）资助

落石冲击下拱形明洞结构概率可靠度分析

王玉锁 著

西南交通大学出版社
·成都·

图书在版编目（CIP）数据

落石冲击下拱形明洞结构概率可靠度分析 / 王玉锁著. —成都：西南交通大学出版社，2017.8
ISBN 978-7-5643-5732-0

Ⅰ. ①落… Ⅱ. ①王… Ⅲ. ①落石 – 冲击力 – 研究② 明洞 – 结构可靠性 – 分析 – 研究 Ⅳ. ①U216.41 ②U453.2

中国版本图书馆 CIP 数据核字（2017）第 221100 号

落石冲击下拱形明洞结构概率可靠度分析

王玉锁　著

责任编辑	柳堰龙
封面设计	何东琳设计工作室
出版发行	西南交通大学出版社 （四川省成都市二环路北一段 111 号 西南交通大学创新大厦 21 楼）
发行部电话	028-87600564　028-87600533
邮政编码	610031
网　　址	http://www.xnjdcbs.com
印　　刷	成都中铁二局永经堂印务有限责任公司
成品尺寸	185 mm × 260 mm
印　　张	12.25
字　　数	306 千
版　　次	2017 年 8 月第 1 版
印　　次	2017 年 8 月第 1 次
书　　号	ISBN 978-7-5643-5732-0
定　　价	68.00 元

图书如有印装质量问题　本社负责退换
版权所有　盗版必究　举报电话：028-87600562

前 言

　　危岩落石是常见的地质灾害之一，常见于铁路、公路高陡边坡之上，会危及交通运营安全。通常采用柔性的主动、被动防护网，以及棚洞、防石墙等被动刚性防护结构。由于我国高速铁路、公路的快速发展，需要修建大量隧道工程，限于线路走向及场地条件，很多隧道洞口段处于高陡边仰坡地段，为保证运营安全和出于环境保护需求，通常需要接长明洞来防治落石灾害，有时明洞也作为缓冲结构以消除空气动力学效应，此时，一般为突出式明洞门，上部无回填缓冲层。

　　我国铁路隧道明洞结构的设计引入了概率极限状态法，采用分项系数的形式进行结构可靠度设计，但没有考虑落石冲击荷载，只是提出落石冲击力作为偶然荷载。由于缺乏落石冲击力或冲击荷载的合适表达式及概率统计特征，也没有明确的落石冲击下明洞结构极限状态方程，因此无法进行落石冲击下明洞结构的概率可靠度设计。

　　本专著就是针对以上问题，对落石冲击下隧道明洞结构可靠性设计方法进行研究和阐述，鉴于隧道洞口段通常采用拱形明洞结构形式，本专著研究对象主要是拱形明洞结构。主要内容包括三大部分：

　　（1）落石冲击荷载对明洞结构的作用机理研究。

　　通过室内模型试验、数值模拟等方法，对落石冲击下路堑对称型及单压式拱形明洞的应力、应变、位移、应变率、基底反力等荷载效应进行了详细分析，提出结构优化设计的建议。

　　（2）落石冲击荷载研究。

　　利用离散元方法，开展了落石冲击荷载的研究，得出了平板结构落石冲击荷载的多元回归表达式，该表达式是包含了回填土厚度、落石高度等变量，是冲击过程中结构实际受到的最大冲击荷载，此荷载与通常所指的落石冲击力（指落石与缓冲层间的相互作用）是完全不同的概念，这也是本专著想重点阐明的问题。

　　（3）落石冲击下明洞结构可靠性分析及设计方法研究。

　　根据现场实际、室内模型试验及理论分析，开展了落石冲击下拱形明洞破坏特征及失效模式、极限承载力、落石冲击荷载及极限状态表达式等的研究，将钢筋混凝土结构各材料参数、落石冲击荷载影响因素等作为基本随机变量，利用一次二阶矩方法求出拱形明洞结构可靠指标，根据规范给出的目标可靠指标，进行了结构可靠度设计及优化。

本专著受四川省科技计划项目（2013GZ0047）资助，主要完成人员包括：唐建辉、杨超、曾宏飞、李俊杰、冯高飞、李正辉、吴浩、李亚秋、王涛、何俊男、周良、徐铭、王琦、王志龙、王岩等。在本项目的研究过程中，得到了西南交通大学峨眉校区原校长蔺安林教授的大力支持和关心，博士后期间的西南交通大学王明年教授、中铁第一勘察设计院李国良大师、杨国柱教高三位导师的指导和帮助，在此表示诚挚的感谢！

由于时间仓促，加之水平有限，本专著错误疏漏之处在所难免，望广大同行和专家批评指正。

作者

2017 年 7 月 19 日

于峨眉校区西山梁实验大楼 310 室

目 录

第1章 绪 论 ·· 1
　1.1 课题研究背景及意义 ··· 1
　1.2 国内外研究现状 ·· 2
　1.3 课题研究内容及技术路线 ·· 4
第2章 防落石明洞落石冲击荷载的作用机理研究 ·· 5
　2.1 落石冲击对无回填土的拱形明洞结构的作用机理模型试验研究 ············· 5
　2.2 落石冲击路堑式拱形明洞冲击荷载及荷载效应数值模拟分析 ·············· 19
　2.3 落石冲击下单压式拱形明洞力学响应数值模拟研究 ···························· 68
　2.4 落石冲击下拱形明洞结构荷载分布研究 ·· 82
　2.5 拱形明洞受落石冲击的模型简化 ··· 91
　2.6 冲击作用下钢筋混凝土板极限承载力的确定 ······································· 92
　2.7 本章小结 ··· 95
第3章 防落石明洞落石冲击荷载计算模型研究 ·· 98
　3.1 现有落石冲击力的计算方法 ·· 98
　3.2 颗粒流模型的建立及工况组合 ··· 102
　3.3 落石冲击荷载结果分析 ·· 104
　3.4 落石冲击荷载回归分析 ·· 115
　3.5 落石冲击力模拟分析 ·· 131
　3.6 本章小结 ··· 159
第4章 落石冲击下拱形明洞结构概率可靠性分析 ······································ 160
　4.1 结构概率可靠性分析的原理 ·· 160
　4.2 极限状态方程的建立 ·· 165
　4.3 结构可靠指标的计算 ·· 166
　4.4 本章小结 ··· 172
第5章 落石冲击下拱形明洞结构可靠性设计及优化 ·································· 173
　5.1 落石冲击下无回填土拱形明洞结构失效模式及极限承载力 ··············· 174
　5.2 落石冲击荷载 ··· 176
　5.3 拱形明洞结构可靠度计算 ·· 178

 5.4 无回填土拱形明洞结构可靠度设计 ········· 179
 5.5 算例 ········· 179
 5.6 本章小结 ········· 181
第6章 结论与展望 ········· 183
 6.1 主要结论 ········· 183
 6.2 问题及展望 ········· 184
参考文献 ········· 185

第1章 绪 论

1.1 课题研究背景及意义

为推动经济增长，带动产业转移，高速铁路工程在我国得到了空前的发展，随着铁路线路进一步向西部艰险山区的延伸，高速铁路隧道工程的修建难度和建设规模也越来越大[1-3]。而由于隧道洞口通常位于地质条件恶劣、岩体松散破碎地段，加之施工切坡、爆破及暴雨、地震等自然灾害的影响，隧道洞口段成为最易遭受落石侵袭的地段，导致隧道洞口落石灾害也日渐突显[4,5]。

据西安铁路局 1981 年统计，宝鸡至天水、宝鸡至上西坝线路总长 494 km，一年中发生崩塌落石 422 处，总延长 57.602 km，这给铁路运营养护造成了极大的困难。特别是宝成铁路略阳至上西坝段，线路长 127 km，当年暴雨期间出现较大病害工点 86 处，其中发生较大崩塌落石灾害工点 27 处，占比达 31.4%，后接长明洞 12 处，改建隧道 4 处[5]。

在成昆铁路北段，落石灾害也同样突出，据统计，在 1971 年至 1983 年间，仅乌斯河工务段 171 km 路段就发生落石灾害 420 次，多次砸损隧道洞口、桥梁和道岔等结构，其中有 8 次直接击中列车。在典型的隧-桥-隧路段，为避免落石对两侧隧道口中央桥梁的冲击，被迫在桥上加建了明洞[5]。

位于宝成铁路的 109 隧道，始建于 1954 年，原为两座隧道，后由于两侧高陡边坡落石灾害对行车安全的影响，曾先后 4 次接长明洞共计 200.82 m，将原来相邻的两座隧道连接为一座。尽管如此，在"5·12"汶川特大地震中，该隧道受山体崩塌和落石冲击的影响，隧道洞口端损坏仍十分严重[7]。

近些年，崩塌落石对公路所造成的威胁逐渐增多。如 2011 年 9 月 13 日凌晨，由于连日降雨作用，西汉高速公路上行线户县段 1 145 千米犄角岭隧道口大量山石突然滚落，巨型落石严重击毁路面，堵塞了隧道口，巨大的冲击力作用，导致桥体一侧的钢筋混凝土护栏被砸断。落石对隧道口及桥梁的影响如图 1-1 和图 1-2 所示[8]。

图 1-1 犄角岭隧道口滚落的巨石 　　图 1-2 被巨石砸断的桥梁护栏

由此看来，落石灾害对线路的建设及安全运营危害巨大，它不仅破坏线路，阻断行车，更容易直接造成行车事故和人身伤亡，给人身财产安全带来重大损失，除此之外，在后期灾害整治过程中也需要投入大量的人力、财力和物力[9]。

我国幅员辽阔，属于多山的国家，尤其在西南和西北地区山地较多，落石分布较为广泛，灾害频发，隧道洞口段更是崩塌落石的多发地带，这给铁路建设及安全运营带来了巨大挑战。因此，开展关于隧道洞口段落石冲击灾害的研究是非常必要的。

目前，针对隧道洞口段危岩落石采取的措施主要是主动防护和被动防护两种，考虑到落石灾害的随机性和不可预见性，对落石运动路径和坍落时机往往无法做出准确预测[10]。因此，在现行的规范标准中，建议在落石多发区采用明洞结构等被动防护措施[11,12]，其中，拱形明洞由于结构受力更加合理，抗冲击性能更强，且与暗洞过渡自然等优点[10]，在落石较多且基底地质条件较好时，多推荐采用拱形明洞[12]。本次研究对象只针对拱形明洞，并不涉及平顶的棚洞。

在当前铁路工程设计中，虽然考虑了拱形明洞受落石冲击的影响，但由于缺乏定量分析的可靠方法和手段，关于明洞回填土及落石冲击力的设计计算仍长期处于半经验半理论水平[13]。与此同时，用概率方法来描述工程结构的可靠性既科学合理，又能得出定量指标，在充分掌握各设计参数随机变异性的基础上，所得结果更加接近结构的实际工作状态[14]。

因此，将落石冲击和拱形明洞结构可靠性设计进行有机结合，开展对落石冲击下拱形明洞结构概率可靠性的系统研究是非常必要的，同时也具有巨大的工程经济价值。

1.2 国内外研究现状

从目前国内外的研究现状来看，关于落石冲击对明洞结构可靠性的研究未见有翔实报道，但针对落石冲击荷载和明洞结构可靠度理论各自的研究已取得了丰硕的成果，因此，根据课题研究需要，本书从落石冲击荷载和明洞结构可靠性研究两方面的国内外研究现状进行分析。

1.2.1 落石冲击荷载研究现状

在《铁路工程设计技术手册——隧道（修订版）》中将落石冲击力作为明洞的附加荷载来考虑[13]，其计算原理是依托冲量定理，但涉及落石冲击速度和冲击持续时间的计算仍通过经验计算方法来确定，我国现行的《公路隧道设计规范》（JTG/T D70—2010）也是采用该方法来计算落石冲击力[12]。

在落石冲击力的研究方面，日本道路公团（Japan Road Association）根据 Hertz 弹性接触理论得出了落石冲击砂垫层的冲击力计算公式[15]。Yoshida Hiroshi（1988）通过现场试验探究了落石冲击加速度和冲击分布压力与落石重量、形状及下落高度的关系[16]。在此基础上，瑞士学者 Vincent Labiouse（1996）又通过室内试验对冲击力的计算公式进行了修正，认为落石冲击力还与接触回填土部分的落石半径有关[17]。Kawahara S（2006）通过模型试验进一步分析了回填土干密度和厚度对冲击力的影响[18]。在国内，西南交通大学的杨其新、关宝树（1996）也提出了基于模型试验的冲击力回归计算公式[19]。

上述研究主要是针对垂直下落条件下落石冲击力的计算方法的研究，而在实际工程设计中，更应该重视冲击荷载对下部结构物的影响。曾廉（1974）提出了应力扩散平均分布假设，认为作用在明洞顶部的冲击力应按照垂直均布静力荷载考虑[20]。与此类似，《公路路基设计规范》（JTJ013—95）中也注明了落石冲击力是以 35°的扩散角作用在构造物的表面，且冲击力与碰撞石块的陷入深度有关[21]。王玉锁、唐建辉等人（2012）通过 1∶30 室内模型试验，对不同落石形状、重量、下落高度、坡度及坡面粗糙度条件下有、无回填土的隧道拱形明洞进行冲击，通过系统分析结构应变、位移及加速度，得出了落石冲击对隧道明洞结构的影响规律[22-25]。何思明（2011）通过假设回填土材料为理想弹塑性材料，推导了落石冲击压力的计算公式，也进一步验证了回填土材料的缓冲性能[26]。此外，也有不少研究者采用动力有限元方法，模拟了特定条件下落石对防护结构的动力力学响应，也取得了不少成果[27,28]。

最近，王玉锁等人（2016）通过采用三维离散元颗粒流（PFC^{3D}）方法，研究了回填土底部冲击荷载随落石高度、重量及回填土厚度的变化规律，并对回填土合理厚度进行了探讨，认为离散元颗粒流数值模拟方法能更加全面考虑落石冲击影响因素，所得结果合理可靠[29]。

1.2.2 明洞结构可靠性研究现状

目前，结构设计方法正逐渐从定值计算转变为概率描述，采用概率极限状态法将成为工程结构设计的必然趋势[30]，尤其在隧道及地下工程设计方面，受参数不确定性的影响，用概率方法来描述结构的可靠性已得到广泛认同。

日本学者松尾稔（1984）针对地下小直径埋管提出了以概率论为基础的设计及计算方法，介绍了基于动态可靠度设计的相关应用[31]。Shigeyuki Kohno（1989）对隧道支护结构进行了可靠度分析，提出了隧道结构支护体系可靠度的概念和分析方法[32]。我国在 20 世纪 90 年代初，由铁道部建设司组织多所高校和设计院开展了关于隧道结构可靠度分析的基础研究[33]，取得的多项成果后被《铁路隧道设计规范》（TB 10003—2001）所采用[14]。张弥（1993）通过对多座明洞资料的调研，得出了部分明洞荷载的统计特征，并首次在隧道明洞可靠性设计中引入了有限元响应面方法[34]。张清（1994）根据当时的铁路隧道规范，提出了运用一次二阶矩方法来计算隧道衬砌结构的可靠度[35]。杨成永（1999）通过离心机模拟试验评价了明洞填土压力的计算模式不定性，计算了土压力荷载作用下结构内力的概率统计特征值，得出了由分项系数控制的可靠度设计表达式[36]。宋玉香（1999）通过建立"荷载-结构"模型对单线铁路隧道进行可靠度分析，给出了目标可靠指标的建议值[37]。2002 年，景诗庭通过编著《隧道结构可靠度》一书，系统地阐述了可靠度理论及方法在隧道工程中的应用[14]。

从目前的研究现状来看，关于隧道明洞结构可靠性的研究主要集中在解决力学参数和结构荷载效应的概率统计特征等方面，基本是通过现场调研、模型试验或数值模拟等手段，结合 Monto-Carlo 法或响应面法（Response Surface Methodology，RSM）等方法进行处理。但在明洞荷载效应的研究中，关于落石冲击荷载的分析提及甚少，这主要是由于落石冲击灾害的随机性和不确定性，导致其统计资料难以获取。而基于回归分析的响应面法则是通过合理的试验设计建立目标与变量之间的函数关系[38]，该方法相比 Monto-Carlo 法并不需要做大量抽样试验，可明显提高分析效率。因此，在本书中将目标设为落石冲击荷载，变量设为影响落石冲击荷载的客观因素，如落石高度、重量及回填土厚度等，采用回归分析的方法进行研究。

1.3 课题研究内容及技术路线

针对目前落石冲击荷载和明洞结构可靠性的研究现状，以客运专线拱形明洞为研究对象，在深入学习颗粒流离散元软件 PFC^{3D} 和可靠度理论的基础上，主要从以下三个方面对落石冲击下拱形明洞结构的概率可靠性进行研究：

（1）通过对实际落石灾害的调查，结合室内模型试验结果，对落石冲击下拱形明洞结构的破坏形态做出判定，并通过建立颗粒流离散元模型验证其合理性。以客运专线双线隧道拱形明洞为参考结构，在充分考虑其工程用途和结构受力特征的基础上，结合钢筋混凝土结构的相关研究成果，得出拱形明洞结构在落石冲击下的极限承载力 R。

（2）在实际落石灾害中，影响落石冲击荷载的因素有很多，如落石的高度、重量和回填土的厚度等，基于这三点影响因素，本书通过设置合理的落石工况组合，运用颗粒流离散元软件 PFC^{3D} 进行模拟，开展对拱形明洞结构受落石冲击荷载大小及分布特征的研究，并运用回归分析的方法建立落石冲击荷载 S 与各影响因素的函数关系。

（3）根据已经得出的明洞结构极限承载力 R 和落石冲击荷载 S 的表达式，建立极限状态方程 $R-S=0$，在充分考虑各随机变量分布类型和概率统计特征的基础上，运用当量正态化法（JC 法）计算拱形明洞结构的结构可靠指标 β，并对结构的可靠性进行分析，为防落石客运专线铁路隧道拱形明洞的设计提供依据。

本书的技术路线如图 1-3 所示。

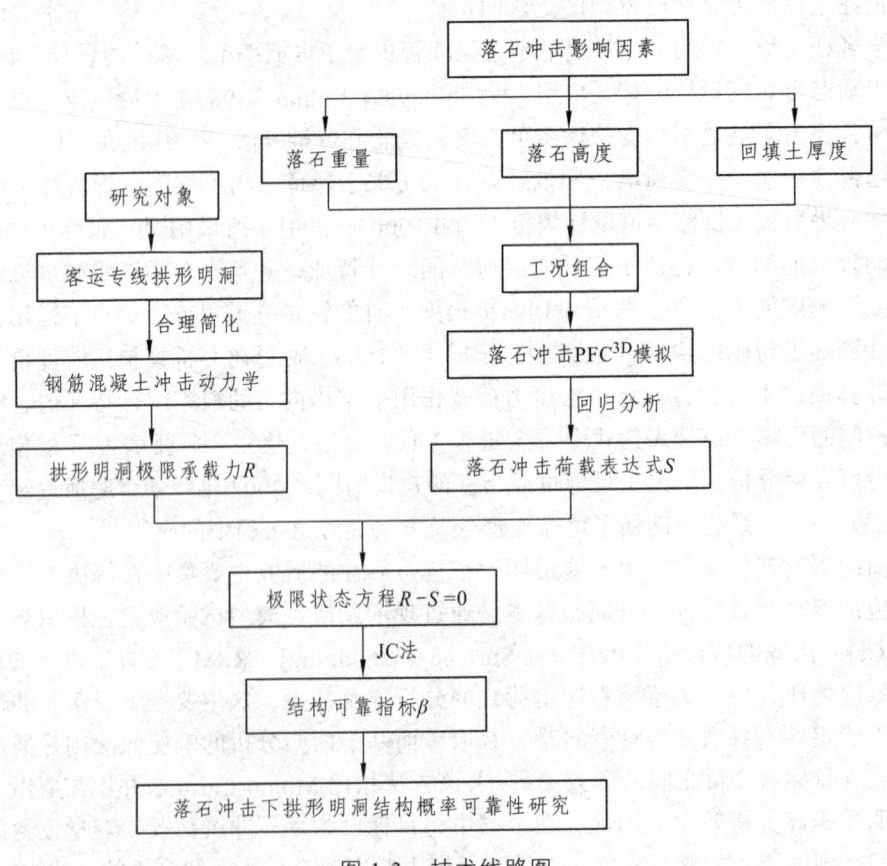

图 1-3 技术线路图

第 2 章 防落石明洞落石冲击荷载的作用机理研究

在第 1 章中已说明，本研究主要针对拱形明洞结构。

关于结构可靠性的评判从本质上讲就是对结构极限承载力和外部荷载效应的比较，因此，能否准确获取落石冲击下拱形明洞结构的极限承载力对于可靠性的研究非常重要。而落石冲击下拱形明洞结构的力学响应，与结构特征、落石条件及回填土厚度等众多因素有关，受力机理十分复杂，这也是目前对落石冲击下拱形明洞受力机理研究较少或进展较小的主要原因。

本书通过对过往落石灾害的调查研究，结合室内模型试验和数值模拟对落石冲击拱形明洞的作用机理进行了研究。为了更准确地了解落石冲击荷载在拱形明洞结构表面的分布形态，依托离散元颗粒流（PFC^{3D}）软件，对落石冲击拱形明洞试验进行了模拟，并对拱形明洞结构受落石冲击的模型进行了简化。结合目前钢筋混凝土的相关研究成果，给出落石冲击下拱形明洞极限承载力的计算方法。

2.1 落石冲击对无回填土的拱形明洞结构的作用机理模型试验研究

在落石冲击作用下，隧道明洞顶面最先受到撞击，同时被影响或受损程度也通常最高，如图 2-1 为汶川地震中被落石击穿的明洞结构，明洞结构除顶部局部受损严重外，其余部位仍较为完整。

在模型试验中也表现出类似的破坏特征，通过室内试验模拟落石冲击拱形明洞的破坏机理。试验选用石膏和砂的混合料模拟拱形明洞衬砌混凝土，铁丝网模拟内部钢筋，通过调整石膏、砂和水的配合比以满足其强度和弹性模量。试验过程中，先用体积较小的落石试块反复冲击坡脚部位，后来在远离坡脚位置处采用大尺寸落石试块进行破坏性试验，发现即使两处破坏位置很近，大型落石试块冲击破坏范围也未与先前破坏范围相连，从具体的破坏形态看，除顶部受冲击部位以外，拱肩以下部位（如拱腰和仰拱）则完好无损，说明在落石冲击作用下拱形明洞模型表现为局部破坏。

图 2-1 汶川地震中被落石击穿的隧道拱形明洞[39]

综上可知，落石冲击下拱形明洞以拱顶落石冲击部位一定范围内的局部破坏为主，所以可认为拱顶局部破坏为明洞结构的主要失效破坏形态。

而为进一步研究落石对隧道明洞结构的冲击破坏机理，通过采用室内模型试验的方法，对不同坡度、不同高度、不同质量及不同形状的落石对隧道洞口段结构的冲击效应影响规律进行全面分析。

2.1.1 室内模型试验方案

以高速铁路隧道（设计时速 350 km）采用的喇叭口倒切式洞门为对象（图 2-2），采用几何相似比为 1∶30 的相似模型试验分别对落石冲击下明洞结构的应变、加速度和位移进行研究。

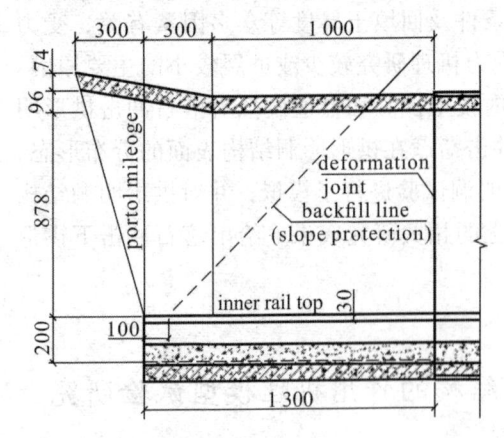

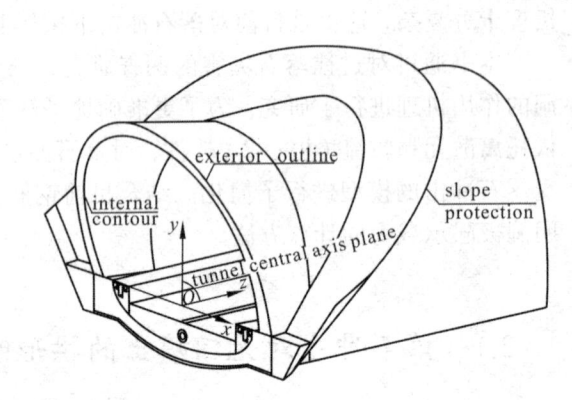

图 2-2 喇叭口隧道洞门图

1. 试验装置

根据高铁隧道喇叭口隧道洞门结构尺寸，考虑落石运动轨迹及冲击效应影响，沿隧道横断面和纵断面方向各取一定长度，由此可得试验原型土体范围：横向×纵向×竖向 =50 m×50 m×50 m，由几何相似比可得相应室内模型试验土体范围为：横向×纵向×竖向 =1.5 m×1.5 m×1.5 m。

整个试验在专门制作的试验台内进行。试验台架尺寸为：横向×纵向×竖向 =1.7 m×1.7 m×1.7 m。

坡面采用有槽和无槽两种，有槽采用铁皮制作，无槽指落石直接在土坡面上滚落。坡度通过对仰坡土体进行切削或加填来改变，试验装置见图 2-3。

（a）无槽　　　　　　　　　　（b）有槽

图 2-3 落石试验装置

2. 相似材料

本次边坡岩体采用黏土材料，隧道钢筋混凝土衬砌采用石膏与 $\phi 1$ mm、1 cm×1 cm 钢丝网模拟。落石采用不同质量、不同形状（球体、立方体及长方体）的石膏和水泥材料。

隧道洞门结构相似材料的力学性质见表 2-1。

表 2-1 隧道洞门结构相似材料力学性质

水膏比	抗压强度/MPa	容重/（kN/m³）	泊松比	弹性模量/MPa
1∶1	1.07	8.263 760 44	0.35	358.77

3. 应变测试测点布置

沿隧道纵向布置四个断面，距洞口距离分别为：10 cm、23.5 cm、35 cm 和 48 cm，分别对应称为第 1 断面、第 2 断面、第 3 断面及第 4 断面；每个断面分别在拱顶、拱肩和仰拱中心布置三个测点。

结构断面应变测点布置如图 2-4 所示。

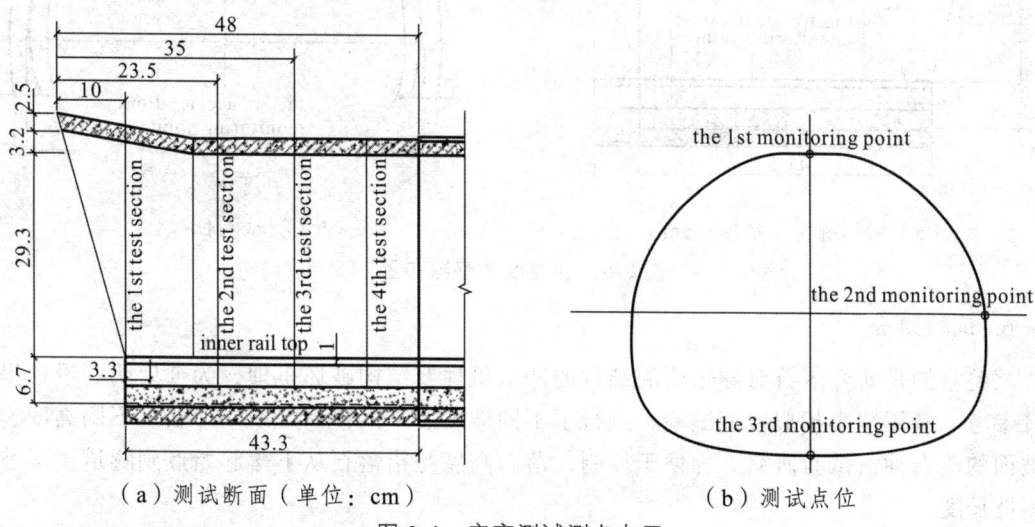

（a）测试断面（单位：cm）　　（b）测试点位

图 2-4　应变测试测点布置

4. 位移测试测点布置

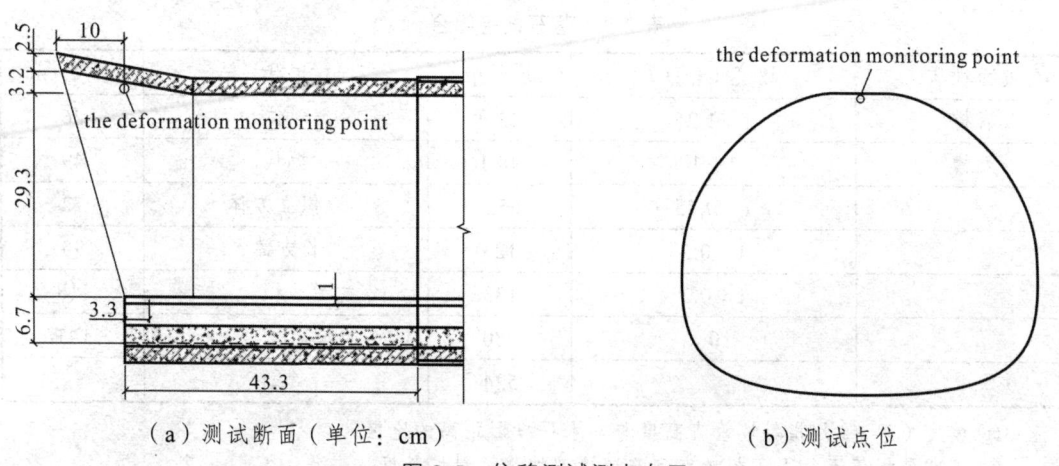

（a）测试断面（单位：cm）　　（b）测试点位

图 2-5　位移测试测点布置

将机电百分表分别布置在第1断面和第4断面的拱顶位置,距洞口的距离分别为9 cm 和48 cm。结构断面位移测点布置如图 2-5 所示。

5. 加速度测试测点布置

在喇叭口隧道洞门模型结构上共布置两个测试断面:第一断面距洞口 10 cm,无回填土覆盖,在拱顶布置 1#三向加速度传感器;第二断面距洞口 48 cm,有回填土覆盖,分别在拱顶和仰拱底中部布置 2#和 3#三向加速度传感器。

加速度传感器布置见图 2-6 所示。

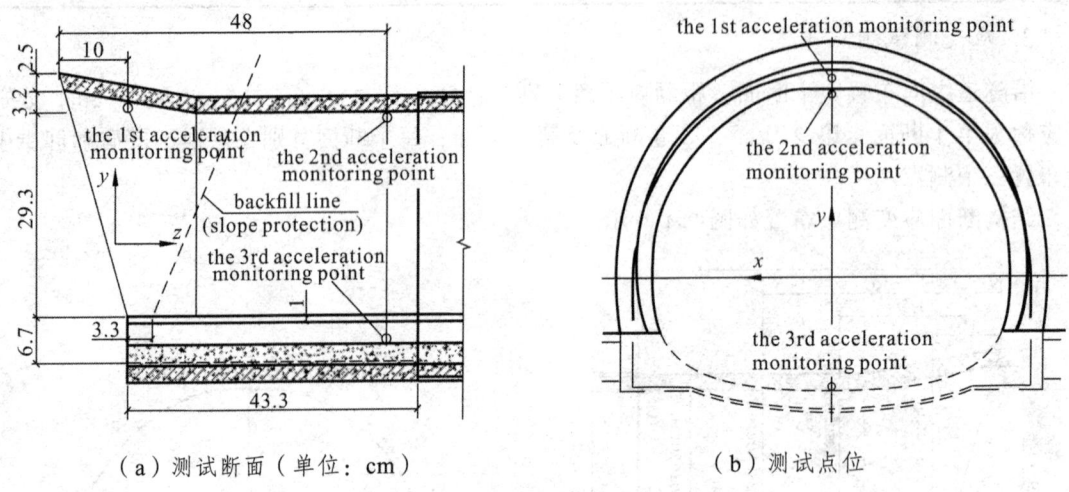

(a)测试断面(单位:cm)　　　　(b)测试点位

图 2-6　加速度传感器布置

6. 试验组合

试验目的是研究落石对隧道明洞结构的冲击机理及结构破坏机理,为今后明洞设计提供设计参考。利用缩小相似模型试验,进行了不同坡度、不同重量、不同形状、不同高度、不同坡面的落石冲击试验研究。为便于控制,落石高度是指落石从下落起始点到隧道顶部坡脚的斜坡长度。

试验采用全面组合方法,目的是使数据更加具有统计性,试验组合数为 2×6×7×4×6=2016 组,试验组合见表 2-2。

表 2-2　落石试验组合

坡面性质	坡度(率)i	质量/g	形状	高度/cm
有槽	1∶1.25	23.9	球体	26
无槽	1∶1	48.1	板状	49
	1∶0.75	65.2	近似立方体	72
	1∶0.5	123	长方体	95
	1∶0.2	133		118
	0	280		141
		524		

注:①坡度(率)i是指斜坡垂直高度与其水平投影距离的比值;
②高度是指落石从下落起始点到隧道顶部坡脚的斜坡长度。

2.1.2 落石冲击引起隧道明洞结构应变分析

根据所测得的试验数据，对落石高度、落石质量、落石形状等因素对冲击引起的结构应变的影响规律进行了研究。

1. 应变随落石高度及落石质量的变化趋势

坡度一定时，落石冲击引起隧道结构冲击断面拱顶处应变随落石高度的变化趋势如图 2-7 所示（限于篇幅，仅列出坡度 1∶1 有槽、1∶0.5 有槽两种情况，落石形状为规则球体）。

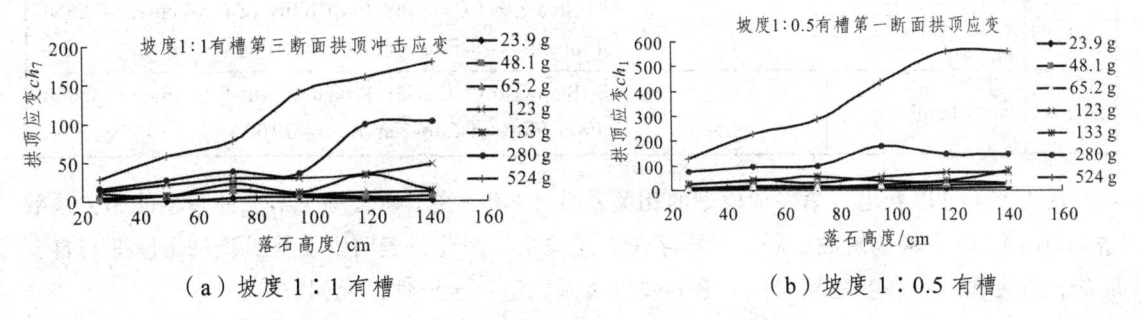

（a）坡度 1∶1 有槽　　　　（b）坡度 1∶0.5 有槽

图 2-7　拱顶应变随落石高度的变化趋势

坡度一定时，落石冲击引起隧道结构冲击断面处拱顶应变随落石质量的变化趋势如图 2-8 所示（限于篇幅，仅列出坡度 1∶0.5 有槽、1∶0.75 有槽两种情况，落石形状为规则球体）。

从图 2-7 和图 2-8 可以看出，拱顶处受落石冲击引起的应变随落石高度增大而增大，且线性关系较为明显；同时，从曲线的上下分离程度看，应变随落石质量增大而增大。相同条件下，有槽和无槽变化规律类似。

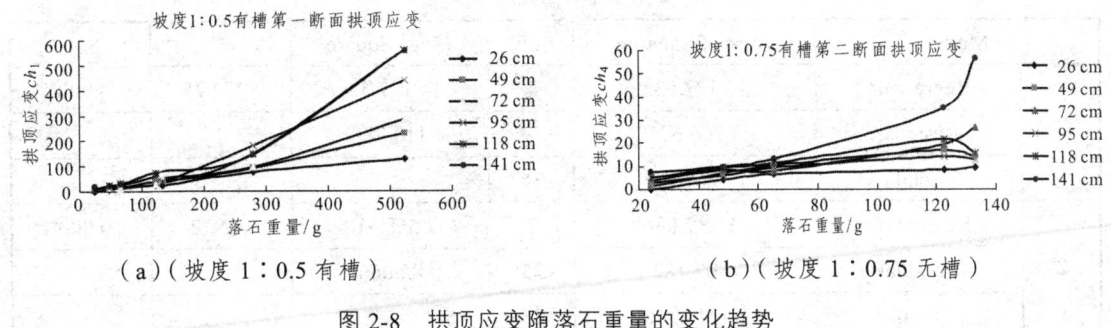

（a）（坡度 1∶0.5 有槽）　　　　（b）（坡度 1∶0.75 无槽）

图 2-8　拱顶应变随落石重量的变化趋势

根据对数据曲线图的定性分析可知，冲击应变与落石高度和质量线性关系明显，故对球体落石沿有槽坡面下落产生的结构冲击应变，进行了多元线性回归分析。以坡度为 1∶1 为例进行说明。

选取球体落石沿有槽坡面下落产生的结构冲击应变峰值结果作为多元回归分析的基本样本，其中选取冲击应变作为因变量，落石质量、落石高度作为自变量进行多元回归分析。采用逐步回归分析（Stepwise）法，通过计算非随机变量的偏回归平方和大小及其显著性检验，按照其重要性逐步选入回归方程，对结构冲击应变峰值测试结果与落石重量、落石高度进行多元回归分析。

从表 2-3 可以看出，根据逐步回归分析设定的变量进入和移出条件，当 F 统计量的显著性概率≤0.050 的变量引入模型和显著性概率≥0.100 变量移出模型，先后两次分别将落石重量、落石高度引入模型中，均无变量移出。故模型最终由落石重量和落石高度两个变量构成。

表 2-3 变量移入/移出

Model	Variables Entered	Variables Removed	Method
1	Mass		Stepwise（Criteria：Probability-of-F-to- enter <=0.050, Probability-of-F-to-remove> = 0.100）
2	height		Stepwise（Criteria：Probability-of-F-to- enter <=0.050, Probability-of-F-to- remove > =0.100）

从表 2-4 可以看出，第一种模型的相关系数（$R=0.889$）显著小于第二种模型的相关系数（$R=0.918$）；以及确定系数（R^2）同样存在上述关系，因此，表明因变量拱顶冲击应变与自变量落石重量和落石高度之间存在显著的线性关系，适合于线性多元回归分析。

表 2-4 模型概述

Model	R	R Square	Adjusted R Square	Std. Error of the Estimate
1	0.889	0.790	0.784	10.525438
2	0.918	0.844	0.834	9.223129

表 2-5 方差分析

Model		Sum of Squares	df	Mean Square	F	Sig.
1	Regression	14 177.533	1	14 177.533	127.974	0.000a
	Residual	3 766.685	34	110.785		
	Total	17 944.218	35			
2	Regression	15 137.036	2	7 568.518	88.972	0.000c
	Residual	2807.182	33	85.066		
	Total	17 944.218	35			

表 2-6 系数检验表

Model		Unstandardized Coefficients		Standardized Coefficients	t	Sig.
		B	Std. Error	Beta		
1	mass	0.150	0.013	0.889	11.313	0.000
2	mass	0.112	0.016	0.662	6.872	0.000
	height	0.081	0.024	0.324	3.358	0.002

从表 2-5 可知，根据方差分析对模型进行显著性检验，其结果表明，回归效果（模型）极为显著，模型可用。同样从表 2-6 可以得出，回归模型的各项回归系数，及对回归系数的显著

性检验（t 检验的统计量，系数为零的概率显著水平），即模型拱顶冲击应变=0.112×落石重量+0.081×落石高度的各项系数极为显著。

最终根据表 2-5、表 2-6 综合得出，在显著水平为 0.01 时，模型及其回归系数均是显著的，因此当坡度为 1∶1、球体落石沿有槽坡面下落对洞门结构顶部冲击应变的预测方程可作为最优回归模型，即用于冲击应变的预测。

同理，对坡度为 1∶0.75 和 1∶0.5 的球体落石对冲击断面拱顶的冲击应变预测方程为：

坡度为 1∶0.75 时：拱顶冲击应变= 0.133×落石质量+ 0.058×落石高度。

坡度为 1∶0.50 时：拱顶冲击应变= 0.270×落石质量+ 0.078×落石高度。

以上回归关系式只是针对规则球体且坡面为光滑有槽的情况，落石高度是用落石从下落起始点到隧道顶部坡脚的斜坡长度来度量。

2. 相同断面不同部位应变的分布情况

对各坡度条件下，落石引起的冲击断面不同部位应变关系进行了对比分析，见图 2-9 所示。

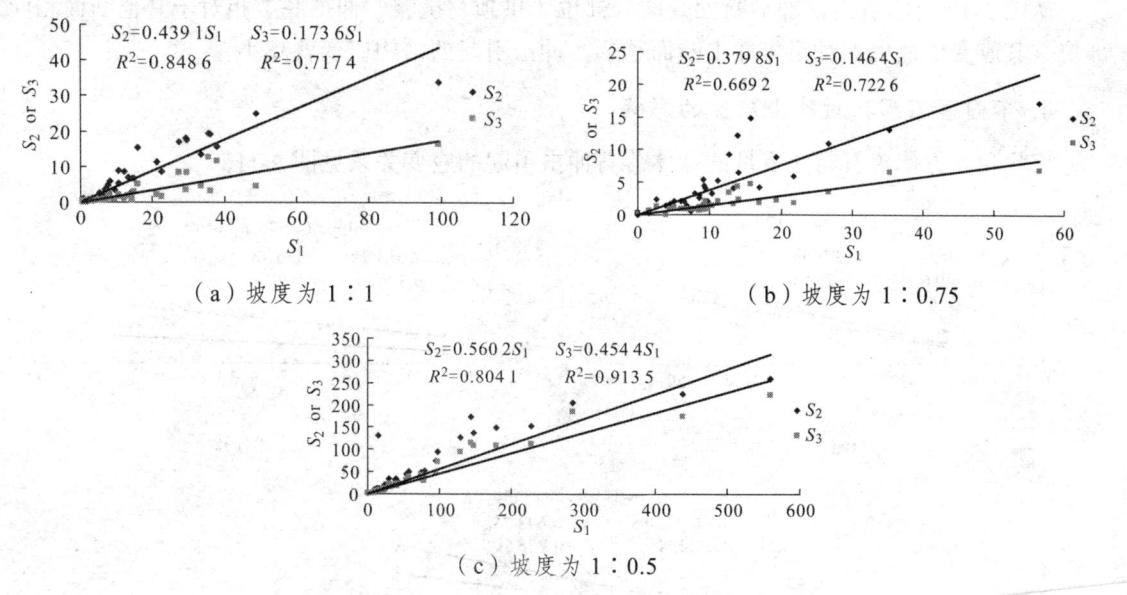

图 2-9 落石引起的冲击断面不同部位应变关系

图中：S_1——布置于拱顶的 1 号应变测点（图 2-4b）；S_2——布置于拱腰的 2 号应变测点（图 2-4b）；S_3——布置于仰拱中心的 3 号应变测点（图 2-4b）。

对应于不同位置应变测点的线性回归关系如表 2-7 所示。

表 2-7 不同位置应变点的线性回归关系

坡度	S_1 与 S_2 的线性回归关系	决定系数（R^2）	S_1 与 S_3 的线性回归关系	决定系数（R^2）
1∶1	$S_2=0.439\ 1\times S_1$	0.848 6	$S_3=0.173\ 6\times S_1$	0.717 4
1∶0.75	$S_2=0.379\ 8\times S_1$	0.669 2	$S_3=0.146\ 4\times S_1$	0.722 6
1∶0.5	$S_2=0.560\ 2\times S_1$	0.804 1	$S_3=0.454\ 4\times S_1$	0.913 5

由图 2-9 可以看出，落石冲击引起的应变在拱顶最大，拱腰次之，仰拱底最小；拱腰部位的应变约为拱顶的 0.4～0.9 倍，坡度越陡（如 1∶0.5），二者越接近；隧道底部（仰拱）处的

应变相对最小,约为拱顶的 0.1~0.4 倍。

3. 不同断面同一部位应变的分布情况

对冲击断面与其他断面相同部位的冲击应变进行了比较,如坡度 1∶0.5 时,冲击断面与其他断面在相同部位应变的关系见图 2-10 所示。

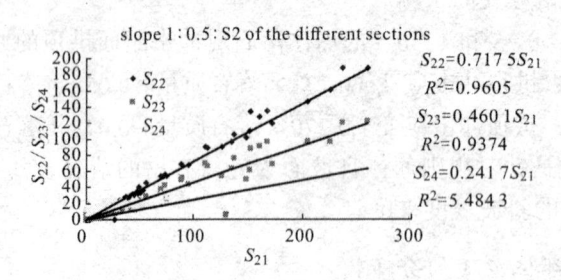

图 2-10　坡度 1∶0.5 落石冲击引起的各断面相同部位应变关系

从图 2-10 可以看出,冲击断面处的各部位(拱顶、拱腰、仰拱底)相对于其他断面相同部位,其应变值最大,且距离冲击断面越远,冲击引起的结构应变就越小。

4. 不同落石形状对冲击应变的影响

板状和立方体落石与同重量的球体落石冲击引起的应变关系见图 2-11。

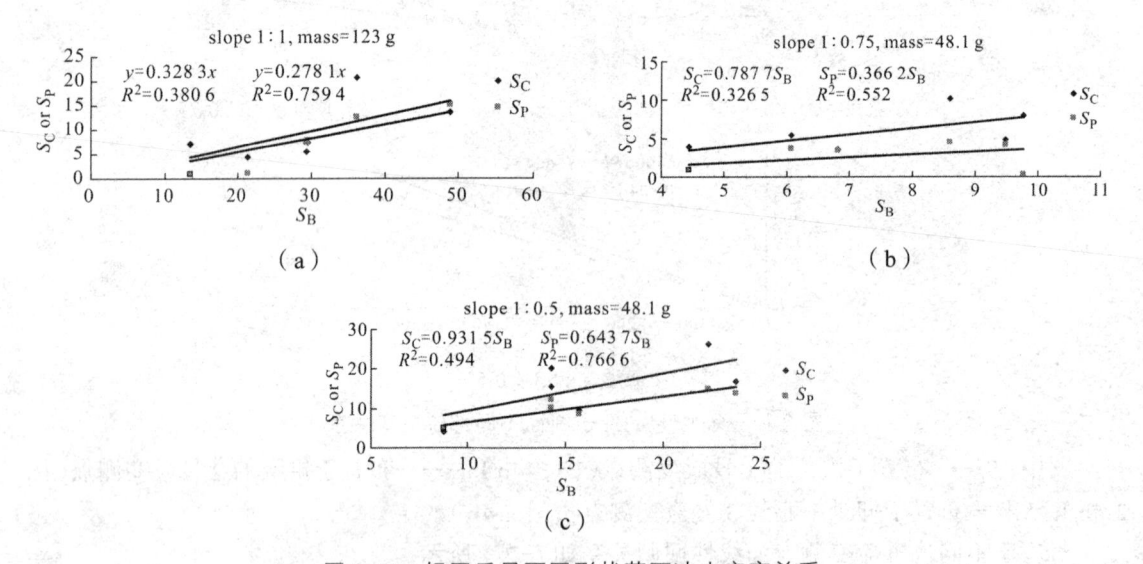

图 2-11　相同重量不同形状落石冲击应变关系

图中:S_B——球体落石的冲击应变;S_C——立方体落石的冲击应变;S_P——板状落石的冲击应变。

从图 2-11 可以看出,相同质量下,球体的冲击应变最大,立方体次之,板状最小;坡度越缓(如 1∶1 时),板状和立方体落石与同条件的球体差距越大;随着坡度变陡,三者差距呈减小趋势。

5. 不同坡面对落石冲击应变的影响

相同落石在不同坡面性质条件下的冲击应变关系见图 2-12。

（a） （b）

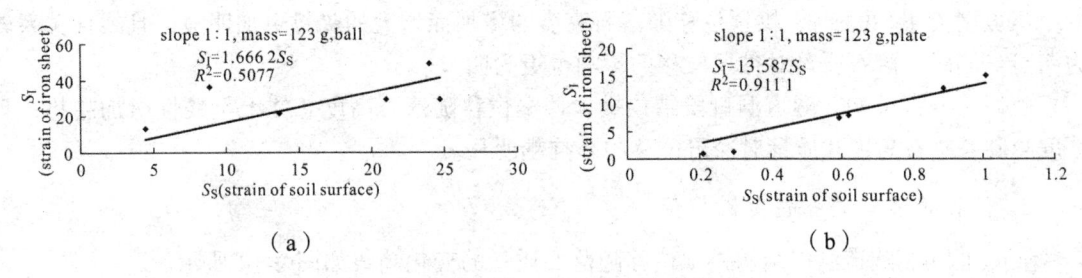

图 2-12 不同坡面落石冲击应变关系

由图 2-12 可知，光滑坡面（有槽）比粗糙坡面（无槽）的落石冲击应变大，坡面对不规则形状（板状）比规则形状（球体）落石冲击应变影响程度大。

6. 综合分析

通过对无填土隧道洞门受落石冲击结构应变影响分析，可得出如下结论：

（1）拱顶处受落石冲击引起的应变随落石高度、重量增大而增大，且线性关系较为明显；当落石为规则球体且坡面光滑时，可以用落石高度（斜坡长度）和落石重量对不同坡度下隧道拱形明洞结构顶部冲击应变进行定量预测。

（2）同一断面，落石冲击引起的应变在拱顶最大，拱腰次之，仰拱底最小，同时，拱腰部位的应变为拱顶的 0.4~0.9 倍，坡度越陡（如 1∶0.5），二者越接近；隧道底部（仰拱）处的应变相对最小，为拱顶的 0.1~0.4 倍。

（3）冲击断面处的各部位（拱顶、拱腰、仰拱底）相对于其他断面相同部位，其应变值最大，且距离冲击断面越远，冲击引起的结构应变就越小。

（4）相同质量、不同形状落石，球体的冲击应变最大，立方体次之，板状最小；随着坡度变陡，三者差距呈减小趋势。

（5）光滑坡面（有槽）比粗糙坡面（无槽）的落石冲击应变大，坡面对不规则形状（板状）比规则形状（球体）落石冲击应变影响程度大。

2.1.3 落石冲击引起隧道明洞结构位移分析

根据所测得的试验数据，对落石高度、落石质量、落石形状等因素对冲击引起的明洞结构位移的影响规律进行研究。

1. 位移随落石高度的变化趋势

坡度 1∶0.5 隧道洞门结构拱顶位移随落石高度的变化趋势如图 2-13 所示。

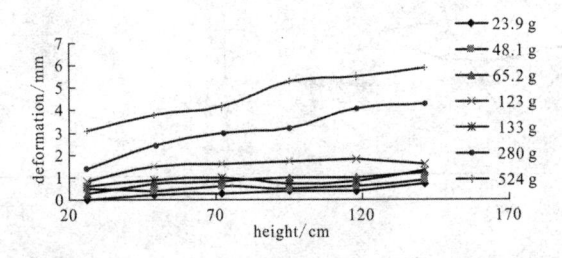

图 2-13 坡度 1∶0.5 隧道洞门结构拱顶位随落石高度的变化趋势

当坡度为 1∶0.5 时，拱顶位移随落石高度的增加而增大的趋势更加明显，且线性关系较为明显；同时，落石质量对拱顶位移的影响也更为明显。

由以上分析可知，隧道洞口段结构拱顶冲击位移随落石高度总体上呈线性增加趋势，且坡度越陡，落石高度和质量对冲击位移的影响越明显。

2. 位移随落石质量的变化趋势

坡度 1∶0.5 隧道洞门结构拱顶位移随落石质量的变化趋势如图 2-14 所示。

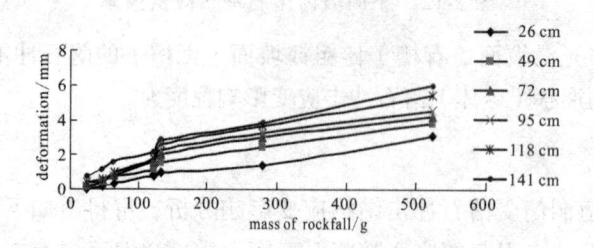

图 2-14　坡度 1∶0.5 隧道洞门结构拱顶位随落石质量的变化趋势

由图 2-14 可知，隧道洞门结构拱顶位移随落石质量增大而增大，坡度越陡，二者线性关系越明显。

3. 不同落石形状对冲击位移的影响

相同重量不同形状的落石冲击引起的位移比较如图 2-15 所示。

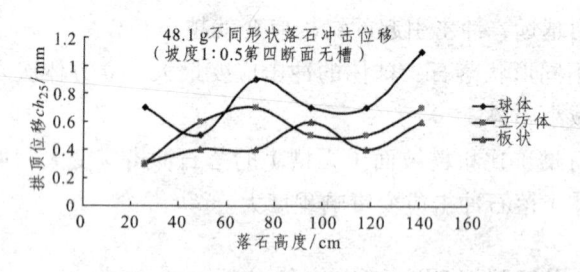

图 2-15　相同质量不同形状的落石冲击引起的位移比较

从图 2-15 可以看出，总体上，球体冲击位移最大，立方体次之，板状最小。

4. 不同坡面对落石冲击位移的影响

不同坡面条件下落石冲击位移比较如图 2-16 所示。

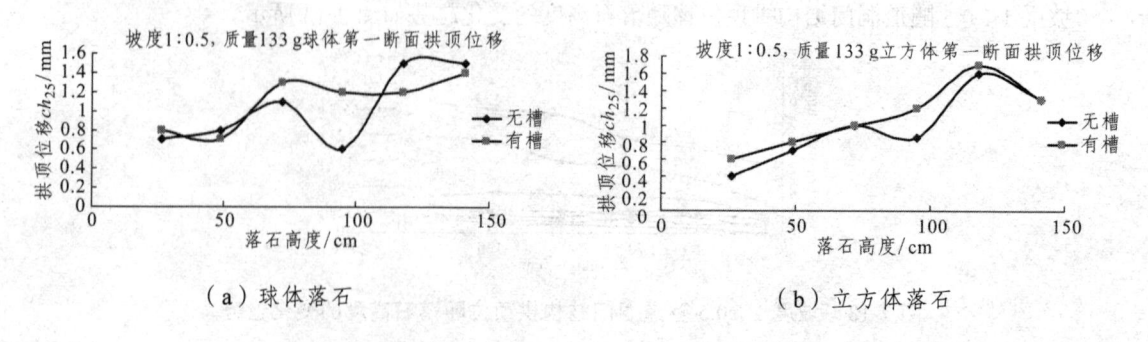

（a）球体落石　　　　　　　　　　（b）立方体落石

（c）板状落石

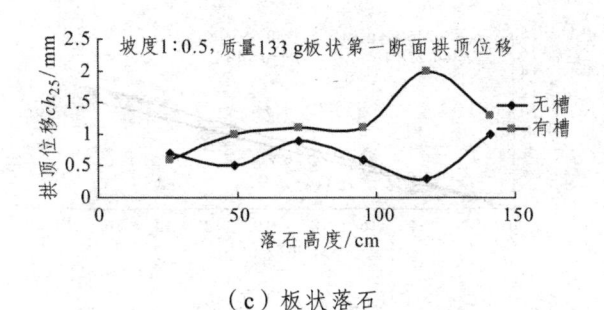

图 2-16　不同坡面条件下落石冲击位移比较

从图 2-16 曲线图的上下分离程度可以看出，球体受坡面性质影响较小，两曲线呈交叉分布；立方体总体上光滑坡面（有槽）比粗糙面（无槽）引起的冲击要大一些，但上下分离程度不是太明显；板状落石的两曲线分离较大，说明受坡面影响较大。

5. 综合分析

通过对无填土隧道洞门受落石冲击结构位移影响分析，可得出如下结论：

（1）隧道洞口段结构拱顶冲击位移随落石高度总体上呈线性增加趋势，且坡度越陡，落石高度和重量对冲击位移的影响越明显。

（2）隧道洞门结构拱顶位移随落石重量增大而增大，坡度越陡，二者线性关系越明显。

（3）总体上，在落石高度、重量及坡度相同条件下，球体冲击位移最大，立方体次之，板状最小。

（4）坡面对落石冲击引起的结构位移方面，球体状落石受坡面性质影响较小，立方体总体上光滑坡面（有槽）比粗糙面（无槽）引起的冲击要大一些，板状落石的两曲线分离较大，说明受坡面影响较大。

2.1.4　落石冲击引起隧道明洞结构加速度分析

根据所测得的试验数据，对落石高度、落石重量、落石形状等因素对冲击引起的结构加速度的影响规律进行研究。

1. 同一测点处三向加速度比较

比较同一测点处三向的加速度值，做出以 y 向加速度分量为横坐标，x 向和 z 向加速度分量为纵坐标的加速度关系图，如图 2-17 所示。

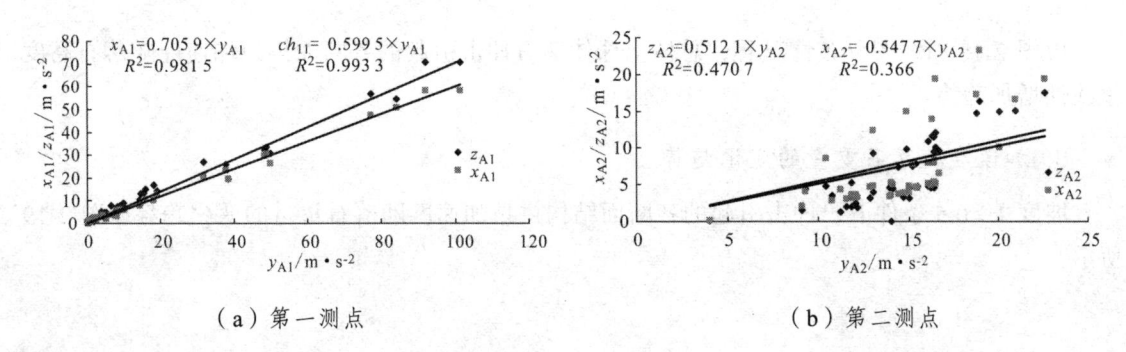

（a）第一测点　　　　　　　　（b）第二测点

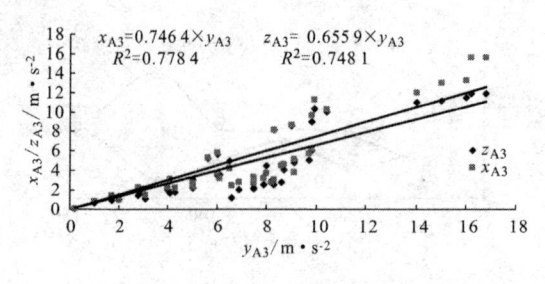

（c）第三测点

图 2-17　三向加速度的比较

对应于不同方向加速度的线性回归关系如表 2-8 所示。

表 2-8　不同方向加速度的线性回归关系

测点	x 与 y 的线性回归关系	决定系数（R^2）	z 与 y 的线性回归关系	决定系数（R^2）
第一测点	$x_{A1}=0.7059 \times y_{A1}$	0.9815	$z_{A1}=0.5995 \times y_{A1}$	0.9933
第二测点	$x_{A2}=0.5477 \times y_{A2}$	0.366	$z_{A2}=0.5121 \times y_{A2}$	0.4707
第三测点	$x_{A3}=0.7464 \times y_{A3}$	0.7784	$z_{A3}=0.6559 \times y_{A3}$	0.7481

由图 2-17 和表 2-8 可以看出，y 方向的加速度是最大的，其次是 x 方向的，z 方向的加速度最小。x 向加速度是 y 向加速度的 0.5~0.8 倍，z 向加速度是 y 向加速度的 0.5~0.7 倍。

2. 加速度随落石高度的变化趋势

坡度 1∶0.5 条件下，拱顶加速度随落石高度的变化趋势如图 2-18 所示。

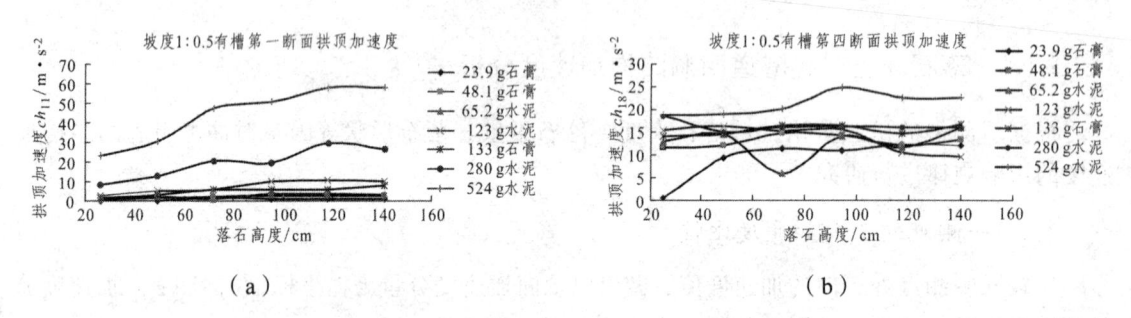

（a）　　　　　　　　　　　　（b）

图 2-18　坡度 1∶0.5 冲击加速度随球体落石高度的变化趋势

由图 2-18 曲线图分布情况看，总体上球体落石冲击引起的各断面拱顶加速度随落石高度呈线性增加趋势。

3. 加速度随落石重量的变化趋势

坡度 1∶0.5 条件下，冲击引起的各断面结构拱顶加速度随落石重量的变化趋势如图 2-19 所示。

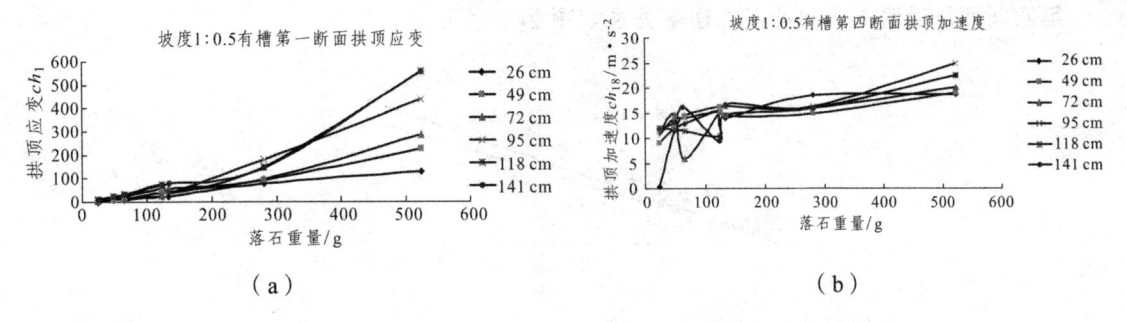

图 2-19 坡度 1∶0.5 冲击加速度随球体落石重量的变化趋势

由图 2-19 曲线图分布情况看,总体上球体落石冲击引起的各断面拱顶加速度随落石重量呈线性增加趋势。

4. 相同断面不同部位加速度的分布情况

坡度为 1∶1 时,同一点三个方向的加速度关系如图 2-20 所示。

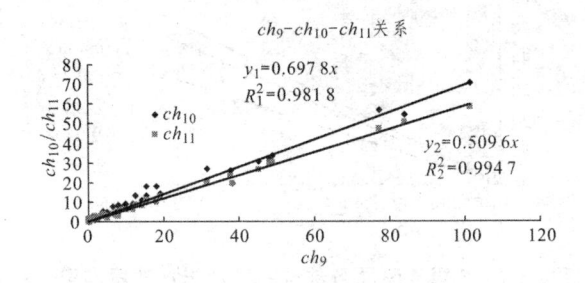

图 2-20 坡度 1∶0.5 有槽第一断面拱顶三向冲击加速度关系

从图 2-20 中可以看到,冲击加速度 ch_{11} 的值最大,即竖向冲击加速度最大,约为水平(垂直于隧道轴向)方向 ch_9 的 2 倍;而沿隧道纵向加速度最小,接近于 0。这说明落石冲击引起的隧道洞门结构拱顶加速度竖向最大,纵向最小。

第四断面拱顶各向冲击加速度关系如图 2-21 所示。

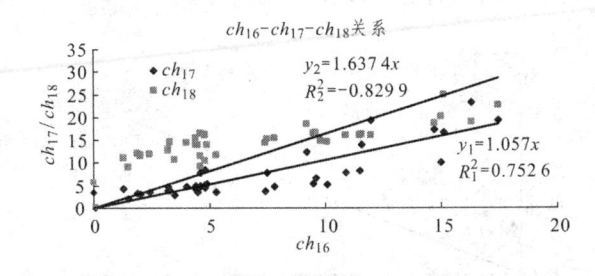

图 2-21 坡度 1∶0.5 有槽第四断面拱顶三向冲击加速度关系

从图 2-21 中可以看到,冲击加速度 ch_{18} 的值最大,即竖向冲击加速度最大,约为水平(垂直于隧道轴向)方向 ch_{16} 的 1.3 倍;而沿隧道纵向加速度最小,约为水平(垂直于隧道轴向)方向 ch_{16} 的 0.9 倍。这说明落石冲击引起的隧道洞门结构拱顶加速度竖向最大,纵向最小。

第四断面隧道底部各向冲击加速度关系如图 2-22 所示。

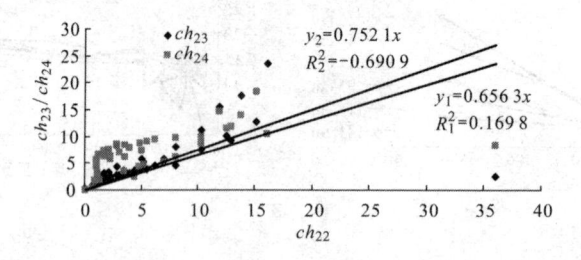

图 2-22　坡度 1∶0.5 有槽第四断面拱底三向冲击加速度关系

从图 2-22 中可以看到，冲击加速度 ch_{23} 的值最大，即径向（竖向）冲击加速度最大，约为沿隧道纵向加速度 ch_{22} 的 2.4 倍；水平切向（垂直于隧道轴向）方向 ch_{24} 约为沿隧道纵向加速度 ch_{22} 的 1.6 倍。

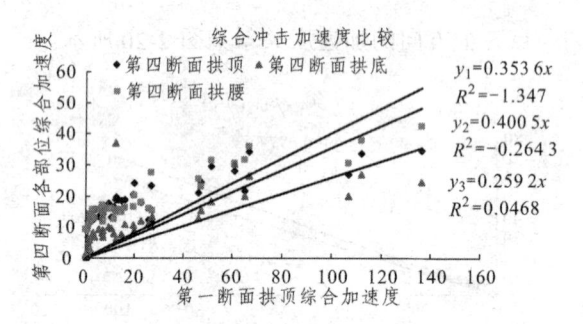

图 2-23　坡度 1∶0.5 第 4 断面各部位综合冲击加速度与第一断面的关系

由图 2-23 可知，同一断面（第四断面），拱顶冲击加速度最大，隧底最小；坡度 1∶1 时，由于冲击断面为第三断面，而第四断面结构是埋入土中的，由曲线图可知，第一断面（洞口附近）由于出露在外，受落石冲击振动的影响较大，故而此断面结构拱顶加速度最大。

5. 不同断面同一部位加速度的分布情况

各坡度条件下，不同断面的综合加速度关系见图 2-24。

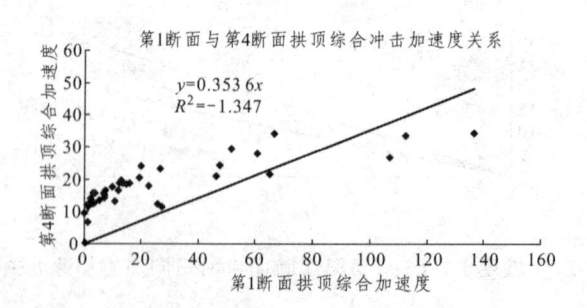

图 2-24　坡度 1∶0.5 第 1 断面与第 4 断面拱顶综合冲击加速度关系

由以上各曲线关系图可以看出，洞门出露部分的第一断面拱顶的加速度要比埋入土中的第四断面大，且坡度越陡，二者相差越大。这说明落石冲击沿隧道洞口段纵向具有传播性，回填土对冲击具有明显缓冲作用。

6. 综合分析

通过对无填土隧道洞门受落石冲击结构加速度影响分析，可得出如下结论：

（1）总体上球体落石冲击引起的各断面拱顶加速度随落石高度、重量呈线性增加趋势。

（2）同一断面，竖向冲击加速度最大，约为水平（垂直于隧道轴向）方向的 1.3~2.6 倍；而沿隧道纵向加速度最小，接近于 0。

（3）同一断面（第四断面），拱顶冲击加速度最大，拱腰次之，隧底最小。

（4）洞门出露部分的断面拱顶的加速度要比埋入土中的断面大，且坡度越陡，二者相差越大，说明落石冲击沿隧道洞口段纵向具有传播性。

2.2 落石冲击路堑式拱形明洞冲击荷载及荷载效应数值模拟分析

运用有限元法能直接反映结构内力的变化过程，通过对数据的分析能更直接清楚的得出落石冲击拱形明洞结构的冲击荷载及荷载效应规律特征。为了解结构受力情况和提供设计依据，本次以新建的 200 km 时速铁路路堑式拱形明洞为研究对象，采用 ANSYS/LS-DYNA 仿真软件，对落石冲击下拱形明洞结构力学响应进行研究。

2.2.1 问题描述

选取我国新建时速 200 km 客货共线铁路双线路堑式拱形明洞结构为研究对象，结构设计如图 2-25 所示，拱顶上部为回填土，结构与基岩之间由夯填土石（碎石土）回填。隧道宽度 13.66 m，高度 11.84 m，结构采用 C35 钢筋混凝土，拱圈及仰拱厚 80 cm，拱顶回填土厚 2 m。

2.2.2 建立数值计算模型

在图 2-25 结构的基础上进行适当简化建立三维数值模型，左右及下部取一定厚度基岩作为计算边界，纵向取 4 m，计算模型如图 2-26 所示。

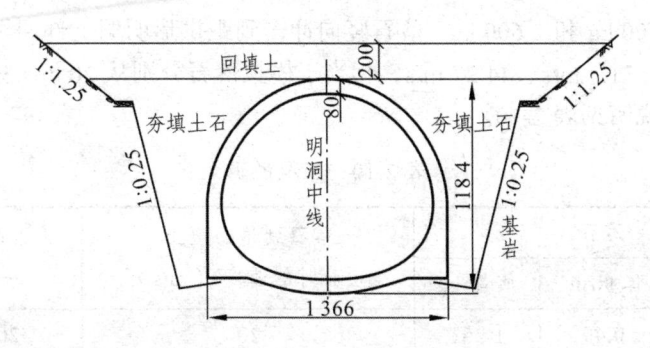

图 2-25 路堑式拱形明洞设计图

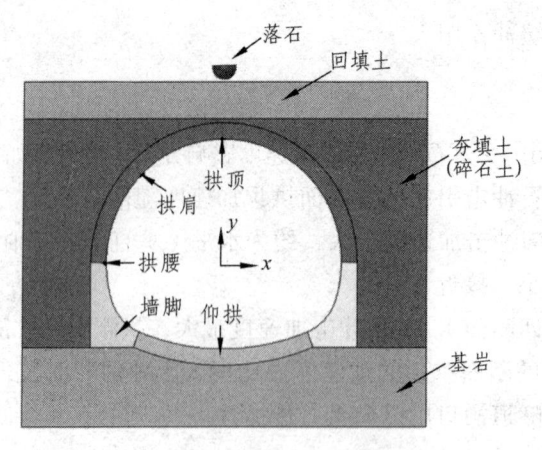

图 2-26　数值计算模型图

表 2-9　材料物理力学参数

材料	容重/(kN/m³)	剪切模量/MPa	弹性模量/GPa	泊松比	摩擦角/(°)	黏聚力/kPa
落石	26.1	—	56	0.18	—	—
明洞结构（C35 钢筋混凝土）	24.0	—	35	0.201 2	—	—
回填土	18.0	15.5	—	0.29	30	18
夯填土（碎石土）	20.0	23.6	—	0.27	40	50
基岩	24.0	4 800	—	0.25	45	800

图 2-26 中，数值模型包括落石、回填土、夯填土（碎石土）、明洞结构和基岩。模型采用 solid164 实体单元，将落石等效为刚性球体，衬砌设为弹性材料，回填土、夯填土（碎石土）和基岩设为 D-P 材料。落石冲击回填土区域设置为侵彻接触，其他材料之间设置为面面自动接触。计算所需材料物理力学参数选取见表 2-9，其中钢筋混凝土参数由其配筋率（1.15%）等效换算得到。模型左右及底部边界设为全约束，落石下落冲击到结构纵向中心断面顶部。

本次选取不同半径刚性球体模拟落石，落石球体底部与回填土顶面高差为 0.1 m，明洞结构覆盖有 2 m 厚的回填土。为了解落石冲击下拱形明洞结构力学响应的一般规律，选取中等尺寸规模落石但又要具有一定冲击能量使结构有全面响应，根据以往我国铁路落石事件的调查统计数据，本次落石容重取 26 kN/m³，半径分别取 0.49 m、0.63 m，对应体积分别为 0.5 m³ 和 1 m³，质量为 1 300 kg 和 2 600 kg。落石竖向冲击到距拱形明洞上部回填土表面 0.1 m 时的速度分别取 20 m/s、31.3 m/s、44.27 m/s，相当于模拟落石分别从 20 m、50 m、100 m 竖向自由下落冲击，工况说明见表 2-10。

表 2-10　工况说明

工况	落石 半径/m	落石 体积/m³	落石 质量/kg	落石到达回填土顶面时的速度/(m/s)	下落高度/m	冲击能量/kJ
1	0.49	0.49	1 263	20	20	248
2	0.49	0.49	1 263	31.3	50	619

续表

工况	落石 半径/m	落石 体积/m³	落石 质量/kg	落石到达回填土顶面时的速度/(m/s)	下落高度/m	冲击能量/kJ
3	0.49	0.49	1 263	44.27	100	1237
4	0.63	1.0	2 606	20	20	511
5	0.63	1.0	2 606	31.3	50	1277
6	0.63	1.0	2 606	44.27	100	2554

2.2.3 基本工况数值计算结果及分析

这里选取工况 6 作为基本工况进行落石冲击荷载及荷载效应分析。

1. 落石侵彻回填土深度响应分析

明洞结构力学响应与落石和回填土的相互作用密切关联，而这种相互作用又体现在落石侵彻回填土程度上，故分析都先从落石侵彻回填土深度入手，对落石冲击荷载及对结构的冲击效应进行研究分析。本次模拟落石冲击拱形明洞整个过程所用时间为 1.5 s，落石运动过程曲线如图 2-27 所示。

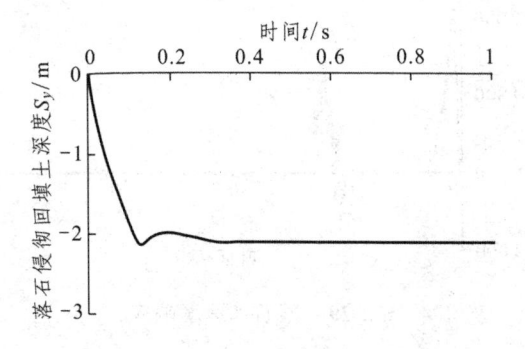

图 2-27 落石侵彻回填土深度响应

由图 2-27 可知，落石初始高度 0，约 $t=0.003$ s 时，下落 0.1 m，此时刚好与回填土层顶面接触，碰撞开始，在 $t=0.13$ s 时达到最大下落位移，为 -2.113 m，由此可知，落石侵彻回填土深度为 2.013 m，则说明由于冲击力太大，落石球体已穿透回填土层和衬砌顶面发生接触，并引起结构微小的位移；随后又由于作用反力的原因，落石球体发生回弹，随着侵彻接触时间的增加，位移曲线逐渐趋于稳定，最终达到平衡，平衡时位移为 2 m，说明落实球体刚好与衬砌顶面接触，从而也说明在此速度冲击作用下，结构没有产生变形。

2. 落石冲击载荷响应分析

1）落石对回填土层的冲击响应

落石冲击作用于回填土顶面的中心处，直接提取落石对回填土顶面的冲击力大小为 $F_0=-5.772\ 4$ MN，如图 2-28 所示。

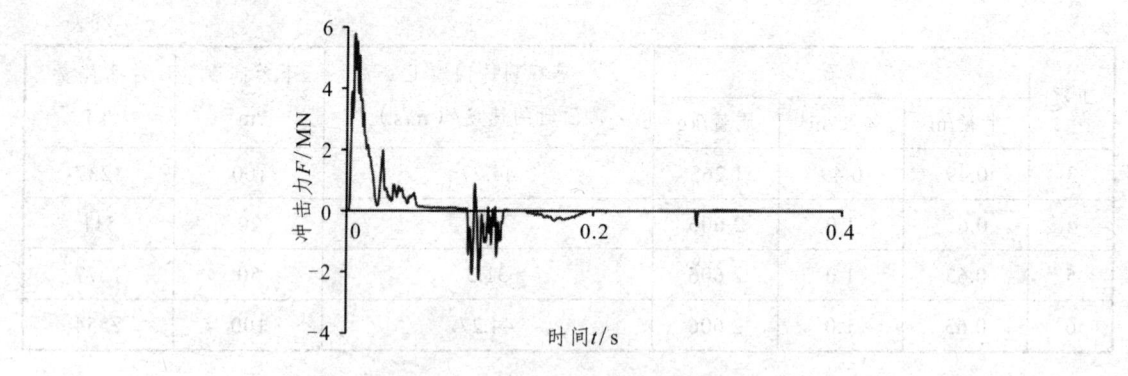

图 2-28　落石对回填土层冲击力响应

由图 2-28 可知，落石与回填土接触后，在 $t=0.02$ s 时，冲击力达到最大，随后冲击力急剧减小到 $5×10^5$ N，在 $t=0.03 \sim 0.09$ s 时，落石球体运动曲线出现只能柔软振荡现象且沿着 y 轴负方向，说明回填土对落石冲击有缓冲作用；由对图 2-27 的分析结果可知，在 $t=0.09 \sim 0.2$ s，由于结构与落石球体之间作用反力的原因，落石球体沿着 y 轴正方向运动，曲线来回振荡，随着时间的增加，曲线逐渐趋于稳定，最终冲击力降为 0。由此说明，回填土对落石冲击起到缓冲作用，能明显的消耗能量，能有效的对结构起到保护作用。

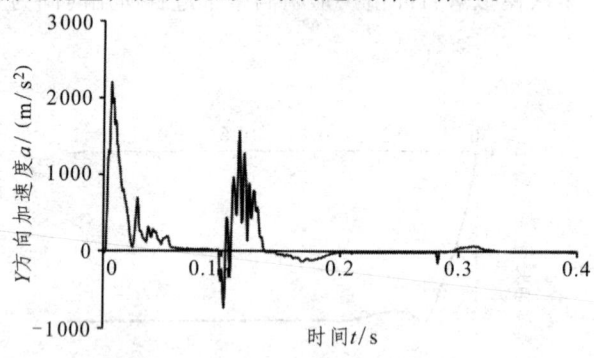

图 2-29　落石加速度响应

由于回填土对落石冲击起到缓冲作用，则落石刚到达回填土顶面时的冲击力和加速度应为最大，由图 2-29 可知，最大加速度为 $2\,204.8$ m/s²。落石质量为 2 610 kg，由牛顿第二定律 $F=ma$ 可得，$F_1=ma=5.7545$ MN，此结果与 F_0 几乎相等。

2) 结构面冲击荷载响应分析

落石球体冲击回填土，通过各部分接触面之间的连接，将力传递到结构上，如图 2-30 所示。其中：SI1 为落石球体与回填土顶面的接触面，SI2 为回填土与碎石土之间的接触面，SI3 为回填土与衬砌拱顶的接触面，SI4 和 SI5 分别为左、右直墙与碎石土之间的接触面，SI7 和 SI9 分别为左、右拱脚与基岩之间的接触面，SI8 为仰拱与基岩之间的接触面。

由图 2-31 可知，落石冲击下仰拱底部（SI8）受到的峰值力响应最明显，最大峰值力（绝对值）为 23.2 MN，稳定于 1.73 MN 左右，而模型中仰拱底部面积为 37.66 m²，故基底应力峰值和稳定后应力分别为 616.34 kPa 和 45.95 kPa；上拱圈外侧（SI3）最大峰值力为 9.6 MN，稳定于 4.01 MN 左右，上拱圈面积为 85.83 m²，则上拱圈应力峰值和稳定后应力分别为 111.83 kPa 和 46.73 kPa；从图中可以看出，由于结构的对称性，左、右拱脚与基底之间反力变化趋势一致，左拱脚接触面（SI7）应力峰值和稳定后应力分别为 914.94 kPa 和 280.39 kPa；碎石土顶面应力峰值和稳定后应力分别为 77.97 kPa 和 29.39 kPa。如果用最大峰值减去相应稳定后应力表示附加应力的话，则回填土顶面、碎石土顶面、拱顶、左拱脚底部、右拱脚底部、仰拱底部的冲击附加应力 69.85 kPa、48.6 kPa、65.09 kPa、634.55 kPa、645.41 kPa、570.39 kPa，详见表 2-11。

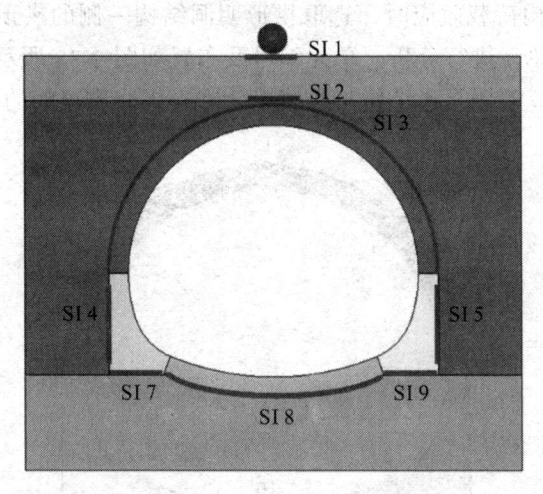

图 2-30 接触面示意图

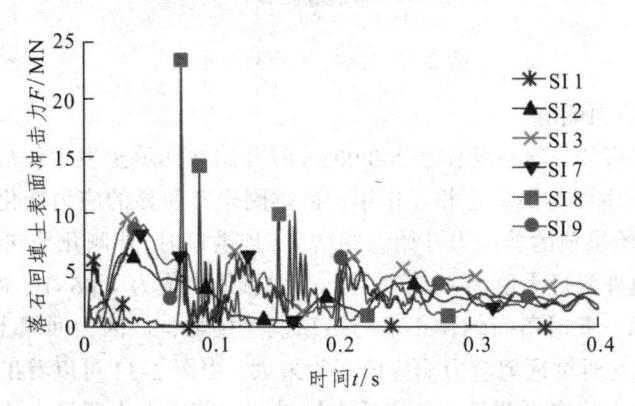

图 2-31 接触面冲击压力响应

表 2-11 接触面冲击力

接触面	峰值接触力 F /N	平衡力 F /N	附加力 F /N	附加应力 /Pa
SI1	5.77E+06	0.00E+00	5.77E+06	6.98E+04
SI2	6.44E+06	3.43E+06	4.01E+06	4.86E+04
SI3	9.60E+06	4.01E+06	5.59E+06	6.51E+04
SI7	8.18E+06	3.51E+06	5.68E+06	6.35E+05
SI8	3.32E+07	1.73E+06	3.15E+07	5.70E+05
SI9	8.58E+06	2.81E+06	5.77E+06	6.45E+05

由此可知，仰拱底部的接触力响应最显著，且附加力最大，但平衡后所受到力又相对较小，说明上部结构传来的作用力大部分传给下部地基，使地基反力增大，对仰拱结构受力很

大；由于结构具有对称性，左、右拱脚底部应力响应基本一致，但拱脚底部应力比仰拱底部面积小，应力响应比仰拱处较大。

3. 落石冲击荷载效应响应

由于本次研究对象为路堑式拱形明洞，为对称结构，且落石为竖直下落冲击在结构中心顶部上方，故在分析结构荷载效应时，选取拱形明洞结构一侧的拱顶、拱肩、拱腰、拱脚及仰拱底部截面内、外侧单元进行分析，单元编号及布置如图 2-32 所示。本书中所谓的结构内侧是指明洞内部净空侧，外侧是指结构与回填土、围岩等介质接触的外表面。

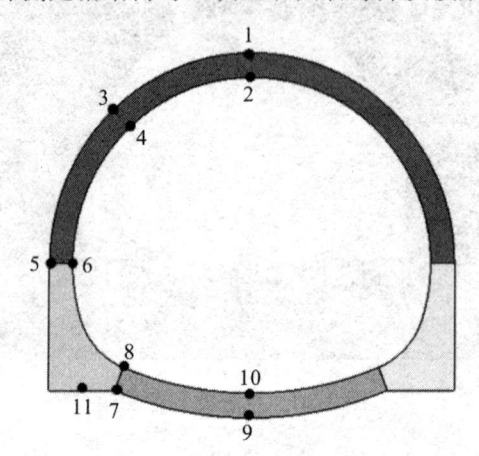

图 2-32　结构单元测点布置

1）结构最大剪应力响应

由前面分析结果可知，落石球体在 $t=0.003$ s 时开始与回填土发生侵彻接触，在 $t=0.003 \sim 0.014$ s 时间内，落石主要与回填土相互作用，而拱圈未有明显的应力变化。从图 2-33 可以看出，从 $t=0.013\ 9$ s 开始拱顶的剪应力开始急剧增大，且拱顶内、外侧几乎同时响应，在 $t=0.042$ s 时相应最明显，拱顶外侧最大值为 4.48×10^6 Pa，内侧最大值为 4.06×10^6 Pa；在 $t=0.13$ s 时，曲线出现第二次波峰，此时落石球体正好与拱顶发生接触，但因为回填土对其能量的损耗，冲击力减小的原因，此时拱顶剪应力响应值不为最大。由图 2-33 可以看出，在剪应力峰值后，拱顶内侧比外侧剪应力响应更明显，平衡后内侧受到的剪应力也明显比外侧大。

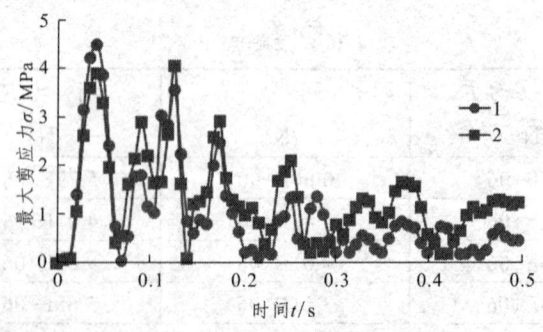

图 2-33　拱顶结构单元最大剪应力响应

由图 2-34 可以看出，最初，拱肩内侧（单元 4）比外侧（单元 3）最大剪应力响应更显著，且最先响应；约在 $t=0.014$ s 时拱肩内侧部位开始响应，最大剪应力开始急剧增大，这与拱顶部位响应时间非常接近，说明拱肩内侧最先受到剪应力的影响，在 $t=0.035$ s 时，拱肩内侧（单元 4）剪应力达到最大，峰值为 2.25 MPa；随后拱肩内侧所受剪应力急剧减小，但拱肩外侧所受剪应力相反逐渐增大，在 $t=0.09$ s 时，拱肩外侧（单元 3）剪应力达到最大，峰值为 1.64 MPa；由于落石球体的回弹，在 $t=0.132$ s 时，拱肩内侧剪应力出现第二次峰值，但拱肩内侧还是比拱肩外侧剪应力响应明显；在 $t=0.14$ s 之后，拱肩外侧较拱肩内侧剪应力响应明显；平衡后，拱肩外侧所受剪应力比拱肩内侧剪应力大。由以上分析可知，最初拱肩内侧结构单元比外侧结构单元剪应力响应明显，但平衡后拱肩外侧比内侧所受剪应力更大。

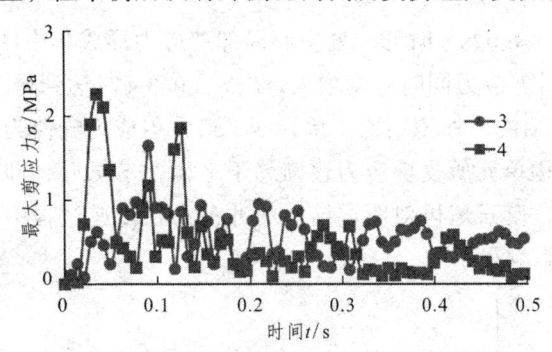

图 2-34　拱肩结构单元最大剪应力响应

从图 2-35 可以看出，结构拱腰部位最大剪应力响应内侧（单元 6）比外侧（单元 5）明显，在 $t=0.056$ s 时，最大剪应力达到最大，峰值约为 2.65 MPa；在 $t=0.072$ s 时，拱腰外侧最大剪应力响应达到峰值，约为 1.31 MPa。落石球体侵彻回填土最终冲击到衬砌拱顶顶部并还残余有能量，由于衬砌结构作用反力的作用，落石便发生回弹运动耗能，所以在 $t=0\sim0.25$ s 拱腰结构处剪应力响应出现三次大的波动；在 $t=0.25$ s 之后，拱腰内、外侧最大剪应力响应逐渐趋于平衡，平衡后内侧最大剪应力较外侧大。

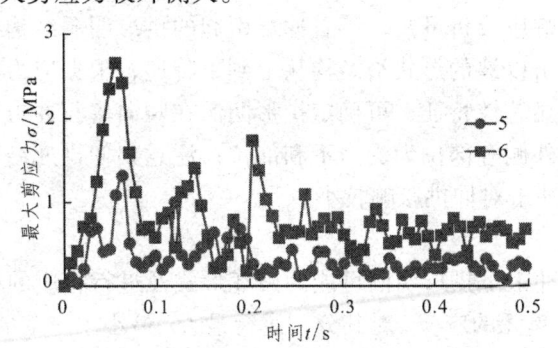

图 2-35　拱腰结构单元最大剪应力响应

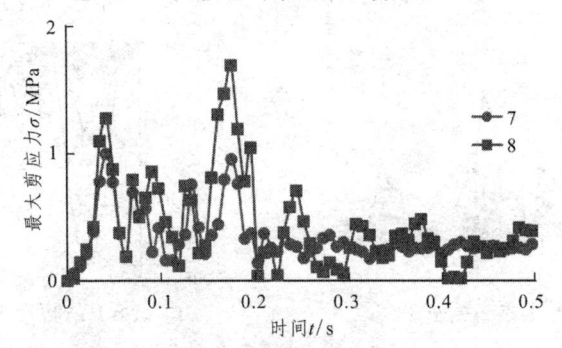

图 2-36　拱脚结构单元最大剪应力响应

由图 2-36 可知，衬砌结构拱脚处内侧最大剪应力响应较外侧显著，但内、外侧剪应力峰值响应基本一致；在 $t=0.042$ s 时，拱脚部位出现第一次峰值，且内、外侧同时响应，内侧受到的剪应力更大；在 $t=1.75$ s 时，拱脚内侧（单元 8）部位最大剪应力响应最显著，峰值为 1.69 MPa，此剪应力相较于拱顶处最大剪应力峰值减小很多，说明力在传播过程中不断衰减；在 $t=0.2$ s 之后，拱脚内、外侧部位受到的剪应力逐渐趋于稳定，平衡后拱脚内侧（单元 8）结构受到的最大剪应力比拱脚外侧（单元 7）大。

由图 2-37 可知，在 $t=0.028$ s 时仰拱处中心局部剪应力形成集中区，仰拱内、外侧最大剪应力几乎同时响应，随后剪应力同时急剧增大，在 $t=0.063$ s 时达到最大，内侧结构（单元 10）最大剪应力峰值为 1.46 MPa，外侧结构（单元 9）最大剪应力峰值为 1.33 MPa；在 $t=0.91$ s 之后，仰拱内、外侧结构单元所受剪应力逐渐趋于平衡，平衡后，仰拱外侧结构剪应力响应较内侧明显。由此说明，落石球体对明洞结构的冲击力在传递过程中能量不断消耗，仰拱处结构单元受到落石冲击影响很小。

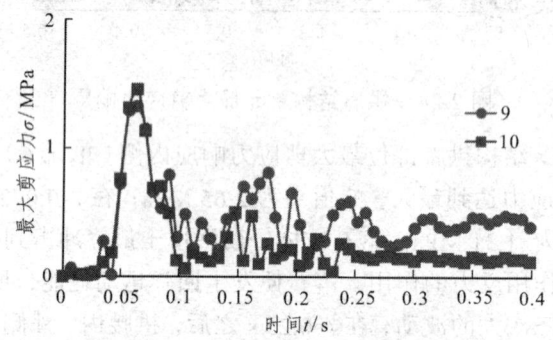

图 2-37 仰拱结构单元最大剪应力响应

根据以上结构内力响应分析可知，落石冲击引起的拱形明洞结构各部位内力响应特征及规律不尽相同，落石冲击以波的形式沿结构从上到下传递，根据应力（最大剪应力）峰值大小及结构内、外侧响应显著性特征，可确定拱形明洞在竖向落石冲击下，拱顶、拱肩和拱腰内侧、拱脚内侧、仰拱外侧等部位为受力不利部位；注意到仰拱处结构单元的剪应力相较于拱顶小很多，说明落石冲击对仰拱影响较小。

2) 结构应变响应

为进一步了解落石冲击下拱形明洞可能的破坏形式及进行相应的材料强度的评定，提取了图 2-32 中结构各部位单元的应变，对其分别进行最大、最小主应变的分析，如图 2-38 所示。

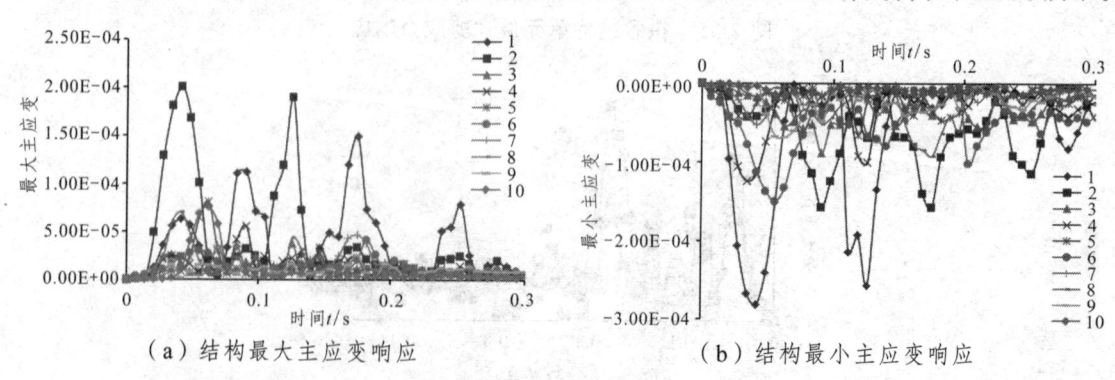

(a) 结构最大主应变响应　　(b) 结构最小主应变响应

图 2-38 结构应变响应

根据结构应变时程曲线图 2-38 可知,结构拱顶的应变响应最显著,为结构受力最不利部位,且拱顶外侧(单元 1)最先表现为产生压应变,拱顶内侧(图 2-32 单元 2)最先表现为产生拉应变。拱顶外侧(图 2-32 中单元 1)的最小主应变峰值最小,峰值约为$-2.8×10^{-4}$;拱顶内侧(图 2-32 中单元 2)的最大主应变(拉应变)峰值最大,最大值约为$2×10^{-4}$;而拱腰内侧(图 2-32 中单元 6)最小主应变(压应变)峰值也较明显;仰拱结构单元处所受到的拉应变和压应变都较小。

由此说明,落石冲击下衬砌结构各部位发生剪应变的形式不尽相同,在冲击力作用下,拱腰以上部位发生压应变较为明显,拱脚部位发生拉应变较明显;落石冲击对仰拱的变形影响较小。

3)结构应变率响应

应变率是材料变形速度的一种度量,对结构各部位单元的应变率的分析,能更好地评定结构材料的强度特性及承载能力。

由图 2-39 可知,该基本工况条件下,相较于其他部位,拱顶处应变率响应最显著,因此拱顶为结构受力最不利部位。拱顶外侧(单元 1)的各种应变率峰值都比较大,最大剪应变率、最大(拉)和最小(压)主应变率的峰值分别为 $0.235\ \text{s}^{-1}$、$0.135\ \text{s}^{-1}$ 及 $-0.34\ \text{s}^{-1}$,0.24 s 以后各值均稳定于 $3×10^{-3}\ \text{s}^{-1}$;其余部位均相对较小,介于 $0\sim 0.35\ \text{s}^{-1}$。

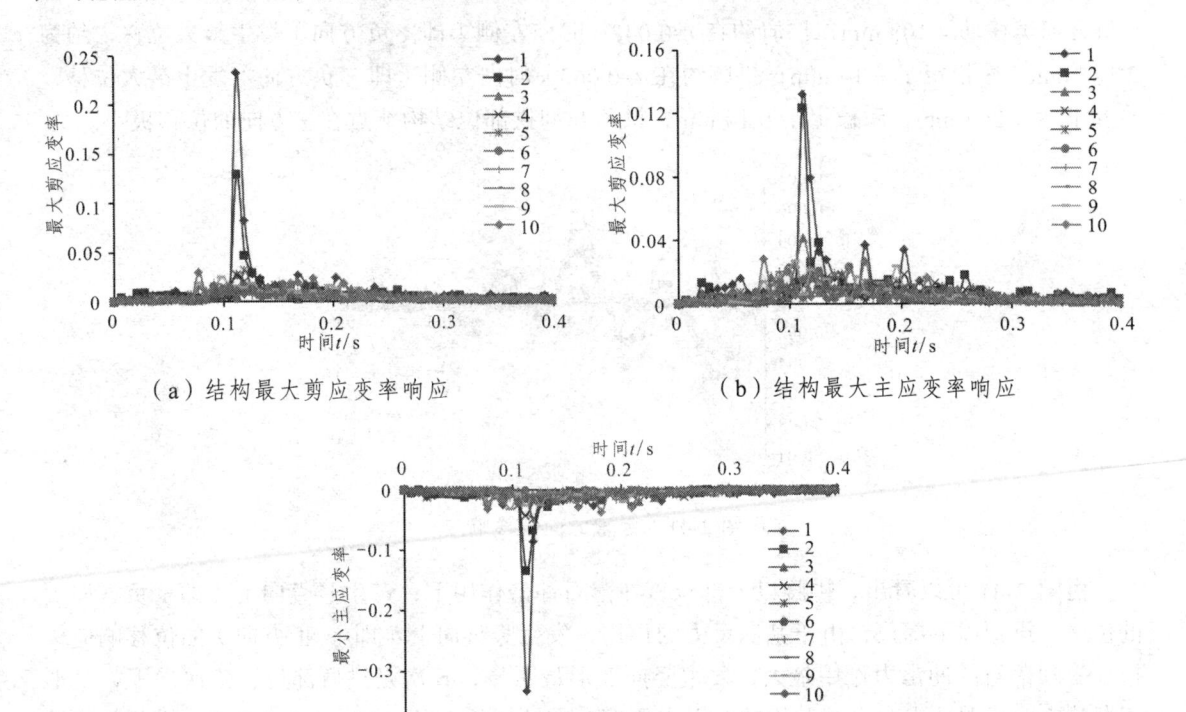

(a)结构最大剪应变率响应

(b)结构最大主应变率响应

(c)结构最小主应变率响应

图 2-39 结构应变率响应

由此说明,半径 r 为 0.63 m 的落石从 100 m 下落冲击有回填土的拱形明洞结构,引起拱顶结构单元迅速发生变形,而其他部位的结构单元变形速率相对较慢。

4）结构位移响应

由于结构具有对称性，所以这里以结构左侧进行分析说明。提取结构拱顶、拱肩、拱腰、拱脚和仰拱部位内侧节点（图 2-32）位移，所选单元均位于结构纵向中部断面处，即落石冲击断面处，进行落石冲击下结构位移响应分析。

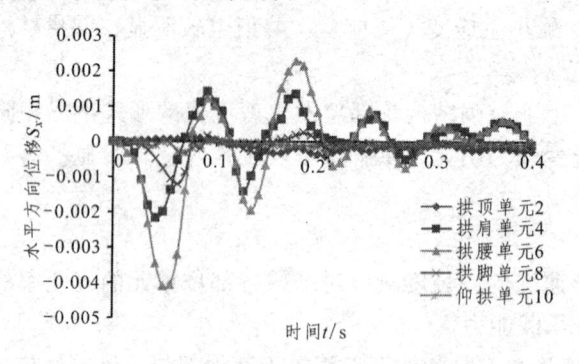

图 2-40 水平方向位移响应

由图 2-40 可以看出，拱腰处 x 方向位移响应最明显，拱肩次之，拱脚第三，拱顶和仰拱处结构节点在 x 方向的位移响应极小。约在 $t=0.049$ s 时，拱腰部位位移最大，拱腰向左侧（即 x 负方向）移动 4.108 mm；拱肩约在 $t=0.042$ s 时向左侧（即 x 负方向）发生最大位移，约为 2.167 mm，后稳定于 0.14 mm；拱脚约在 $t=0.063$ s 时向左侧（即 x 负方向）发生最大位移，左拱脚为 1.207 mm，后稳定于 0.14 mm；拱顶和仰拱部位结构节点在 x 方向的位移极小。

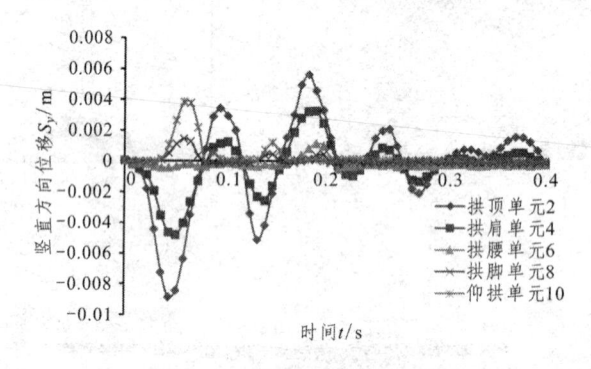

图 2-41 竖直方向位移响应

由图 2-41 可以看出，拱腰以上部位，在落石冲击作用下，产生竖直向下（即 y 负方向）的位移，拱腰以下部位，由于基底反力的作用，发生竖直向上（即 y 正方向）的位移响应；拱顶受到落石的冲击力作用最大，发生竖向变形最明显，其次是拱肩部位，依次向下，变形逐渐减小，说明冲击力引起结构的变形主要发生在结构的上部。在 $t=0.042$ s 时，拱顶部位结构节点产生竖直向下（即 y 负方向）位移最大，为 8.86 mm，稳定于 0.3 mm；约在 $t=0.049$ s 时，拱肩部位结构节点产生竖直向下（即 y 负方向）位移，为 4.84 mm，后稳定于 0.29 mm；约在 $t=0.63$ s 时，仰拱部位结构节点产生竖直向上（即 y 正方向）位移最大，为 3.75 mm，后稳定于 0.12 mm；约在 $t=0.056$ s 时，拱脚部位结构节点产生竖直向上（即 y 正方向）位移最大，为 1.45 mm，后稳定于 0.11 mm；拱腰部位结构节点发生竖直方向的位移极小。

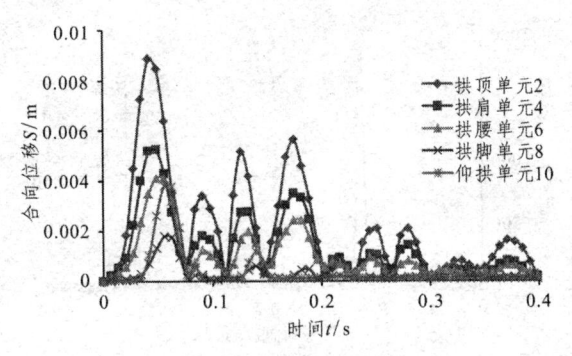

图 2-42　合位移响应

由图 2-42 可以看出,合位移响应最显著的是拱顶,最大峰值约为 8.86 mm;拱肩次之,约为 5.24 mm;拱腰峰值约为 4.12 mm;仰拱峰值约为 3.82 mm;拱脚最小,约为 1.8 mm。

5)结构加速度响应

由图 2-43 可以看出,水平加速度拱肩响应最明显,最大值约为 176.18 m/s²,其次是拱顶,约为 152.12 m/s²,拱腰约为 76.2 m/s²,拱脚约为 85.62 m/s²,仰拱约为 72.96 m/s²。约在 $t=0.3$ s 后,水平加速度逐渐收敛。

由图 2-44 可以看出,竖向加速度拱顶响应最显著,约在 $t=0.112$ s 时达到峰值,方向竖直向上(即 y 正方向),为 1 819 m/s²;其余各结构节点在竖直方向的加速度相较于拱顶都不大,约在 $t=0.3$ s 后,曲线逐渐收敛。

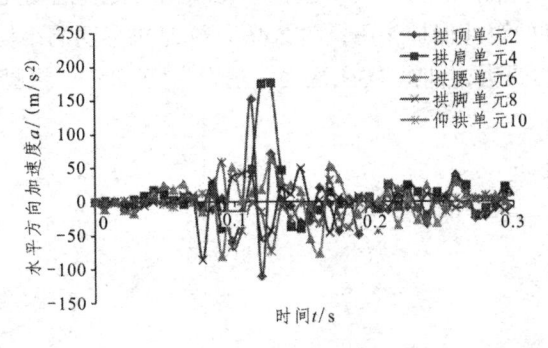

图 2-43　水平加速度响应

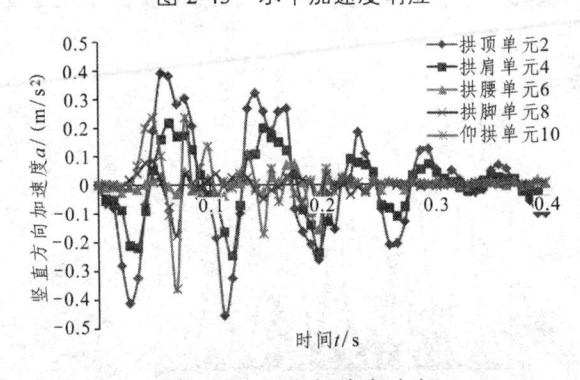

图 2-44　竖向加速度响应

由图 2-45 可以看出,合加速度以拱顶最大,峰值为 1 892 m/s²;拱肩次之,为 245 m/s²;其他部位相对较小。

图 2-45 合加速度响应

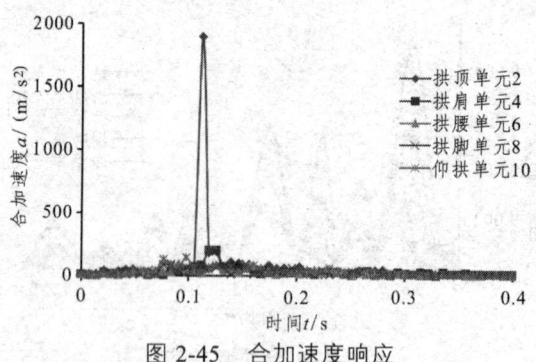

综上所述，落石冲击下结构各部位位移响应的规律是结构上部大于下部，水平方形拱腰响应最明显，竖直方向拱顶响应更明显；同时还可以发现，水平方向的响应时间大于竖向。

6）各部位能量响应

落石的能量通过冲击转化为被冲击对象的能量，落石及各部位的能量（动能）响应如图 2-46 所示。其中，图（a）为包括落石、回填土及结构各部分的动能响应时程，图（b）和图（c）是为了更细化各部位能量响应的细化图，图中数值代号从 1 到 8 依次为：上拱圈、左拱脚、仰拱、右拱脚、回填土、碎石土、基岩及落石。

由图 2-46（a）可知，落石（图中代号 8）的动能在冲击过程中，首先转化为最上层回填土（5）的动能，随后在转化为碎石土的动能，然后再转化为衬砌结构的动能，由图 2-46（b）可以看出，回填土层（5）和碎石土层（6）获得了比结构大得多的动能，说明冲击能量被回填土大量吸收，起到了很好的缓冲保护作用；图 2-46（c）是拱形明洞结构各部位获得的能量，其中上拱圈（1）所获得能量最大，仰拱（3）次之，基岩（7）第三，拱脚处（2 和 4）最小。

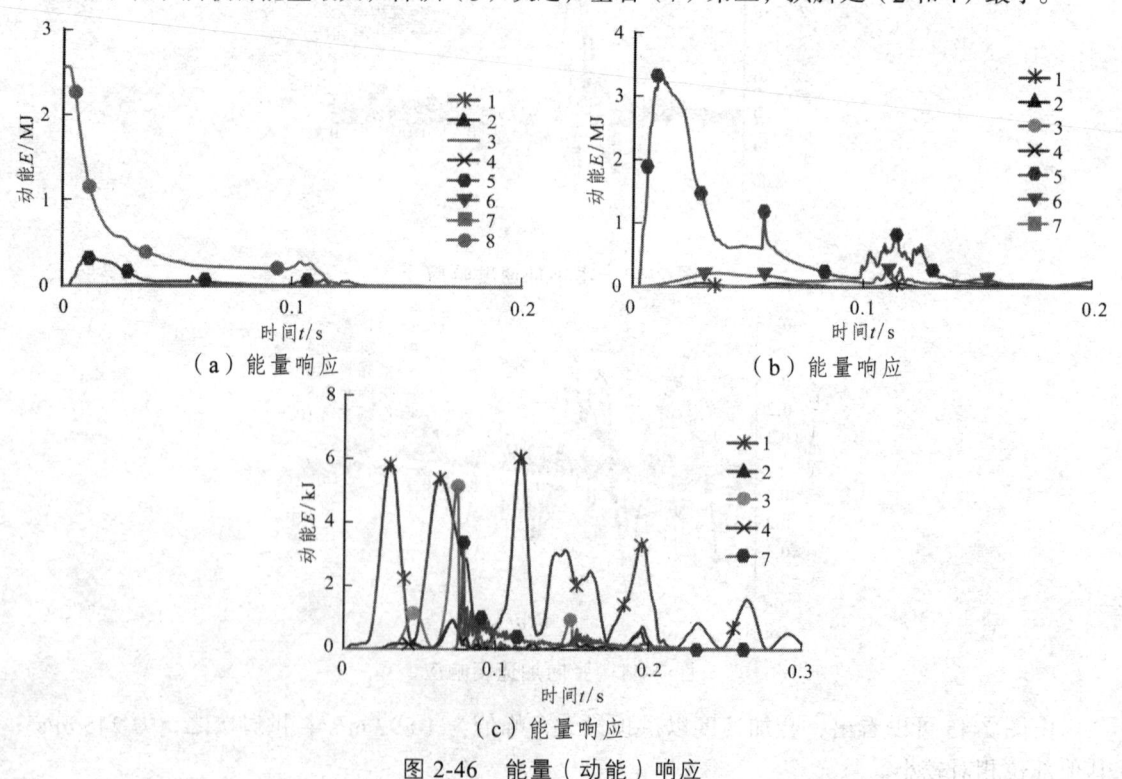

(a) 能量响应

(b) 能量响应

(c) 能量响应

图 2-46 能量（动能）响应

2.2.4 不同下落高度落石冲击数值计算结果分析

这里选择半径 $r=0.63$ m 的落石分别从 20 m、50 m、100 m 下落的三种工况（即工况 4、5、6）数值计算结果进行对比分析。

1. 不同下落高度落石侵彻回填土深度响应

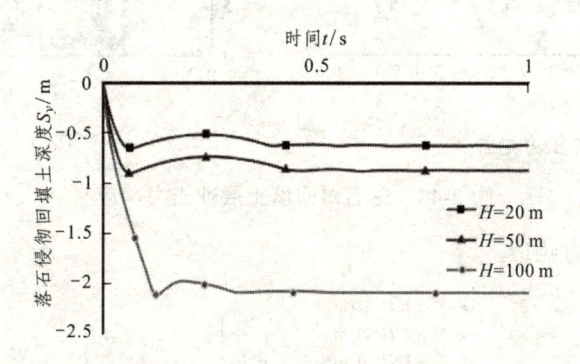

图 2-47　落石侵彻回填土深度响应

不同下落高度落石运动轨迹与时间的关系曲线如图 2-47 所示，随着下落高度的增大，落石侵彻回填土所用的时间也增多，落石冲击回填土的深度越来越深，20 m、50 m 及 100 m 条件下的最大侵彻深度分别为：0.554 24 m、0.800 23 m、2.013 m。工况 6 时落石的位移达到 2 m 以上，已完全侵彻回填土层且与明洞结构顶部发生接触作用，说明此工况时回填土厚度设计不足。

2. 不同下落高度落石冲击荷载响应

选取落石半径为 0.63 m，分别进行落石从 20 m、50 m 及 100 m 的高度条件下冲击回填土厚度为 2 m 的拱顶明洞结构数值试验，提取落石对回填土冲击力计算结果并比较分析，如图 2-48 所示。

3. 不同下落高度落石结构冲击荷载效应响应

由于模型结构具有对称性，选取结构左侧单元（图 2-32 左侧），进行落石在三种不同高度下落条件下结构的最大剪应力响应分析。

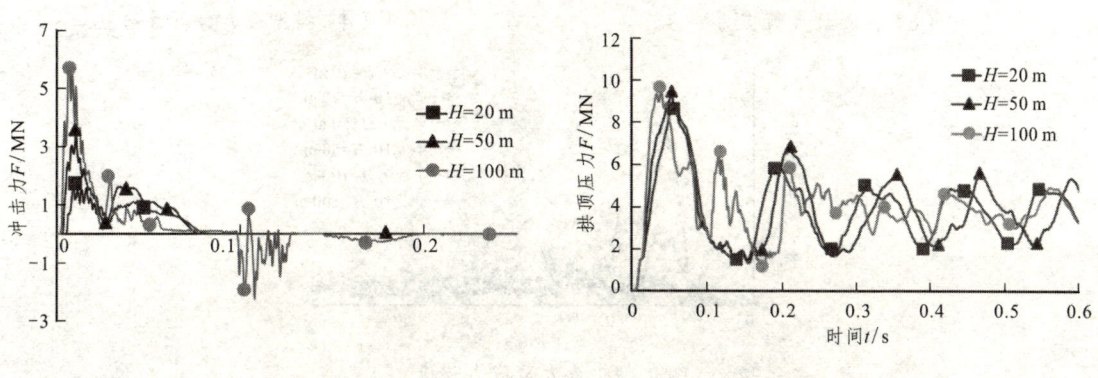

（a）落石对回填土冲击力响应　　　　（b）拱顶压力响应

（c）左墙脚压力响应　　　　　　（d）仰拱压力响应

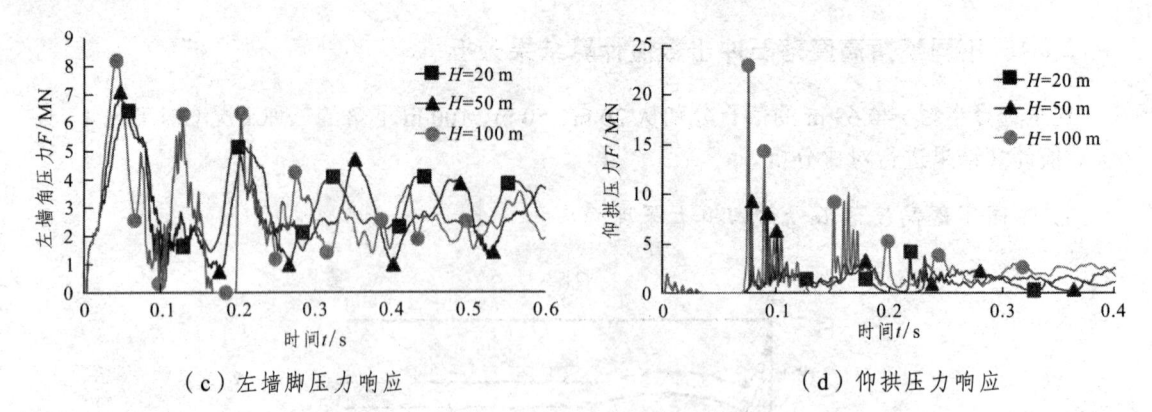

图 2-48　落石对回填土层冲击力响应

1）结构最大剪应力响应

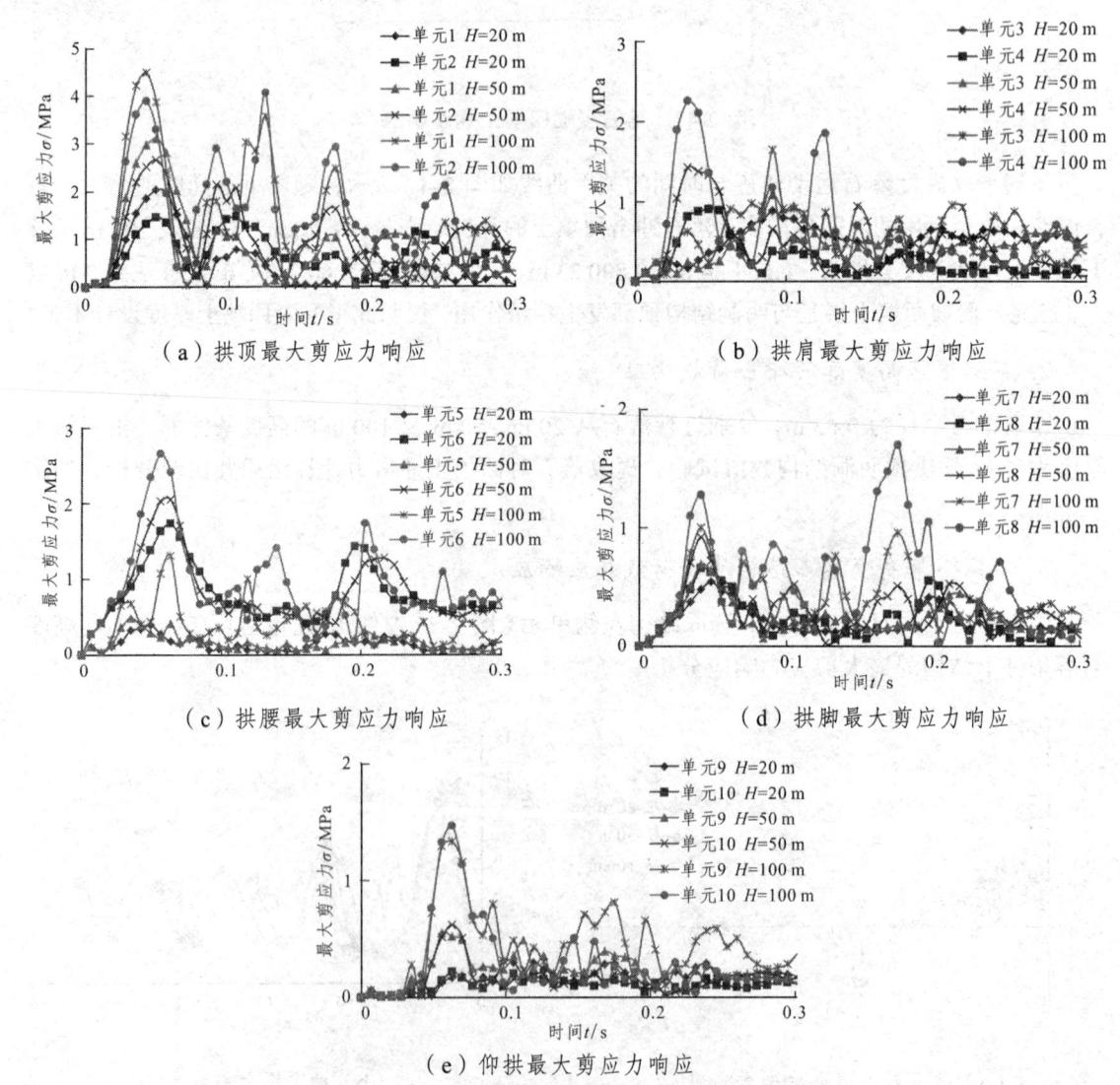

（a）拱顶最大剪应力响应　　　　（b）拱肩最大剪应力响应

（c）拱腰最大剪应力响应　　　　（d）拱脚最大剪应力响应

（e）仰拱最大剪应力响应

图 2-49　落石不同高度下落结构最大剪应力响应

由图 2-49 可以看出，随着落石下落高度的增大，结构各部位最大剪应力响应更加明显，仰拱部位最大剪应力响应最小，且除拱顶外其余各部位内侧都比外侧响应显著；结构各部位从开始响应到达到最大峰值所用时间极短，从图中可以看出，在 $t=0.015\sim0.075$ s，结构各部位均达到响应峰值，其大小详见表 2-12。

表 2-12　不同下落高度落石冲击结构各部位最大剪应力峰值（MPa）

高度 H/m	拱顶 单元1	拱顶 单元2	拱肩 单元3	拱肩 单元4	拱腰 单元5	拱腰 单元6	拱脚 单元7	拱脚 单元8	仰拱 单元9	仰拱 单元10
20	2.032	1.469	0.881	0.904	1.728	0.400	0.542	0.654	0.309	0.221
50	3.102	2.662	1.083	1.421	2.050	0.491	0.688	0.916	0.551	0.621
100	4.487	4.056	1.643	2.254	1.312	2.648	0.995	1.689	1.329	1.462

从表 2-12 可以看出，在本次计算范围内，各工况下拱顶剪应力峰值最大值均大于 1 MPa，最大为 4 MPa（对应工况 6），如果按静力学问题评定结构受力，则接近或超过了铁路、公路隧道设计规范中关于混凝土的容许应力（C30 容许剪应力为 1.10 MPa，C40 为 1.35 MPa）。

2）结构应变响应对比分析

（1）最大主应变。

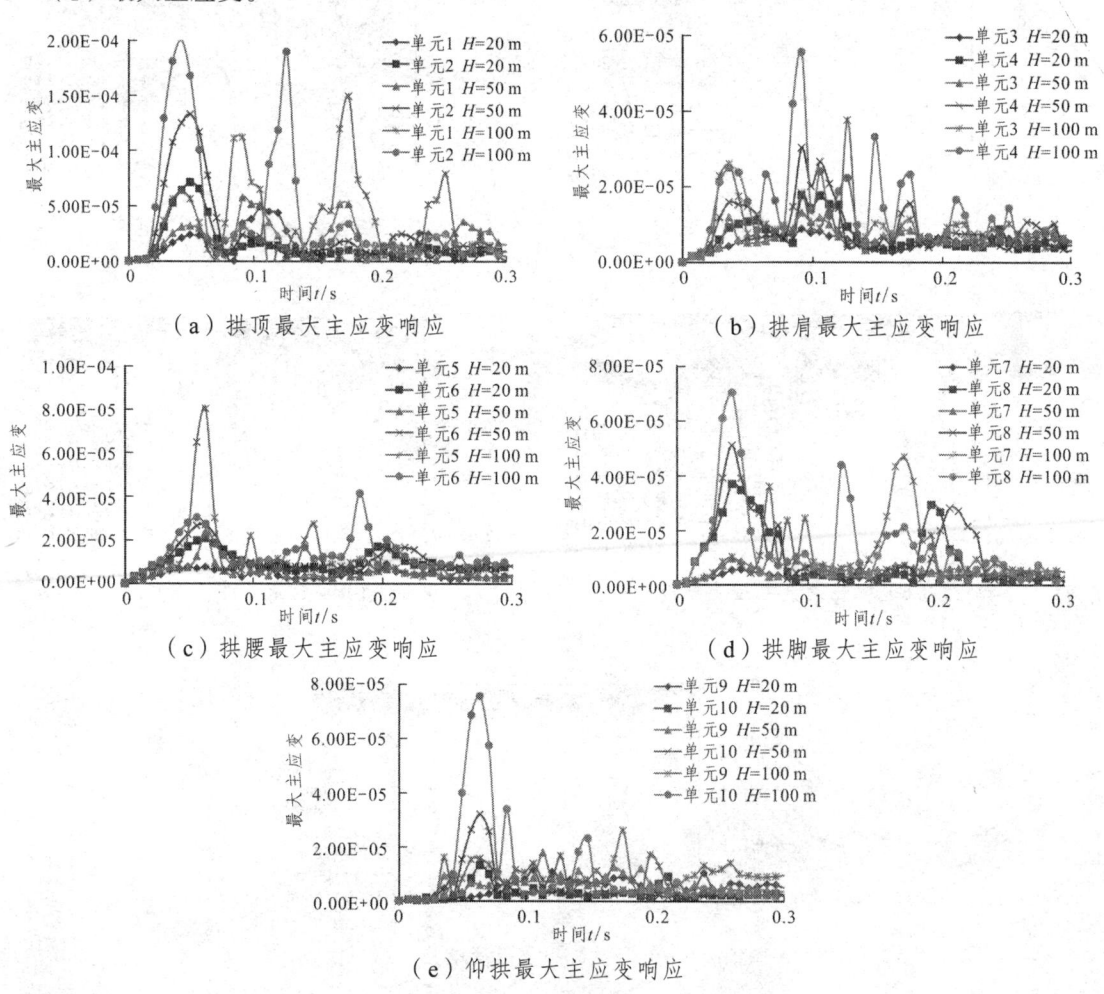

（a）拱顶最大主应变响应

（b）拱肩最大主应变响应

（c）拱腰最大主应变响应

（d）拱脚最大主应变响应

（e）仰拱最大主应变响应

图 2-50　落石不同高度下落结构最大主应变响应

由图 2-50 可以看出，随着落石下落高度的增大，结构各部位最大主应变响应更加明显，拱顶部位最大主应变较其他部位响应更明显；拱腰工况 6 情况下，外侧比内侧响应更显著，除此以外，各工况下结构各部位最大主应变均表现为内侧比外侧响应显著；结构各部位从开始响应到达到最大峰值所用时间极短，在 $t=0.015 \sim 0.075$ s，结构各部位均达到响应峰值，其大小详见表 2-13。

表 2-13　不同下落高度落石冲击结构各部位最大主应变峰值（10^{-6}）

高度 H/m	拱顶		拱肩		拱腰		拱脚		仰拱	
	单元 1	单元 2	单元 3	单元 4	单元 5	单元 6	单元 7	单元 8	单元 9	单元 10
20	48.78	70.86	8.73	17.75	9.01	20.75	5.54	36.69	11.36	13.15
50	57.14	133.1	13.12	30.28	23.80	27.21	9.37	50.77	17.74	32.02
100	149	200.1	37.66	55.58	80.44	41.49	46.53	70.13	26.07	75.84

（2）最小主应变。

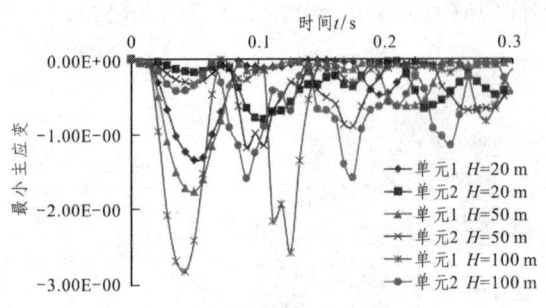

（a）拱顶最小主应变响应

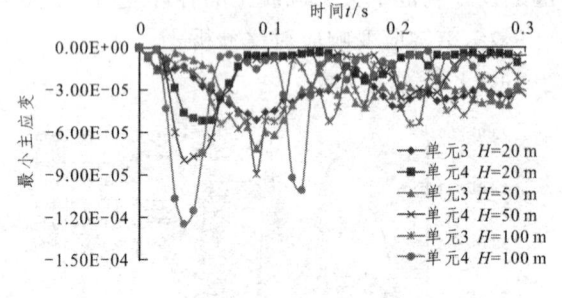

（b）拱肩最小主应变响应

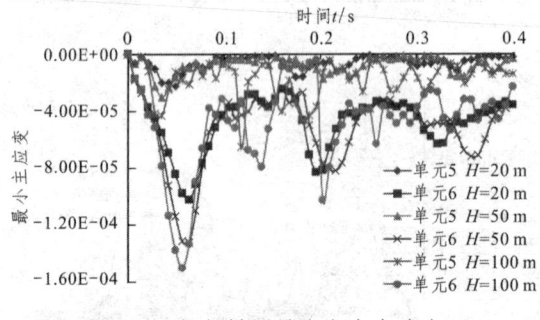

（c）拱腰最小主应变响应

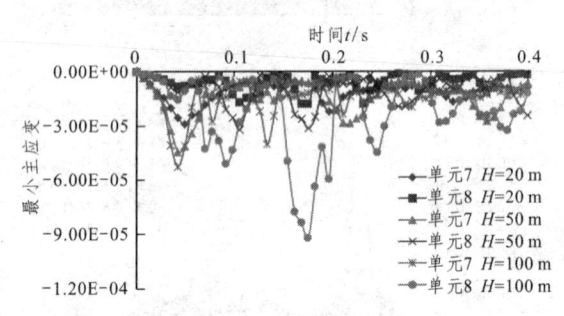

（d）拱脚最小主应变响应

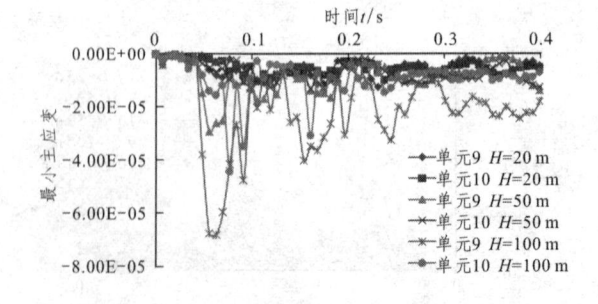

（e）仰拱最小主应变响应

图 2-51　落石不同高度下落结构最小主应变响应

从图 2-51 可以看出，随着落石冲击高度的增加，结构各部位最小主应变响应愈加明显；拱顶和仰拱部位外侧单元的最小主应变比内侧响应显著，而拱肩、拱腰及拱脚部位则是内侧单元的最小主应变比外侧响应更显著；在 $t=0.015\sim0.075~\text{s}$，结构各部位均达到响应峰值，其大小详见表 2-14。

表 2-14　不同下落高度落石冲击结构各部位最小主应变峰值（10^{-6}）

高度 H/m	拱顶 单元 1	拱顶 单元 2	拱肩 单元 3	拱肩 单元 4	拱腰 单元 5	拱腰 单元 6	拱脚 单元 7	拱脚 单元 8	仰拱 单元 9	仰拱 单元 10
20	-134.1	-80.9	-51.1	-52.0	-22.5	-102.0	-29.0	-18.0	-13.8	-10.6
50	-175.8	-117.5	-71.4	-79.9	-30.1	-132.2	-44.3	-32.2	-29.1	-14.3
100	-281.8	-158.1	-89.1	-125	-65.5	-150.0	-52.6	-92.1	-68.1	-44.4

3）结构应变率响应对比分析

（1）最大剪应变率。

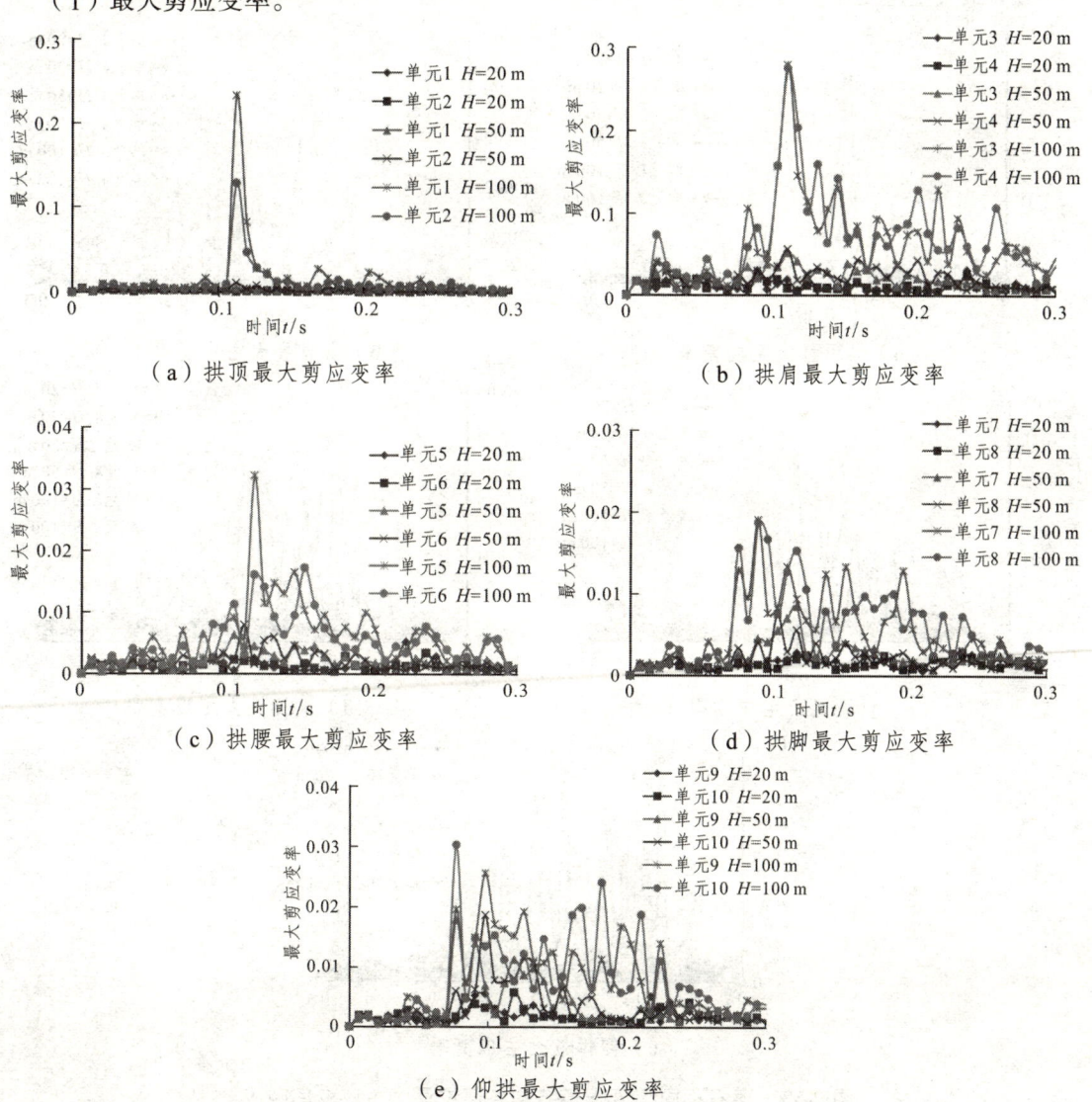

（a）拱顶最大剪应变率

（b）拱肩最大剪应变率

（c）拱腰最大剪应变率

（d）拱脚最大剪应变率

（e）仰拱最大剪应变率

图 2-52　落石不同高度下落结构各部位最大剪应变率响应

由图 2-52 可以看出，随着落石冲击高度的增加，结构各部位最大剪应变率响应愈加明显；拱顶最大剪应变率响应相较于其他部位更明显，由图（a）可知，当 H 为 100 m 时，拱顶峰值为 0.233 s^{-1}；拱顶和拱腰最大剪应变率响应表现为外侧比内侧响应显著，拱肩和拱脚最大剪应变率内、外侧响应基本一致；仰拱部位最大剪应变率响应最小，且表现为外侧比内侧响应显著。不同高度落石冲击下结构各部位最大剪应变率峰值大小详见表 2-15。

表 2-15　不同下落高度落石冲击结构各部位最大剪应变率峰值（10^{-3}）

高度 H/m	拱顶		拱肩		拱腰		拱脚		仰拱	
	单元 1	单元 2	单元 3	单元 4	单元 5	单元 6	单元 7	单元 8	单元 9	单元 10
20	4.2	5.0	3.0	2.5	5.2	3.5	2.8	2.9	5.5	5.7
50	5.9	11.4	5.1	5.7	6.5	7.9	8.4	7.5	17.7	18.5
100	233	129	28.0	27.6	32.1	17.2	19.0	18.8	25.5	30.1

（2）最大主应变率。

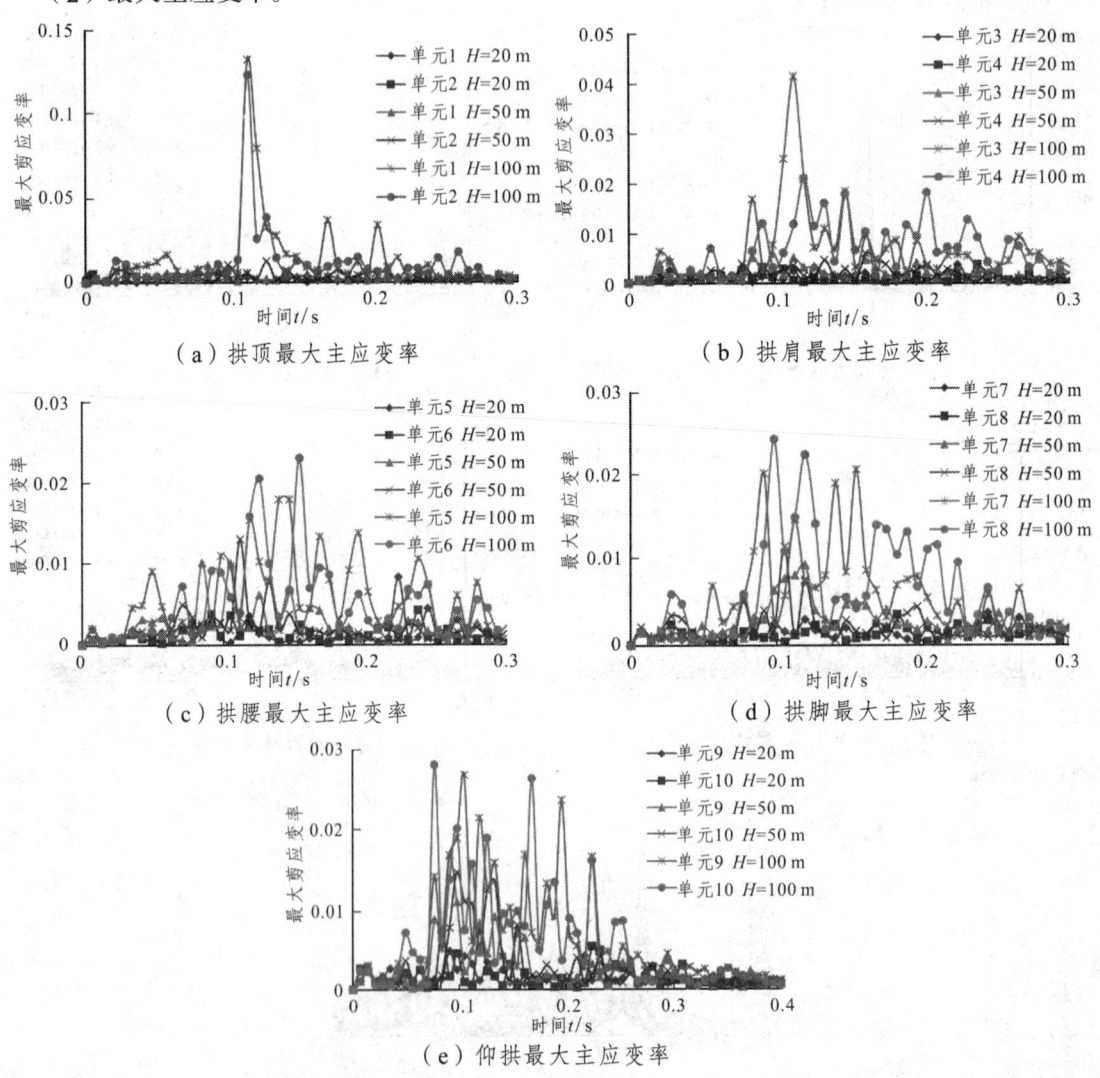

（a）拱顶最大主应变率

（b）拱肩最大主应变率

（c）拱腰最大主应变率

（d）拱脚最大主应变率

（e）仰拱最大主应变率

图 2-53　落石不同高度下落结构各部位最大主应变率响应

从图 2-53 可以看出，随着落石冲击高度的增加，结构各部位最大主应变率响应愈加明显；当落石半径为 0.63 m、下落高度为 100 m 时，拱顶部位最大主应变率响应最明显，且表现为外侧（单元 1）比内侧（单元 2）响应显著，其峰值大小为 0.132 s^{-1}；拱肩单元最大主应变率外侧（单元 3）比内侧单元（单元 4）响应显著，而拱腰、拱脚及仰拱部位均表现为内侧最大主应变率响应该比外侧显著。不同高度落石冲击下结构各部位最大主应变率峰值大小详见表 2-16。

表 2-16 不同下落高度落石冲击结构各部位最大主应变率峰值（10^{-3}）

高度 H/m	拱顶		拱肩		拱腰		拱脚		仰拱	
	单元1	单元2	单元3	单元4	单元5	单元6	单元7	单元8	单元9	单元10
20	4.9	4.8	3.7	3.7	8.3	4.3	3.8	3.6	4.9	7.5
50	9.7	12.2	6.0	6.0	10.1	13.0	9.5	11.7	16.9	14.7
100	132	123	41.4	21.0	17.9	22.9	20.8	24.4	26.9	28.2

（3）最小主应变率。

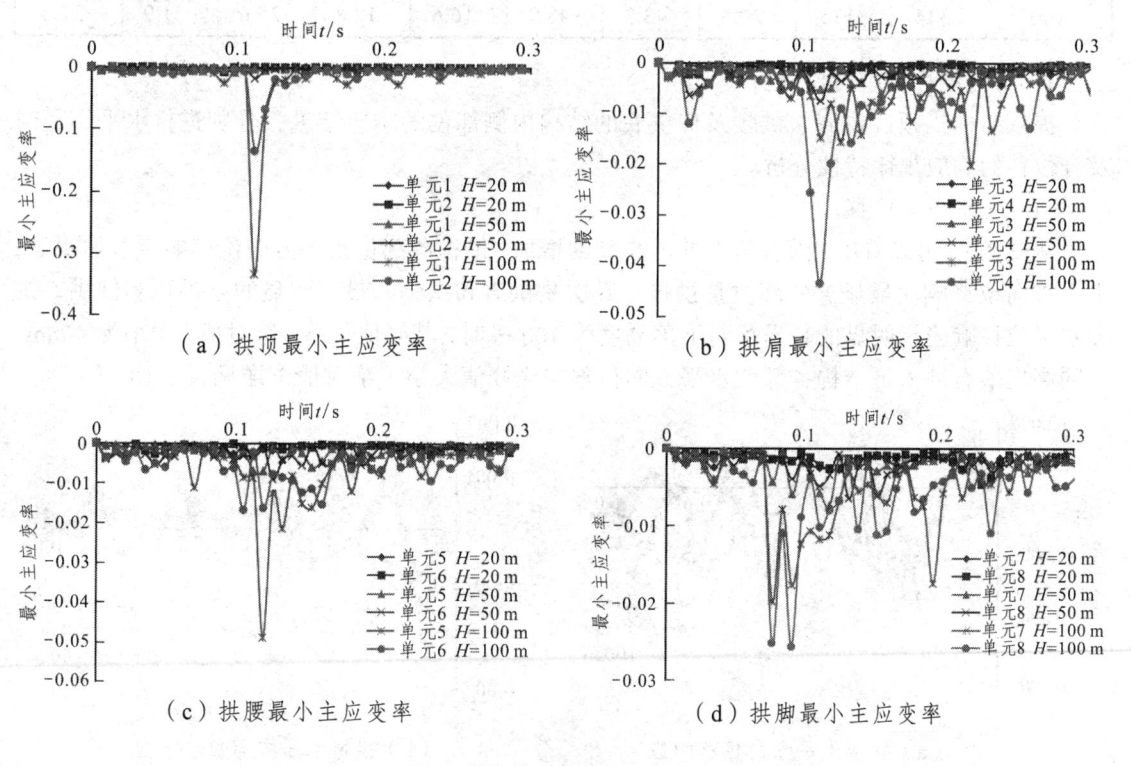

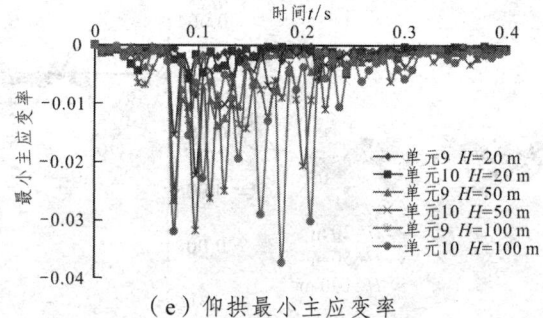

（a）拱顶最小主应变率

（b）拱肩最小主应变率

（c）拱腰最小主应变率

（d）拱脚最小主应变率

（e）仰拱最小主应变率

图 2-54 落石不同高度下落结构各部位最小主应变率响应

从图 2-54 可以看出，随着落石冲击高度的增加，结构各部位最小主应变率响应愈加明显；结构各部位的峰值响应均发生在 $t=0.1$ s 之后，当落石半径为 0.63 m、下落高度为 100 m 时，拱顶部位最大主应变率响应最明显，且表现为外侧（单元 1）比内侧（单元 2）响应显著，其峰值大小为 -0.334 s^{-1}；拱顶和拱腰部位最小主应变率响应表现为外侧比内侧响应明显，而拱肩、拱脚及仰拱部位则表现为内侧比外侧响应显著；拱脚部位最小主应变率响应最不明显。不同高度落石冲击下结构各部位最小主应变率峰值大小详见表 2-17。

表 2-17 不同下落高度落石冲击结构各部位最小主应变率峰值（10^{-3}）

高度 H/m	拱顶		拱肩		拱腰		拱脚		仰拱	
	单元 1	单元 2	单元 3	单元 4	单元 5	单元 6	单元 7	单元 8	单元 9	单元 10
20	-6.4	-8.0	-4.7	-4.0	-3.3	-4.5	-2.8	-4.6	-8.5	-5.7
50	-9.0	-17.7	-6.0	-7.6	-6.9	-9.0	-7.4	-6.5	-26.6	-22.4
100	-334	-135	-20.3	-43.3	-48.9	-16.6	-19.8	-25.6	-31.9	-37.4

4）结构位移响应对比分析

提取结构拱顶、拱肩、拱腰及仰拱底的结构内侧部位的响应结果，分别进行水平、竖向及合位移的响应规律特性分析。

（1）水平方向位移。

从图 2-55 可以看出，随着落石冲击高度的增加，结构各部位水平方向位移响应愈加明显；水平方向位移响应最显著的部位是拱腰，其次是拱肩和拱脚，最不明显的是拱顶和仰拱；拱腰水平位移响应最明显的是当落石下落高度为 100 m 时，其峰值位移（绝对值）大小为 4 mm。不同高度落石冲击下结构各部位水平方向位移响应峰值大小（绝对值）详见表 2-18。

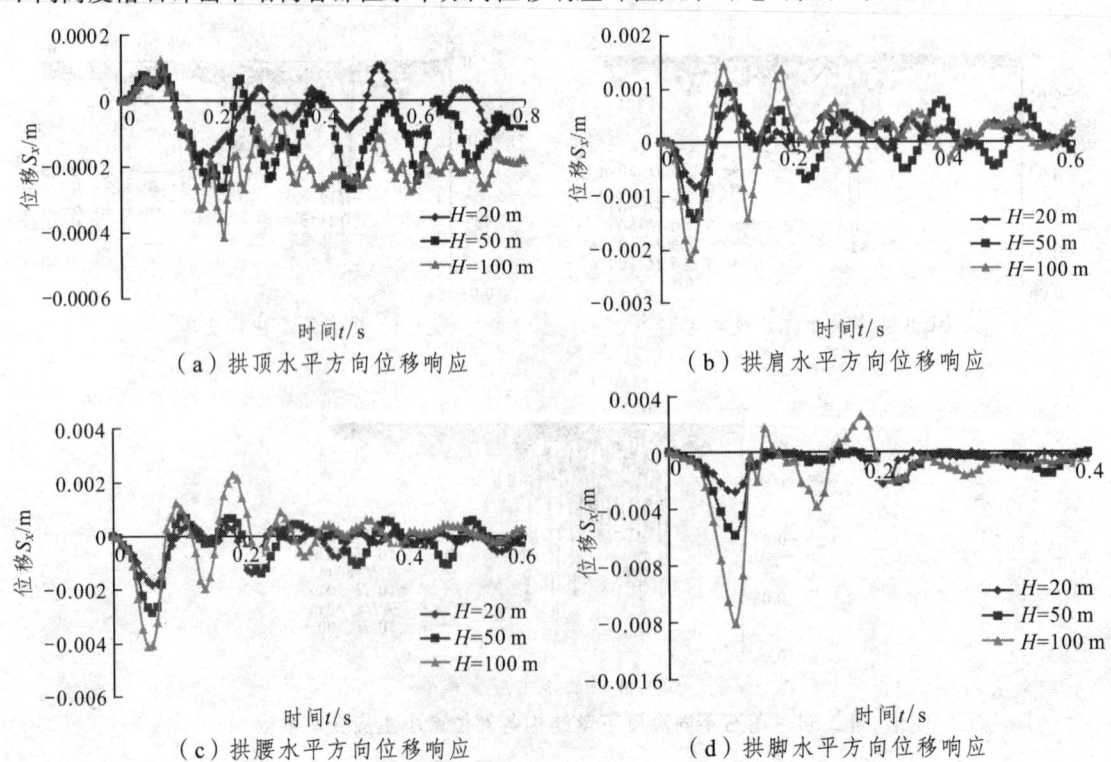

（a）拱顶水平方向位移响应

（b）拱肩水平方向位移响应

（c）拱腰水平方向位移响应

（d）拱脚水平方向位移响应

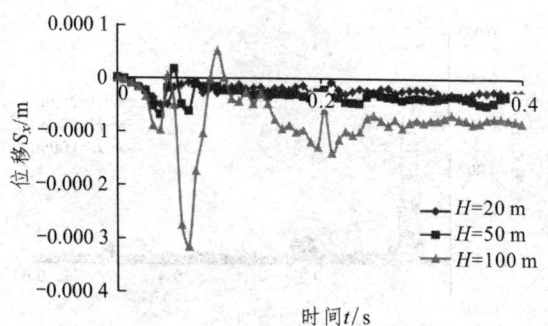

(e) 仰拱水平方向位移响应

图 2-55　落石不同高度下落结构各部位水平方向位移响应

表 2-18　不同下落高度落石冲击结构各部位水平方向位移峰值（mm）

高度 H/m	拱顶	拱肩	拱腰	拱脚	仰拱
20	0.17	0.84	1.82	0.28	0.06
50	0.27	1.43	2.85	0.59	0.07
100	0.41	2.17	4.11	1.21	0.32

（2）竖直方向位移。

从图 2-56 可以看出，随着落石冲击高度的增加，结构各部位竖向位移响应愈加明显；竖直方向位移响应最显著的部位是拱顶和仰拱，当落石下落高度为 100 m 时，其竖向位移响应峰值大小分别为 8.9 mm 和 3.82 mm；拱顶和拱肩部位竖向位移峰值响应表现为竖向向下，而拱腰、拱脚及仰拱部位则表现为竖向向上；不同高度落石冲击下结构各部位竖向位移响应峰值大小详见表 2-19。

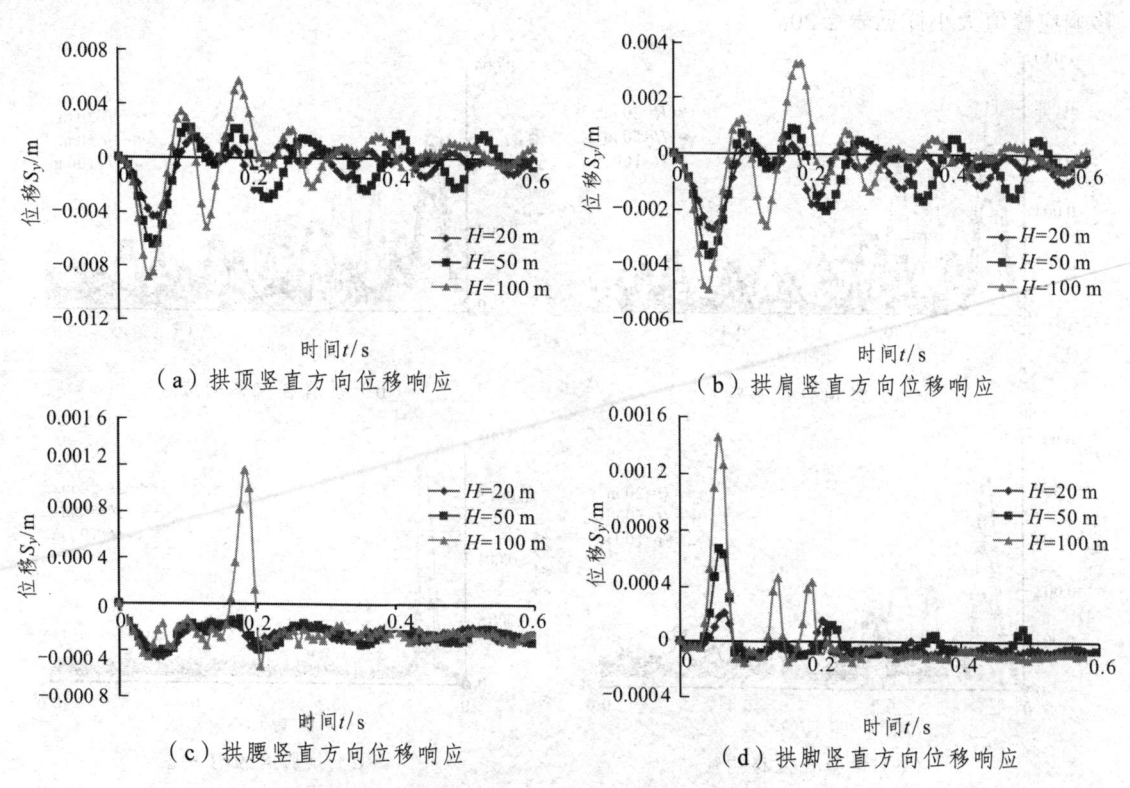

(a) 拱顶竖直方向位移响应

(b) 拱肩竖直方向位移响应

(c) 拱腰竖直方向位移响应

(d) 拱脚竖直方向位移响应

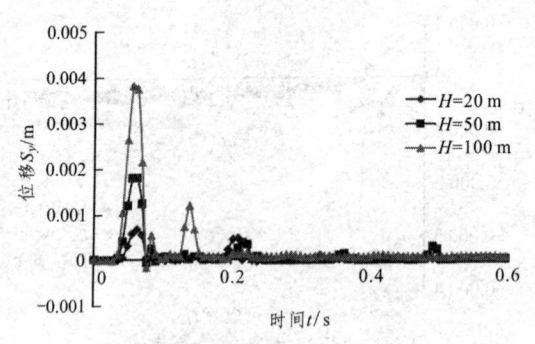

(e)仰拱竖向方向位移响应

图 2-56　落石不同高度下落结构各部位竖直方向位移响应

表 2-19　不同下落高度落石冲击结构各部位竖向位移峰值（mm）

高度 H/m	拱顶	拱肩	拱腰	拱脚	仰拱
20	4.36	2.68	0.47	0.20	0.68
50	6.44	3.63	0.44	0.66	1.79
100	8.86	4.84	1.15	1.45	3.82

（3）合位移。

从图 2-57 可以看出，随着落石冲击高度的增加，结构各部位合位移响应愈加明显；拱顶合位移响应最显著，当落石下落高度为 100 m 时，拱顶合位移响应峰值大小为 8.86 mm，其次是拱肩，拱脚部位响应最不明显；结构各部位从开始响应到达到最大峰值所用时间极短，在 $t=0.018\sim0.085$ s，结构各部位合位移响应均达到峰值。不同高度落石冲击下结构各部位合位移响应峰值大小详见表 2-20。

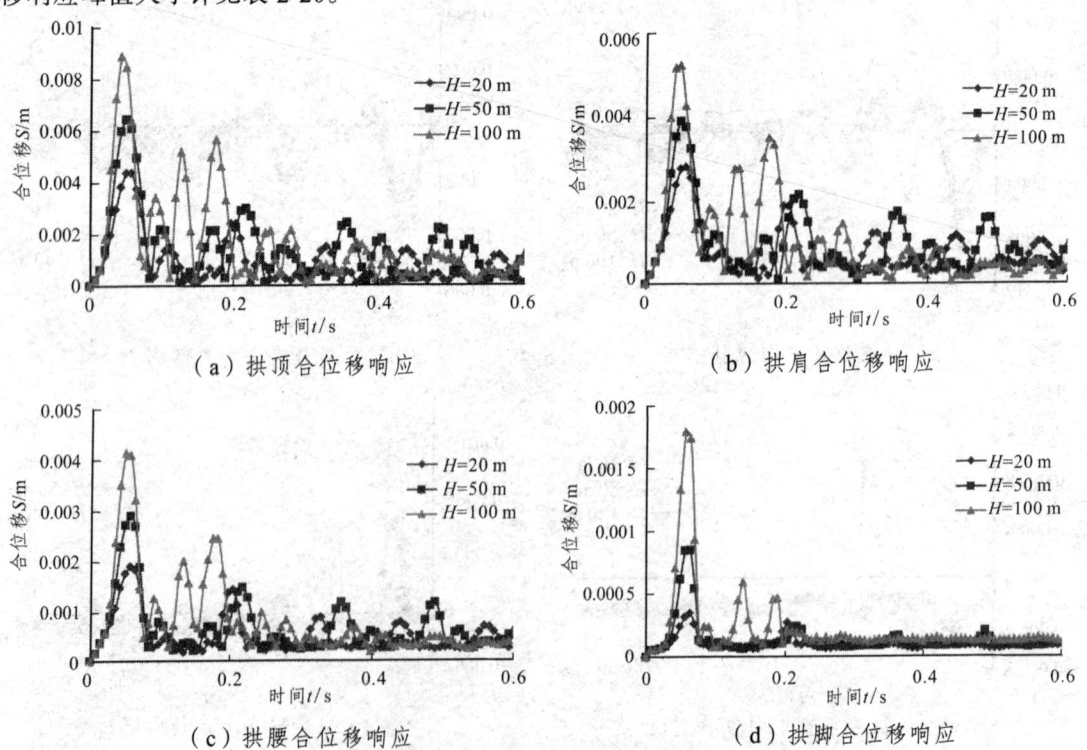

（a）拱顶合位移响应

（b）拱肩合位移响应

（c）拱腰合位移响应

（d）拱脚合位移响应

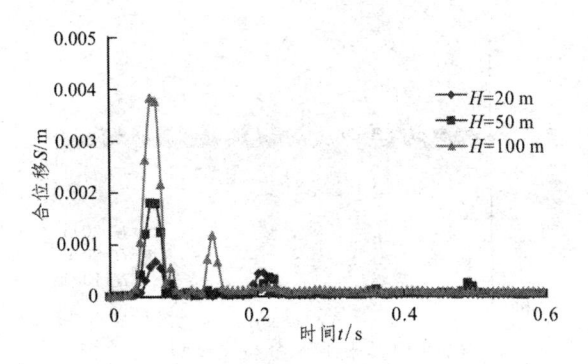

(e）仰拱合位移响应

图 2-57　落石不同高度下落结构各部位合位移响应

表 2-20　不同下落高度落石冲击结构各部位合位移峰值（10^{-3} m）

高度 H/m	拱顶	拱肩	拱腰	拱脚	仰拱
20	4.36	2.80	1.87	0.34	0.68
50	6.44	3.90	2.88	0.85	1.79
100	8.86	5.24	4.12	1.79	3.82

5）结构加速度响应对比分析

（1）水平方向加速度。

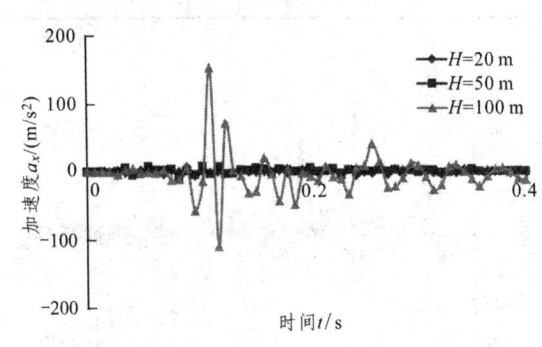

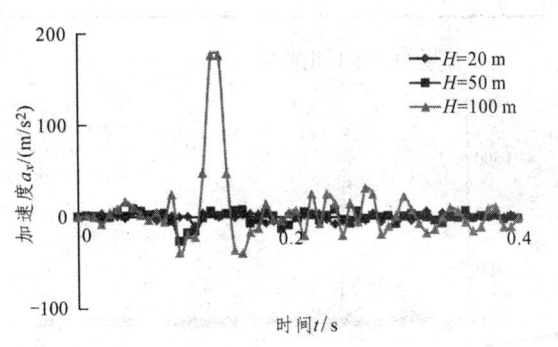

（a）拱顶水平方向加速度响应　　　　（b）拱肩水平方向加速度响应

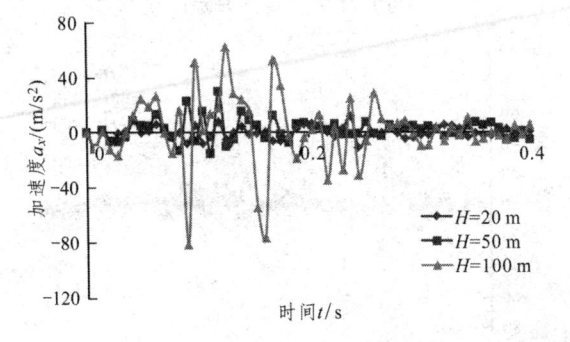

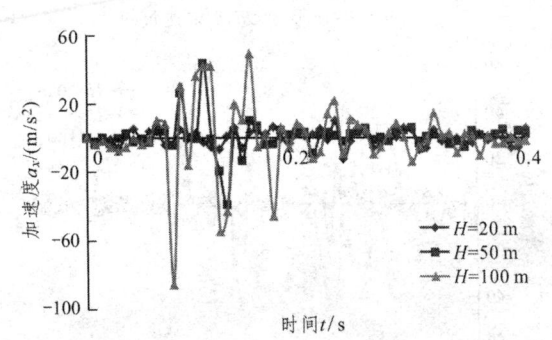

（c）拱腰水平方向加速度响应　　　　（d）拱脚水平方向加速度响应

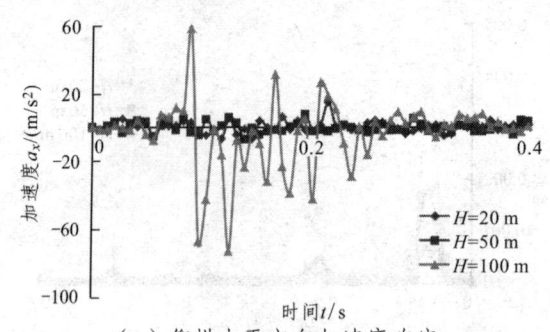

（e）仰拱水平方向加速度响应

图 2-58　落石不同高度下落结构各部位水平方向加速度响应

从图 2-58 可以看出，随着落石冲击高度的增加，结构各部位水平方向加速度响应愈加明显；拱顶和拱肩部位水平方向加速度响应较明显，拱腰及以下部位响应较弱，且峰值大小差别不大；当落石下落高度为 100 m 时，水平加速度响应最显著的部位出现在拱肩部位，在 $t=0.126$ s 时达到峰值，其大小为 176.18 m/s²，不同高度落石冲击下结构各部位水平方向加速度响应峰值大小详见表 2-21。

表 2-21　不同下落高度落石冲击结构各部位水平方向加速度峰值（m/s²）

高度 H/m	拱顶	拱肩	拱腰	拱脚	仰拱
20	10.32	9.45	11.53	12.35	14.83
50	9.85	26.73	29.29	43.35	7.37
100	152.12	176.18	80.99	85.62	72.96

（2）竖直方向加速度。

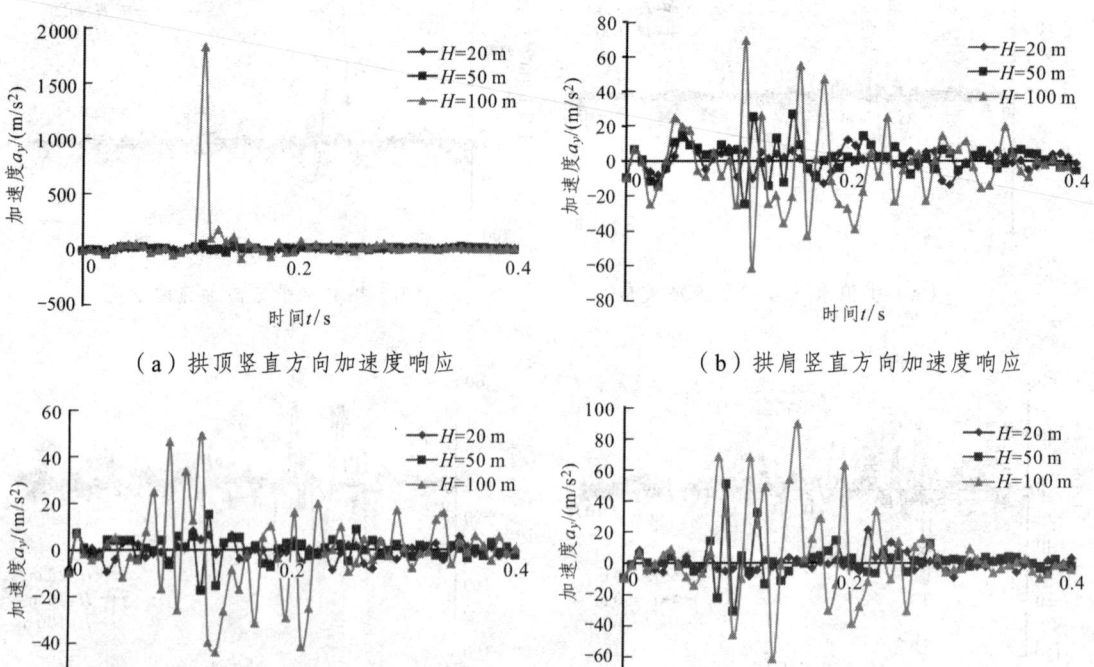

（a）拱顶竖直方向加速度响应

（b）拱肩竖直方向加速度响应

（c）拱顶竖直方向加速度响应

（d）拱脚竖直方向加速度响应

（e）仰拱竖直方向加速度响应

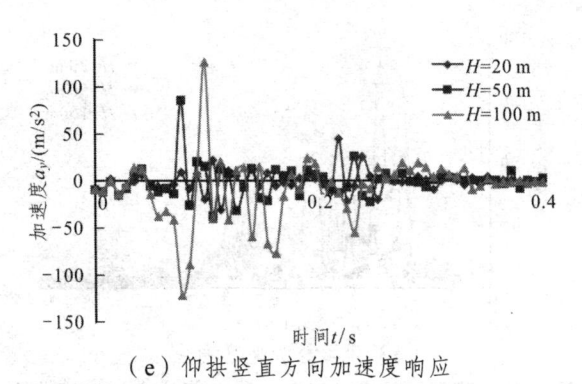

图 2-59　落石不同高度下落结构各部位竖向加速度响应

从图 2-59 可以看出，随着落石冲击高度的增加，结构各部位竖向加速度响应愈加明显；竖向加速度响应最显著的发生在拱顶部位，其次较明显的是仰拱底，拱肩、拱腰及拱脚部位响应较弱，且峰值大小差别不大；由之前的分析可知，当 r 为 0.63 m、落石下落高度为 100 m 工况条件时，落石球体完全侵彻明洞结构上部回填土，并与明洞结构拱顶顶面发生接触冲击，由图（a）可知，在 $t=0.12$ s 时，拱顶部位响应最显著，峰值大小为 1 818.95 m/s²；不同高度落石冲击下结构各部位竖向加速度响应峰值大小详见表 2-22。

表 2-22　不同下落高度落石冲击结构各部位竖向加速度峰值（m/s²）

高度 H/m	拱顶	拱肩	拱腰	拱脚	仰拱
20	16.04	17.05	9.80	21.00	43.93
50	39.29	26.94	17.38	50.48	85.27
100	1819	69.16	49.08	88.58	125.60

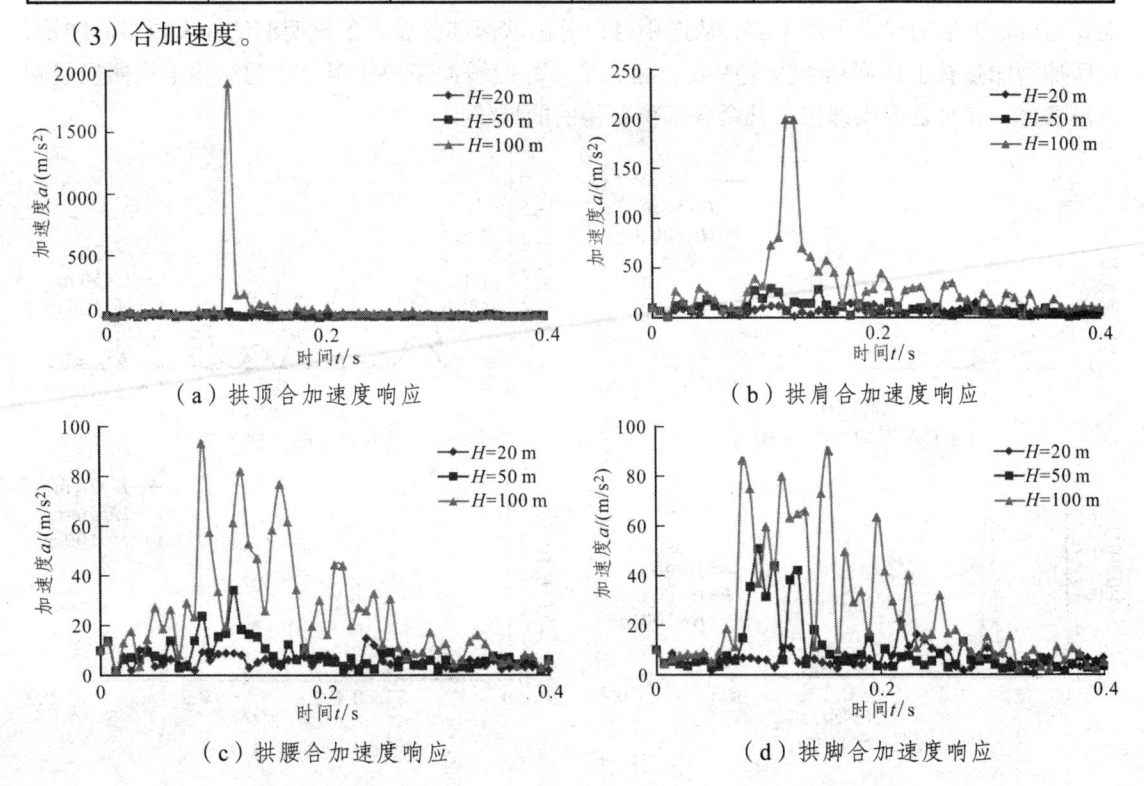

（3）合加速度。

（a）拱顶合加速度响应

（b）拱肩合加速度响应

（c）拱腰合加速度响应

（d）拱脚合加速度响应

（e）仰拱合加速度响应

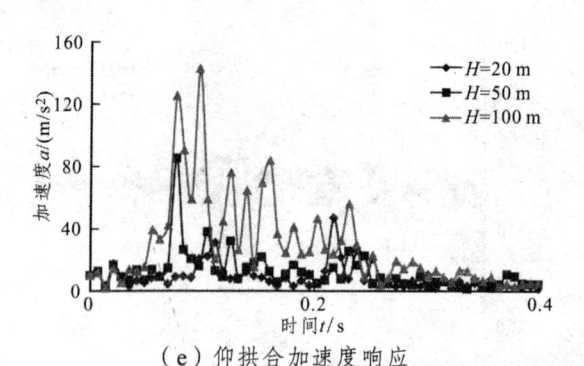

图 2-60　落石不同高度下落结构各部位合加速度响应

从图 2-60 可以看出，随着落石冲击高度的增加，结构各部位合加速度响应愈加明显；合加速度响应最显著的部位是拱顶，工况 6 时拱顶单元 1 处的合加速度最大峰值接近 2 000 m/s²，其次是拱肩，第三是仰拱，拱腰及拱脚响应较弱且差别不大；不同高度落石冲击下结构各部位合加速度响应峰值大小详见表 2-23。

表 2-23　不同下落高度落石冲击结构各部位竖向加速度峰值（m/s²）

高度 H/m	拱顶	拱肩	拱腰	拱脚	仰拱
20	16.57	17.90	14.48	21.10	46.69
50	39.47	29.19	34.06	50.49	85.30
100	1 892.0	199.01	93.28	89.73	142.61

6）不同下落高度落石冲击结构各部位能量响应

从图 2-61 可以看出，落石下落高度越大，落石具有的动能就越大，相应的结构各部分获得的动能就越多，响应也更明显；落石的动能在冲击过程中，首先转化为回填土层（5）的动能，随后是下层的碎石土层（6），从图中可以看出这两部位获得了比明洞结构大得多的能量，说明冲击能量被上述回填土大量吸收，起到了很好的缓冲保护作用；明洞结构上拱圈能量响应最显著，其次是仰拱部位，其余各部位获得的能量较少。

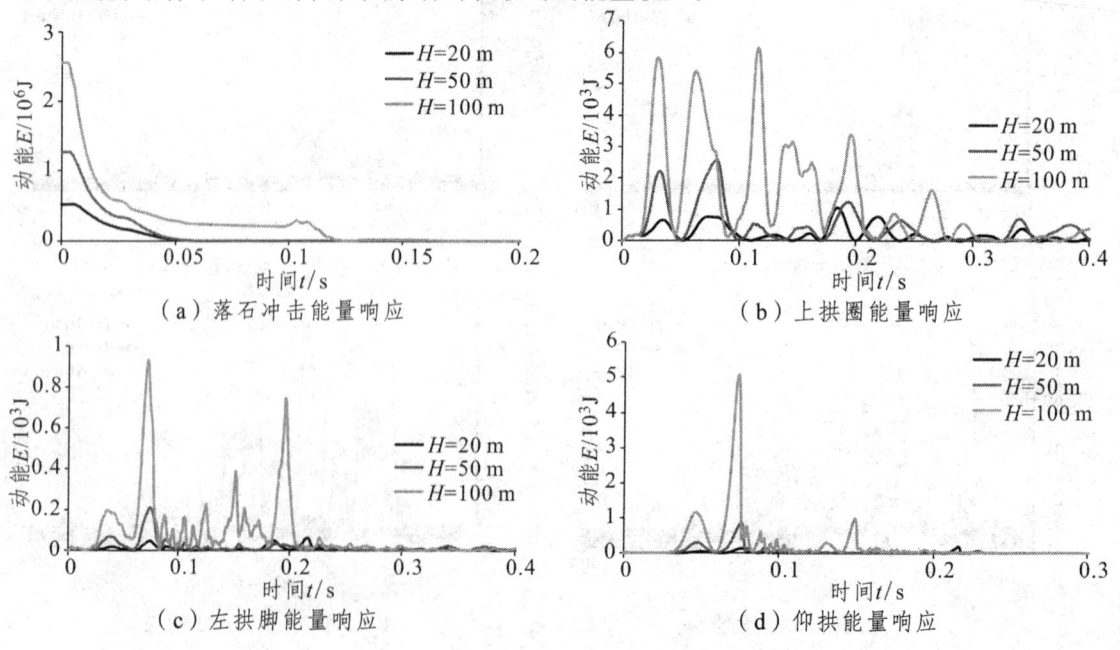

（a）落石冲击能量响应　　（b）上拱圈能量响应

（c）左拱脚能量响应　　（d）仰拱能量响应

（e）回填土能量响应

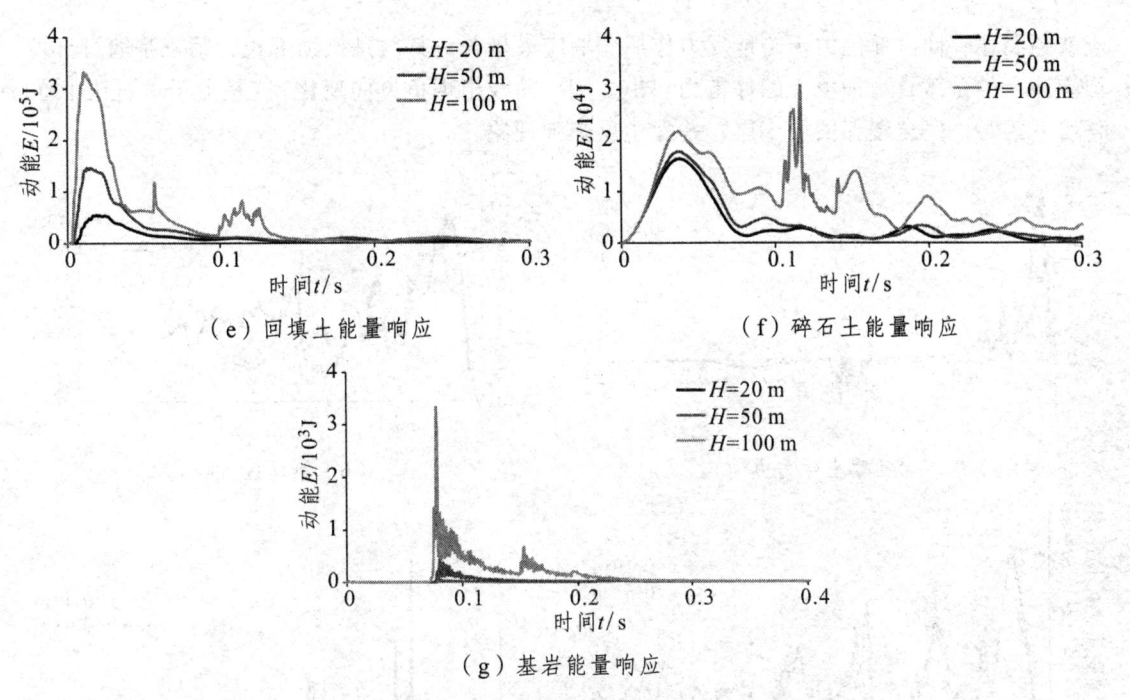

（f）碎石土能量响应

（g）基岩能量响应

图 2-61　落石不同高度下落模型各部位能量响应

2.2.5　不同半径落石冲击数值计算结果分析

这里对落石球体半径分别为 0.49 m 和 0.63 m（见表 2-10），落石从 100 m 高度下落条件下的两种工况（即分别为工况 3 和工况 6）进行对比分析。

1. 不同半径落石侵彻回填土深度响应

从图 2-62 可以看出，落石从相同高度下落，半径分别为 0.49 m 和 0.63 m 的落石球体侵彻回填土深度分别为 0.905 9 m 和 2.013 m，说明落石半径越大，落石对回填土的侵彻深度越深；半径为 0.49 m 和 0.63 m 的落石球体分别在 $t=1.2$ s 和 $t=0.46$ s 之后趋于稳定不再发生运动，说明落石球体半径越小，回弹耗能所需的时间越多；工况 6 时落石的位移达到 2 m 以上，已完全侵彻回填土层且与明洞结构顶部发生接触作用，说明此工况时回填土厚度设计不足。

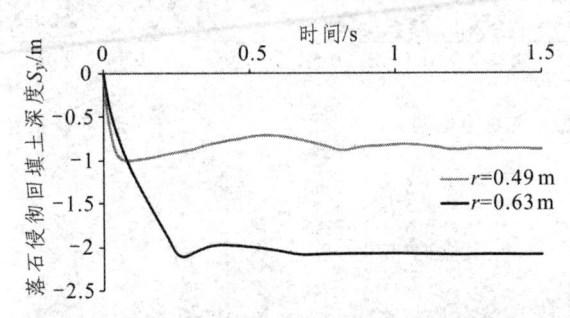

图 2-62　不同半径落石侵彻回填土深度响应

2. 不同半径落石冲击荷载响应

由图 2-63 可以看出，落石从同一高度下落，半径越大，落石对回填土的冲击力越大，响应就越明显；仰拱部位由于击地反力作用，响应最显著，其次是拱顶部位，第三是墙脚部位，响应最小的是落石对回填土的冲击力。图（a）中，曲线出现负方向变化，这是由于落石从 100 m 高度下落时，完全侵彻回填土层，并发生反弹弹现象。

（a）落石对回填土冲击力响应

（b）拱顶压力响应

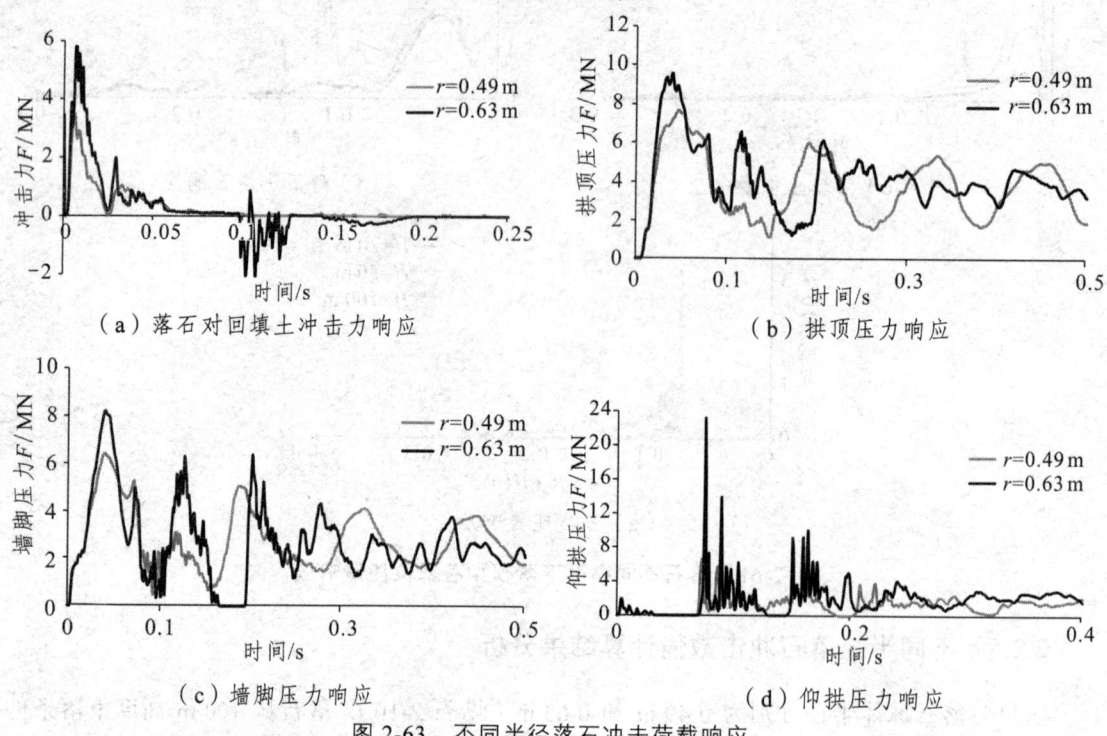

（c）墙脚压力响应

（d）仰拱压力响应

图 2-63　不同半径落石冲击荷载响应

3. 不同半径落石冲击结构荷载效应

1）结构最大剪应力响应

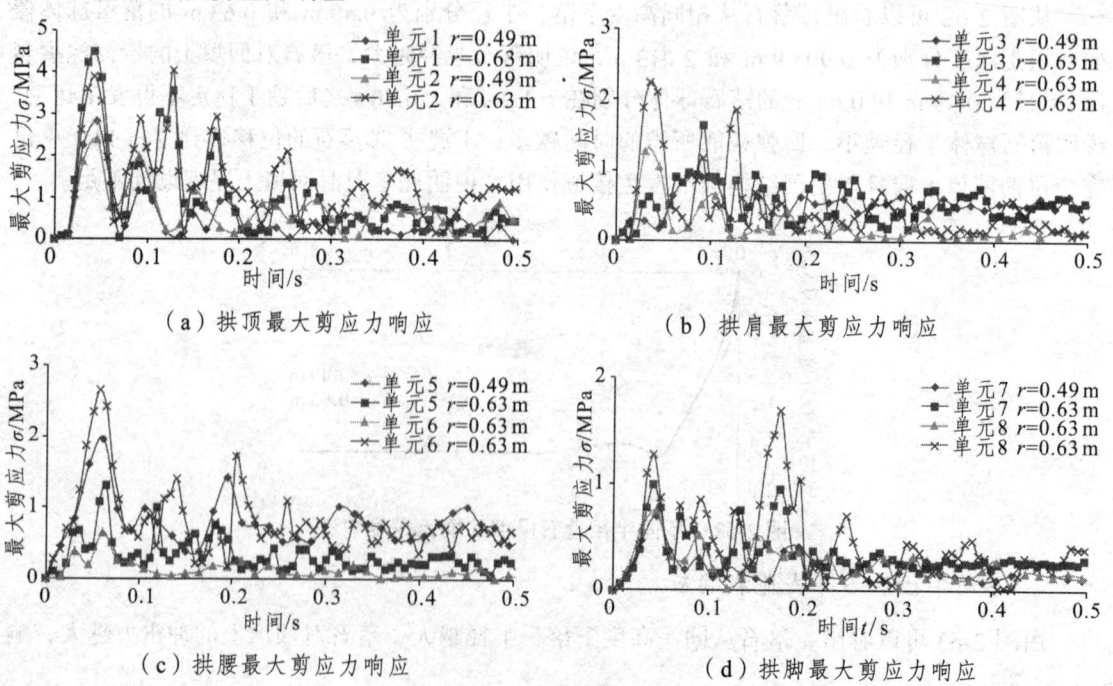

（a）拱顶最大剪应力响应

（b）拱肩最大剪应力响应

（c）拱腰最大剪应力响应

（d）拱脚最大剪应力响应

（e）仰拱最大剪应力响应

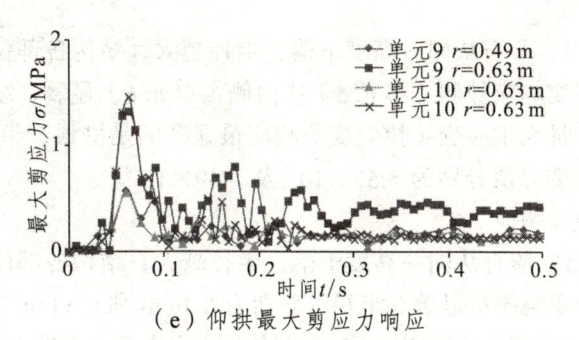

图 2-64　不同半径落石结构各部位最大剪应力响应

由图 2-64 可以看出，落石从同一高度下落，半径越大，结构各部位最大剪应力响应越明显；不论是小半径落石球体冲击还是大半径落石球体冲击，都引起的是拱顶外侧（单元 1）响应最显著，但峰值大小不相同，半径分别为 0.49 m 和 0.63 m 对应的最大剪应力峰值分别为 2.81 MPa 及 4.49 MPa；除拱顶外，结构其余部位均表现为结构内侧比外侧响应显著；仰拱部位最大剪应力响应较弱，半径分别为 0.49 m 和 0.63 m 对应的最大剪应力分别峰值为 0.56 MPa 及 1.46 MPa。

2）结构应变响应

（1）结构最大主应变响应（图 2-65）。

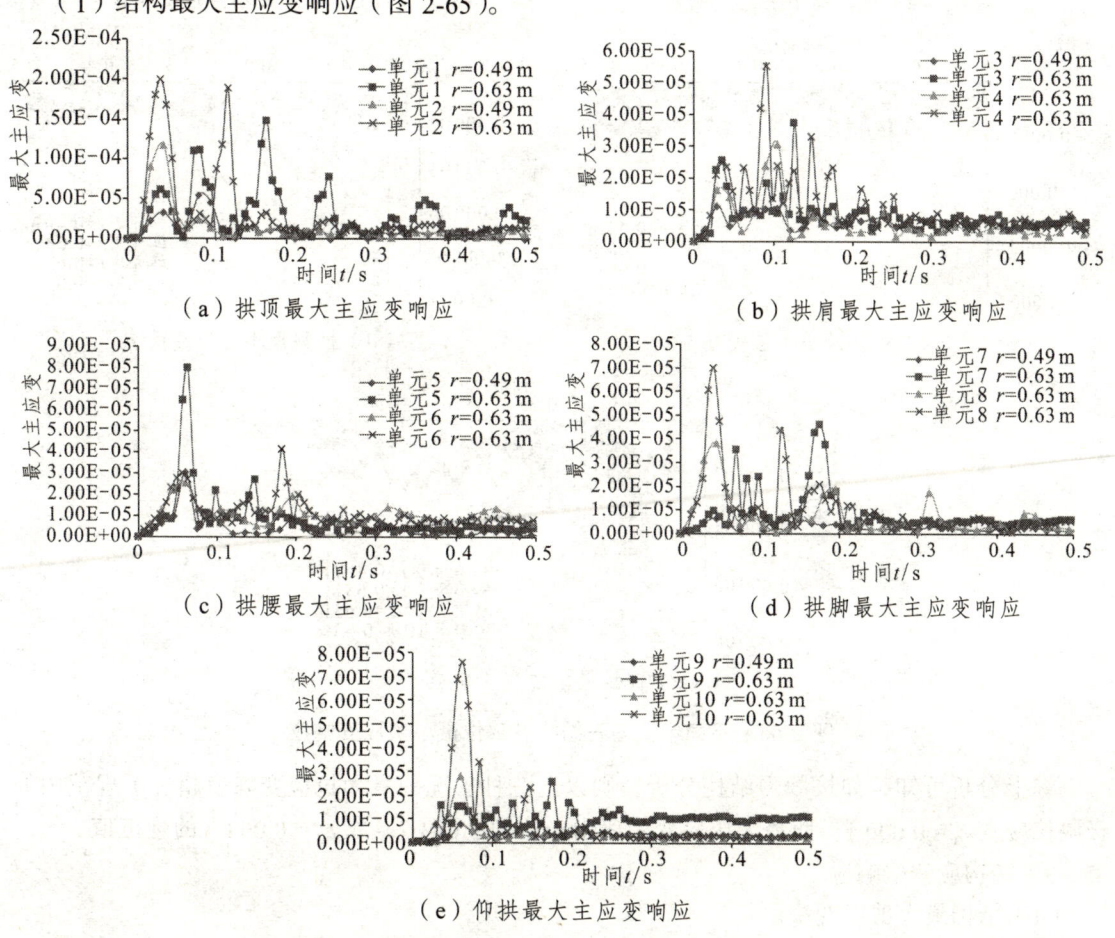

（a）拱顶最大主应变响应　　　　（b）拱肩最大主应变响应

（c）拱腰最大主应变响应　　　　（d）拱脚最大主应变响应

（e）仰拱最大主应变响应

图 2-65　不同半径落石结构各部位最大主应变响应

由图 2-65 可以看出，落石从同一高度下落，半径越大，结构各部位最大主应变响应越明显；拱腰部位最大剪应变响应外侧（单元 5）比内侧（单元 6）显著，结构其他部位均表现为内侧比外侧显著；结构最大主应变（拉应变）响应最显著的是拱顶，半径 r 分别为 0.49 m 和 0.63 m 对应的最大主应变峰值分别为 5.52×10^{-5} 及 1.49×10^{-4}。

（2）结构最小主应变响应。

由图 2-66 可以看出，落石从同一高度下落，半径越大，结构各部位最小主应变响应越明显；拱顶部位最小主应变响应最显著，半径 r 分别为 0.49 m 和 0.63 m 对应的最小主应变峰值分别为 -1.6×10^{-4} 及 -2.8×10^{-4}；除拱顶外，其他部位最小主应变均表现为内侧比外侧响应明显。

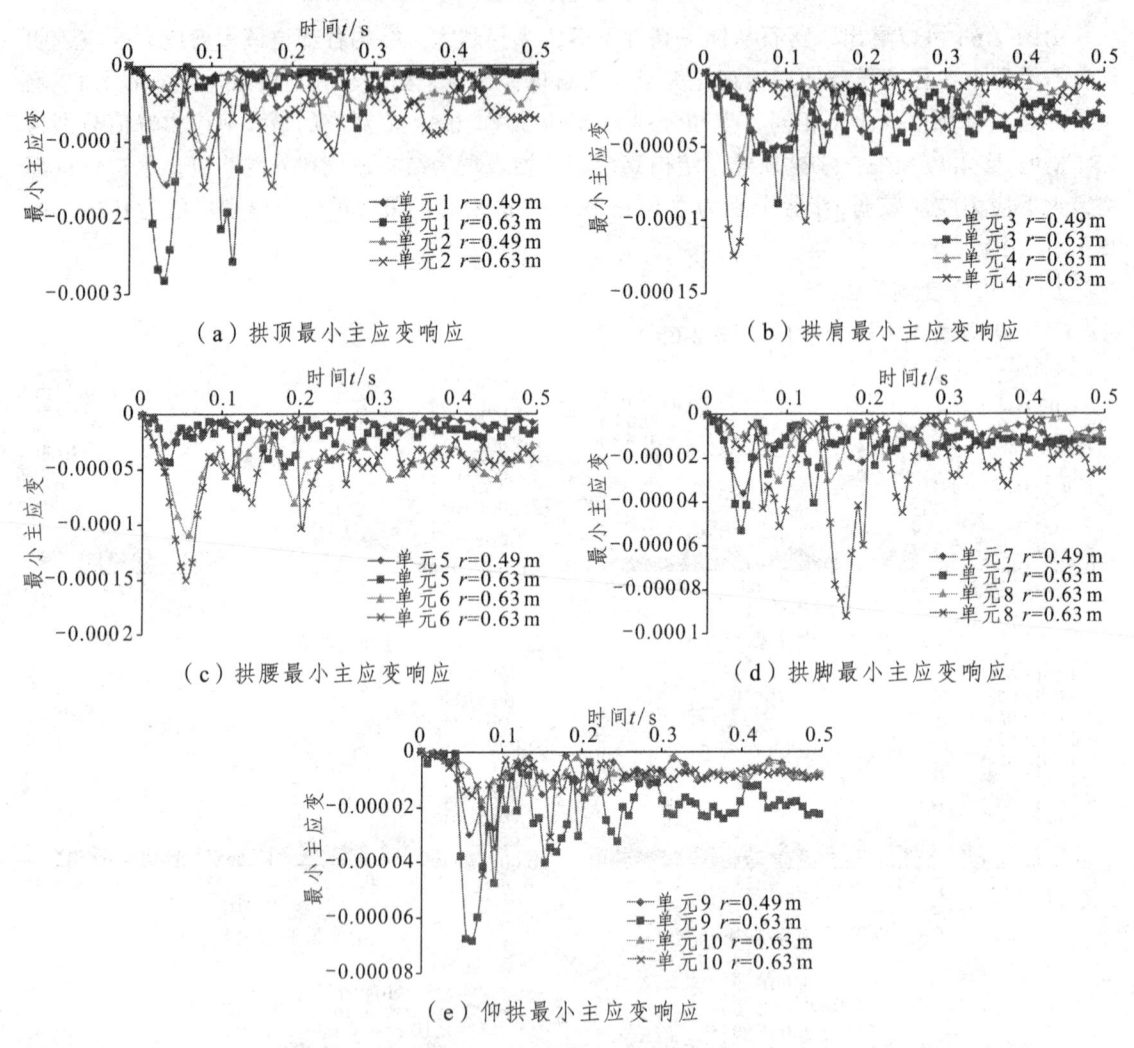

（a）拱顶最小主应变响应

（b）拱肩最小主应变响应

（c）拱腰最小主应变响应

（d）拱脚最小主应变响应

（e）仰拱最小主应变响应

图 2-66 不同半径落石结构各部位最小主应变响应

综上分析可知，如按静力结构分析，则以上三种工况的最大拉应变峰值超过了规范中的极限拉应变 $\varepsilon_t = 0.0001$；而最大压应变峰值则未达到 0.003 3，或 $\varepsilon_0 = 0.002\ 0$ 的规范值。

3）结构应变率响应

（1）结构最大剪应变率。

由图 2-67 可以看出，落石从同一高度下落，半径越大，结构各部位最大剪应变率响应越明显；最大剪应变率响应最显著部位是仰拱内侧，半径 r 分别为 0.49 m 和 0.63 m 对应的最大剪应变率峰值分别为 0.0156 s^{-1} 和 0.0301 s^{-1}，其次是拱肩部位，其峰值大小分别为 0.006 s^{-1} 和 0.028 s^{-1}，拱脚部位响应最不明显；拱顶是内侧单元比外侧单元响应明显，拱肩和拱脚内、外侧最大剪应变率响应基本一致，拱腰和仰拱是内侧比外侧响应显著。

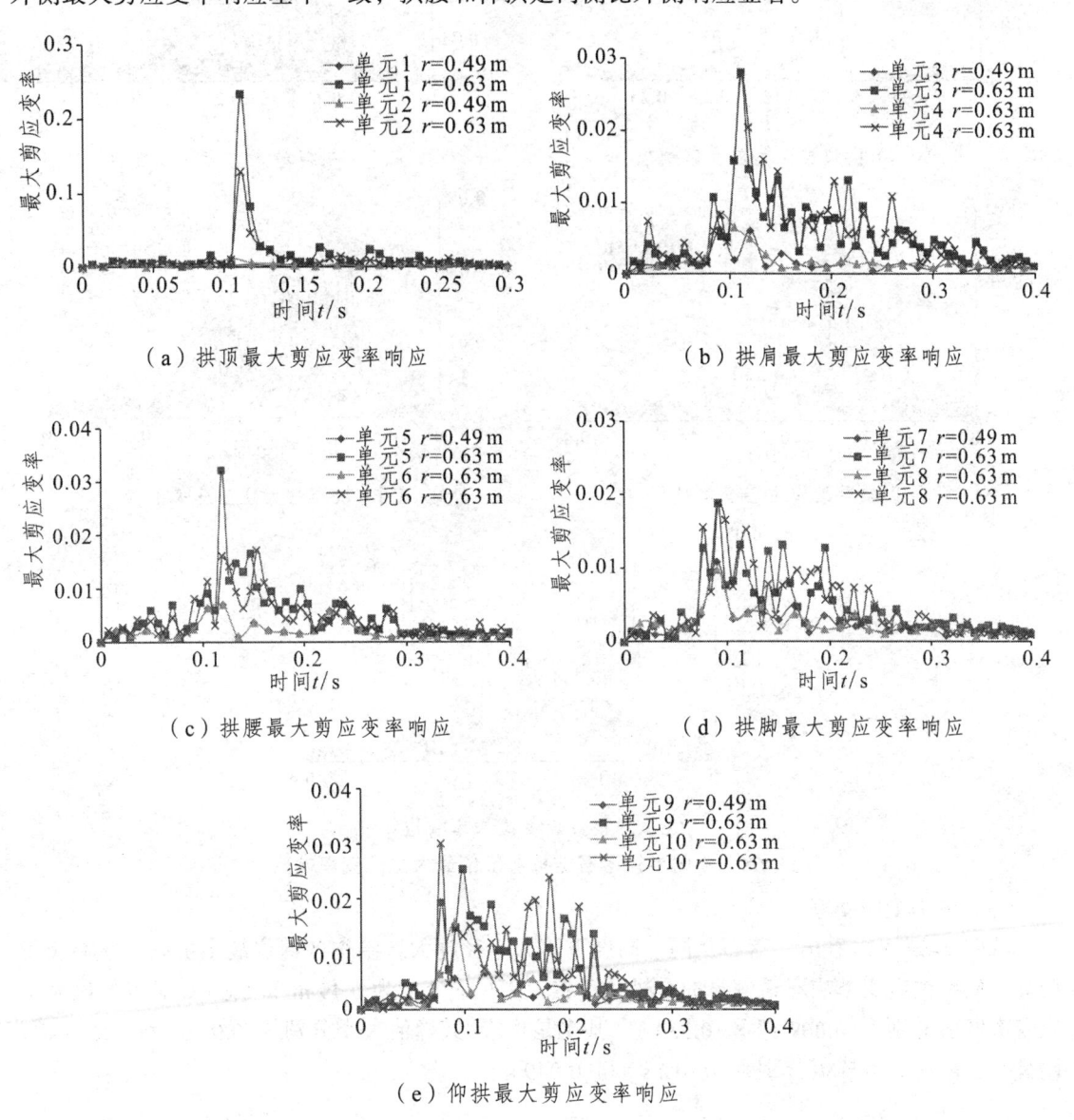

(a) 拱顶最大剪应变率响应

(b) 拱肩最大剪应变率响应

(c) 拱腰最大剪应变率响应

(d) 拱脚最大剪应变率响应

(e) 仰拱最大剪应变率响应

图 2-67 不同半径落石结构各部位最大剪应变率响应

(2) 结构最大主应变率。

从图 2-68 可以看出，落石从同一高度下落，半径越大，结构各部位最大主应变率响应越明显，最大主应变率响应最明显的是拱顶部位，半径 r 分别为 0.49 m 和 0.63 m 对应的最大主应变率峰值分别为 0.01 s^{-1} 和 0.132 s^{-1}，其次是拱肩，其峰值大小分别为 0.009 8 s^{-1} 和 0.041 s^{-1}，拱腰和拱脚部位响应基本一致。

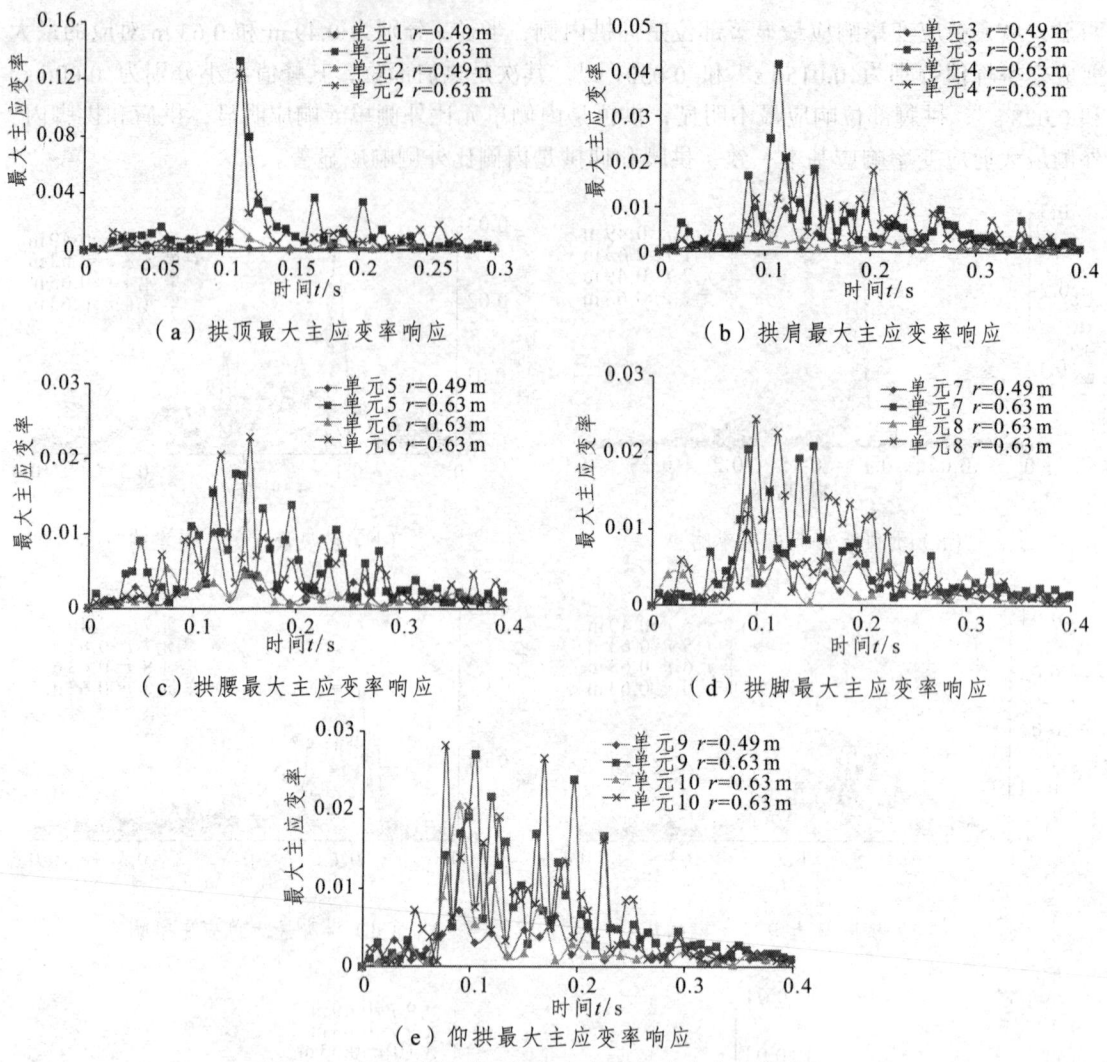

(a) 拱顶最大主应变率响应

(b) 拱肩最大主应变率响应

(c) 拱腰最大主应变率响应

(d) 拱脚最大主应变率响应

(e) 仰拱最大主应变率响应

图 2-68　不同半径落石结构各部位最大主应变率响应

(3) 最小主应变率。

从图 2-69 可以看出，落石从同一高度下落，半径越大，结构各部位最小主应变率响应越明显，最小主应变率响应最明显的是拱顶部位，半径 r 分别为 0.49 m 和 0.63 m 对应的最大主应变率峰值分别为 $-0.009\ \text{s}^{-1}$ 和 $-0.334\ \text{s}^{-1}$，其次是拱腰，其峰值大小分别为 $-0.01\ \text{s}^{-1}$ 和 $-0.049\ \text{s}^{-1}$，拱脚部位最小，其峰值分别为 $-0.012\ \text{s}^{-1}$ 和 $-0.049\ \text{s}^{-1}$。

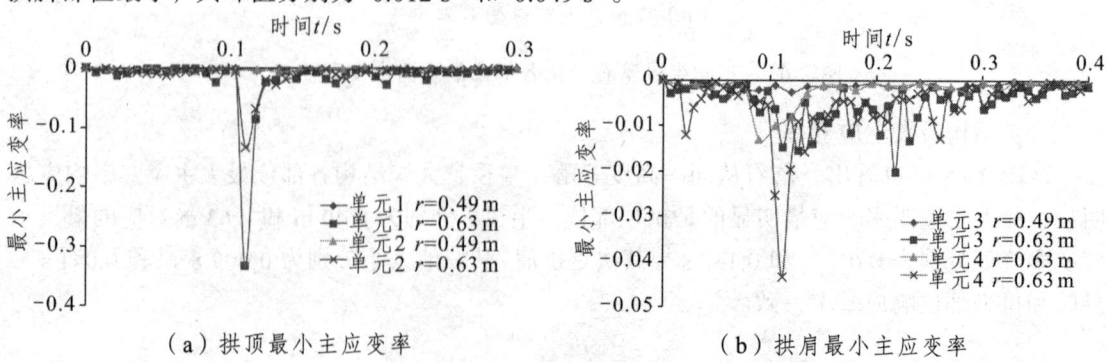

(a) 拱顶最小主应变率

(b) 拱肩最小主应变率

(c)拱腰最小主应变率

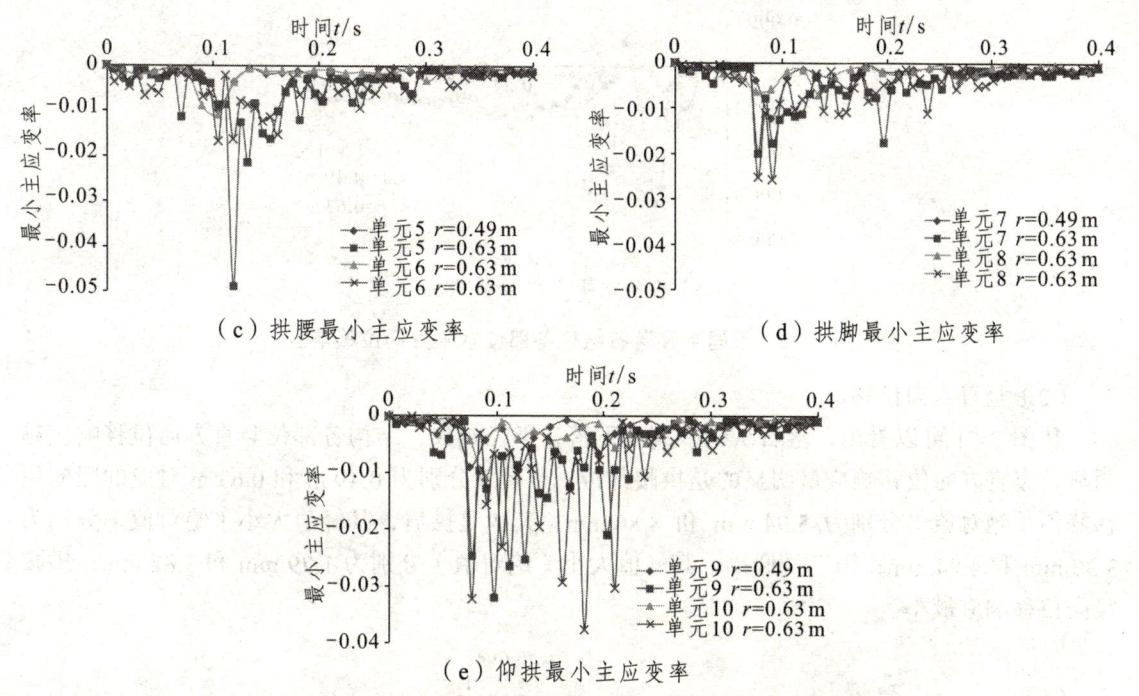

(d)拱脚最小主应变率

(e)仰拱最小主应变率

图2-69 不同半径落石结构各部位最小主应变率响应

4）结构位移响应对比分析

（1）水平方向位移。

从图2-70可以看出，落石从同一高度下落，半径越大，结构各部位水平方向位移响应越明显，水平方向位移响应最明显的是拱腰部位，半径 r 分别为 0.49 m 和 0.63 m 对应的水平方向位移峰值（绝对值）分别为 2.6 mm 和 -4.1 mm；其次是拱肩，其峰值大小（绝对值）分别为 1.34 mm 和 2.17 mm；第三是拱脚，其峰值（绝对值）分别为 0.55 mm 和 1.21 mm；拱顶和仰拱部位水平方向位移响应最小。

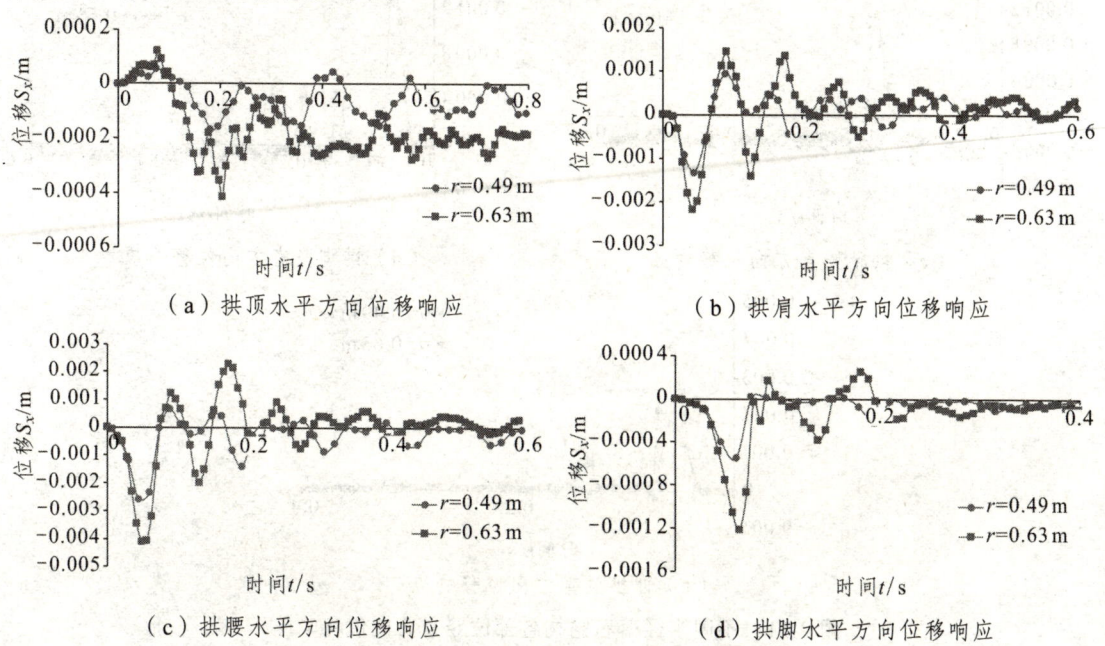

(a)拱顶水平方向位移响应

(b)拱肩水平方向位移响应

(c)拱腰水平方向位移响应

(d)拱脚水平方向位移响应

(e)仰拱水平方向位移响应

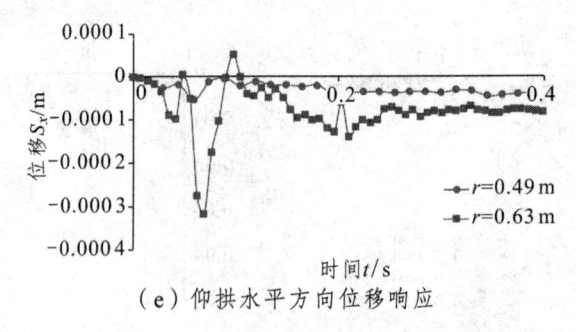

图 2-70　不同半径落石结构各部位水平方向位移响应

(2)竖直方向位移。

从图 2-71 可以看出,落石从同一高度下落,半径越大,结构各部位竖直方向位移响应越明显,竖直方向位移响应最明显的是拱腰部位,半径 r 分别为 0.49 m 和 0.63 m 对应的竖向位移峰值(绝对值)分别为 5.94 mm 和 8.86 mm;其次是拱肩,其峰值大小(绝对值)分别为 3.37 mm 和 4.84 mm;第三是仰拱,其峰值大小(绝对值)分别为 1.79 mm 和 3.82 mm;拱腰竖向位移响应最小。

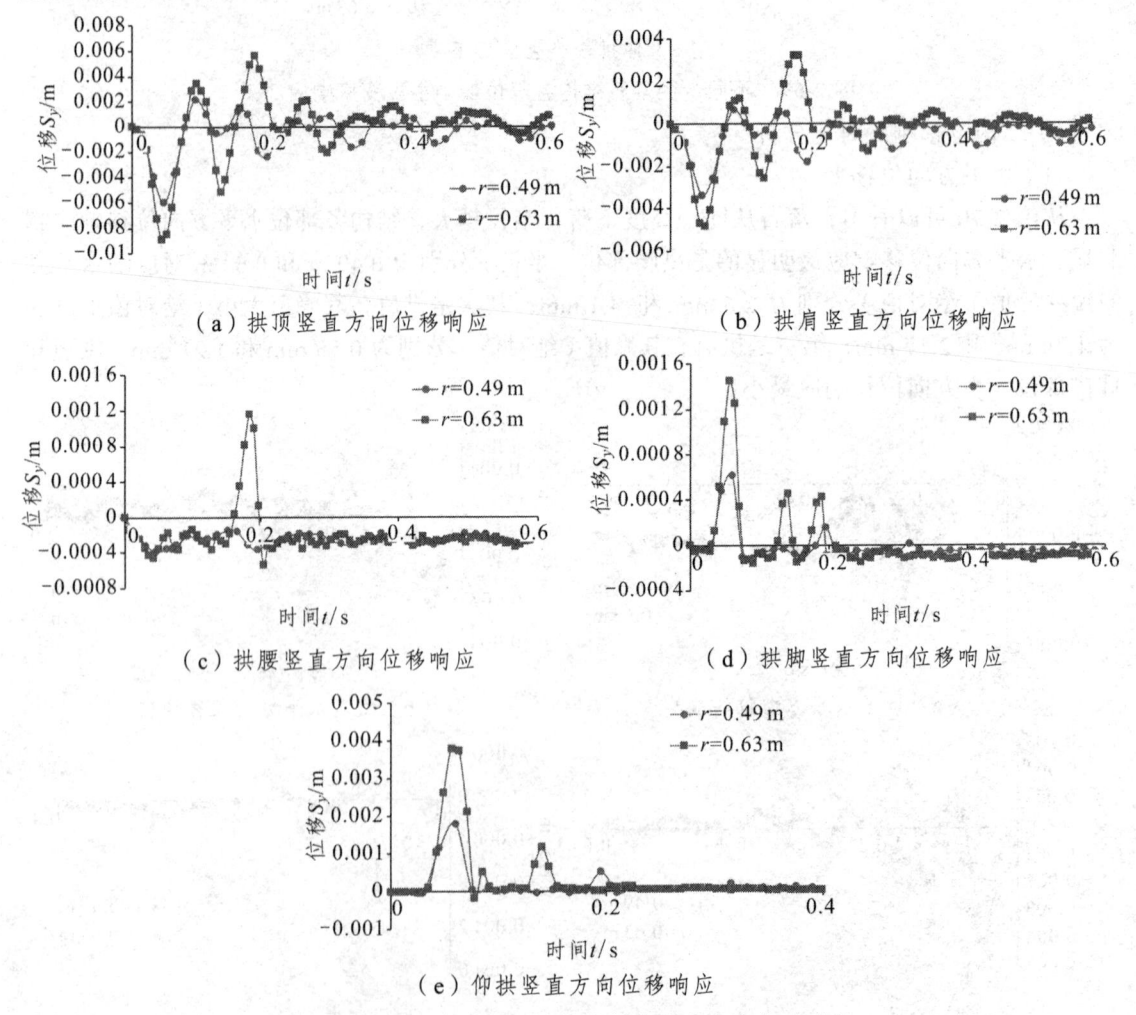

(a)拱顶竖直方向位移响应　　(b)拱肩竖直方向位移响应

(c)拱腰竖直方向位移响应　　(d)拱脚竖直方向位移响应

(e)仰拱竖直方向位移响应

图 2-71　不同半径落石结构各部位竖直方向位移响应

（3）合位移。

从图 2-72 可以看出，落石从同一高度下落，半径越大，结构各部位合位移响应越明显，合位移响应最明显的是拱顶部位，半径 r 分别为 0.49 m 和 0.63 m 对应的合位移峰值分别为 5.94 mm 和 8.86 mm，其次是拱肩，其峰值大小分别为 3.63 mm 和 5.24 mm，仰拱部位和位移响应最小。

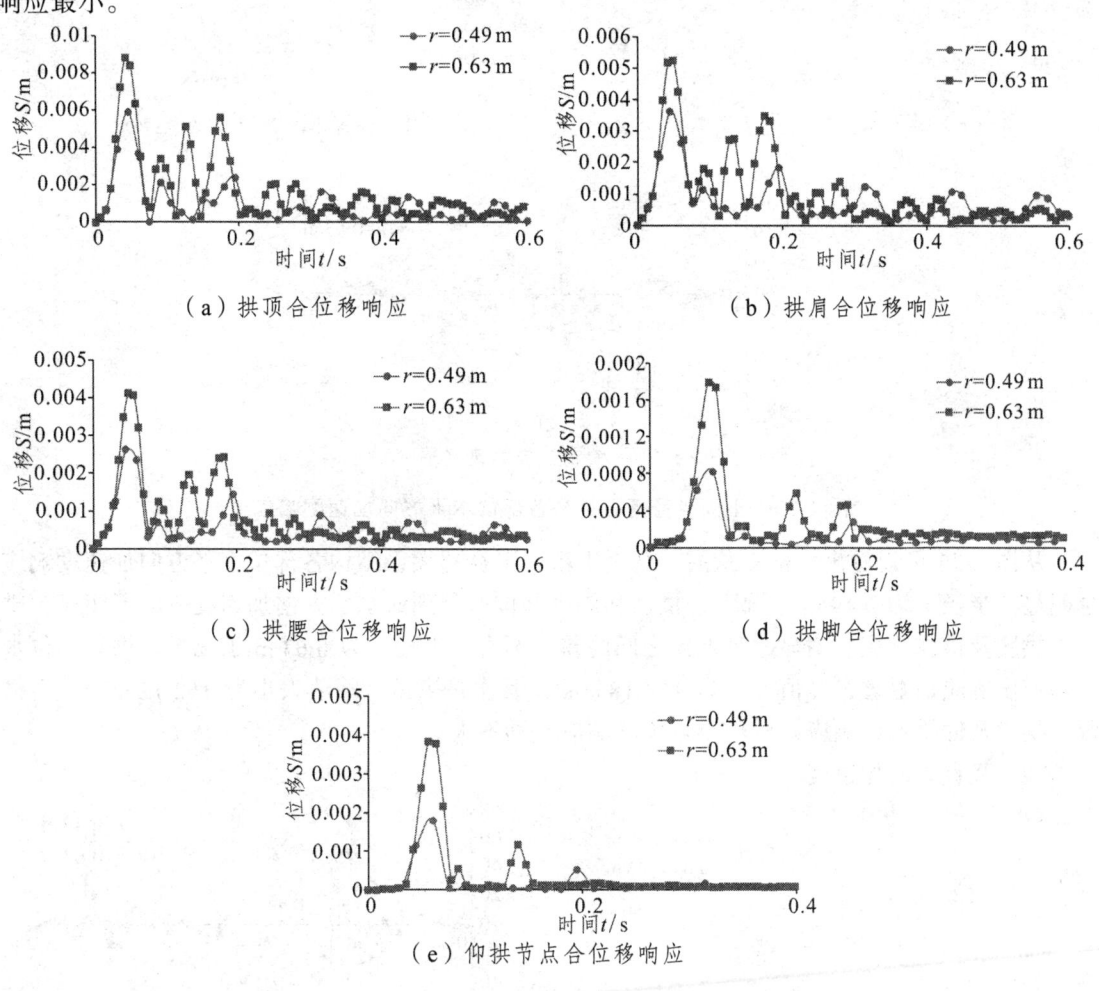

（a）拱顶合位移响应

（b）拱肩合位移响应

（c）拱腰合位移响应

（d）拱脚合位移响应

（e）仰拱节点合位移响应

图 2-72 不同半径落石结构各部位合位移响应

5）结构加速度响应对比分析

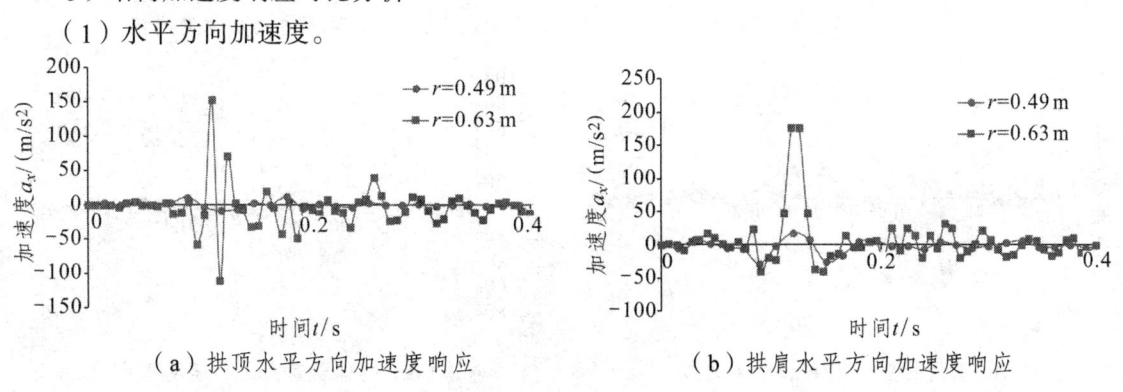

（1）水平方向加速度。

（a）拱顶水平方向加速度响应

（b）拱肩水平方向加速度响应

（c）拱腰水平方向加速度响应　　　　　（d）拱脚水平方向加速度响应

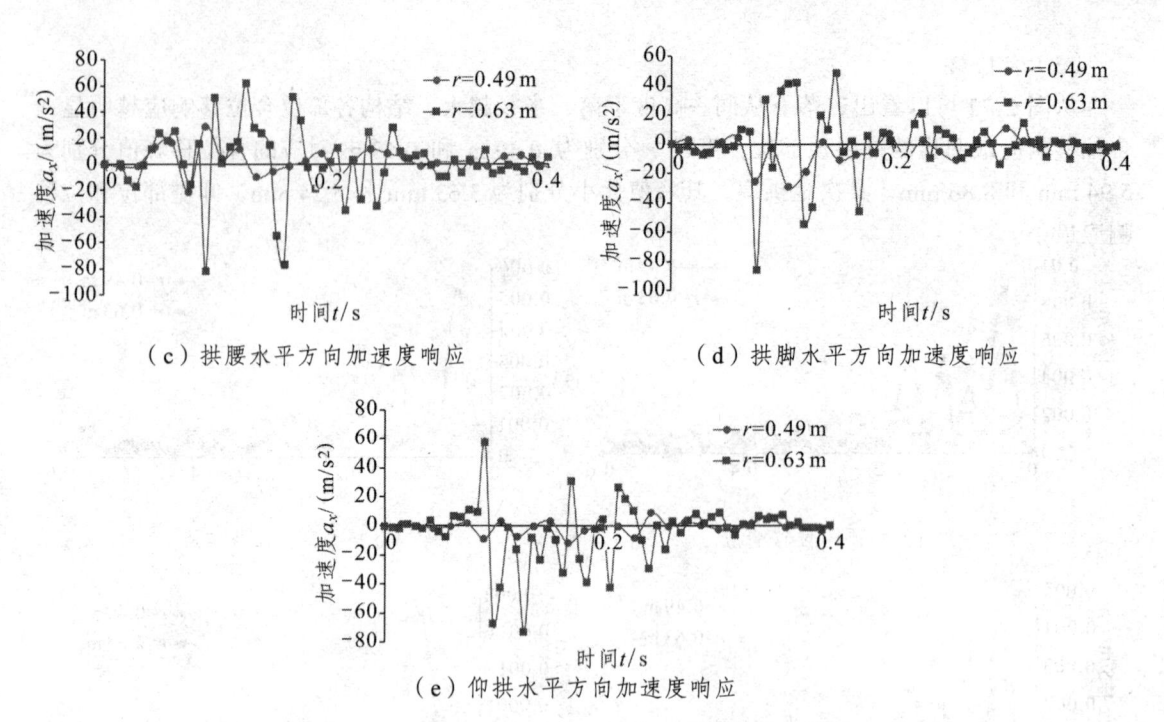

（e）仰拱水平方向加速度响应

图 2-73　不同半径落石结构各部位水平方向加速度响应

从图 2-73 可以看出，落石从同一高度下落，半径越大，结构各部位水平方向加速度响应越明显；半径 r 为 0.49 m 工况下，拱顶和仰拱部位所受到的水平方向加速度响应不明显，拱肩、拱腰及拱脚响应较明显，且彼此之间的差值不大；半径 r 为 0.63 m 工况下，拱肩部位水平加速度响应最显著，峰值大小为 176.18 m/s^2，其次是拱顶，峰值大小为 152.12 m/s^2，而拱腰、拱脚及仰拱部位响应相对较小且峰值响应差别不大。

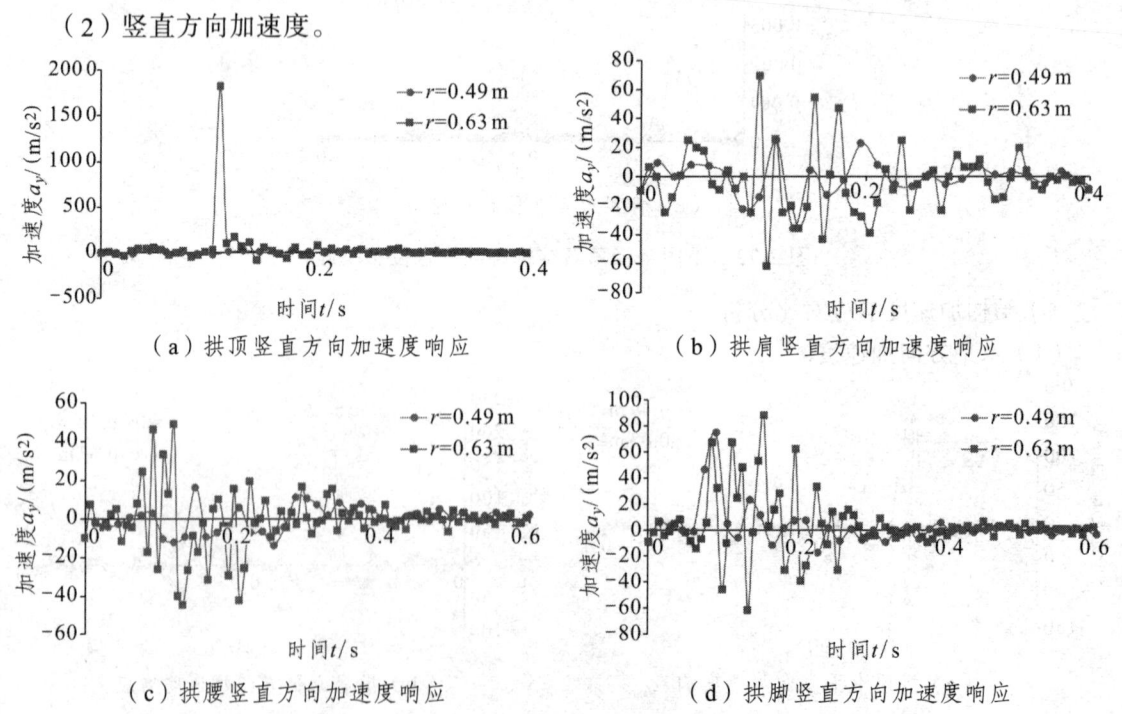

（2）竖直方向加速度。

（a）拱顶竖直方向加速度响应　　　　　（b）拱肩竖直方向加速度响应

（c）拱腰竖直方向加速度响应　　　　　（d）拱脚竖直方向加速度响应

（e）仰拱节点竖直方向加速度响应

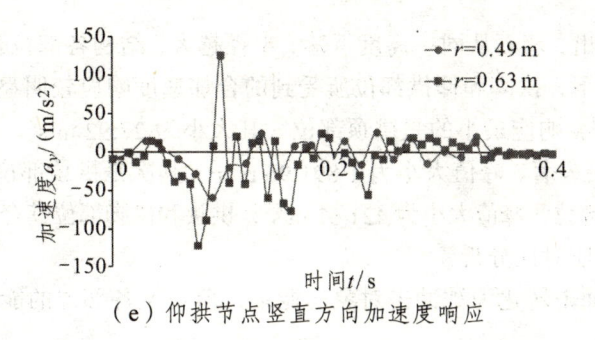

图 2-74　不同半径落石结构各部位竖直方向加速度响应

从图 2-74 可以看出，落石从同一高度下落，半径越大，结构各部位竖直方向加速度响应越明显；半径 r 为 0.49 m 工况下，拱脚和仰拱部位所受到的竖直方向加速度响应较明显，其峰值大小分别为 75.22 m/s²、60.06 m/s²，响应最小的是拱腰部位，其大小为 16.44 m/s²；半径 r 为 0.63 m 工况下，拱顶部位竖向加速度响应最显著，峰值大小为 1 818.95 m/s²，其次是仰拱部位，其峰值响应大小为 125.6 m/s²，拱肩、拱腰及拱脚部位其竖向加速度响应相差不大。

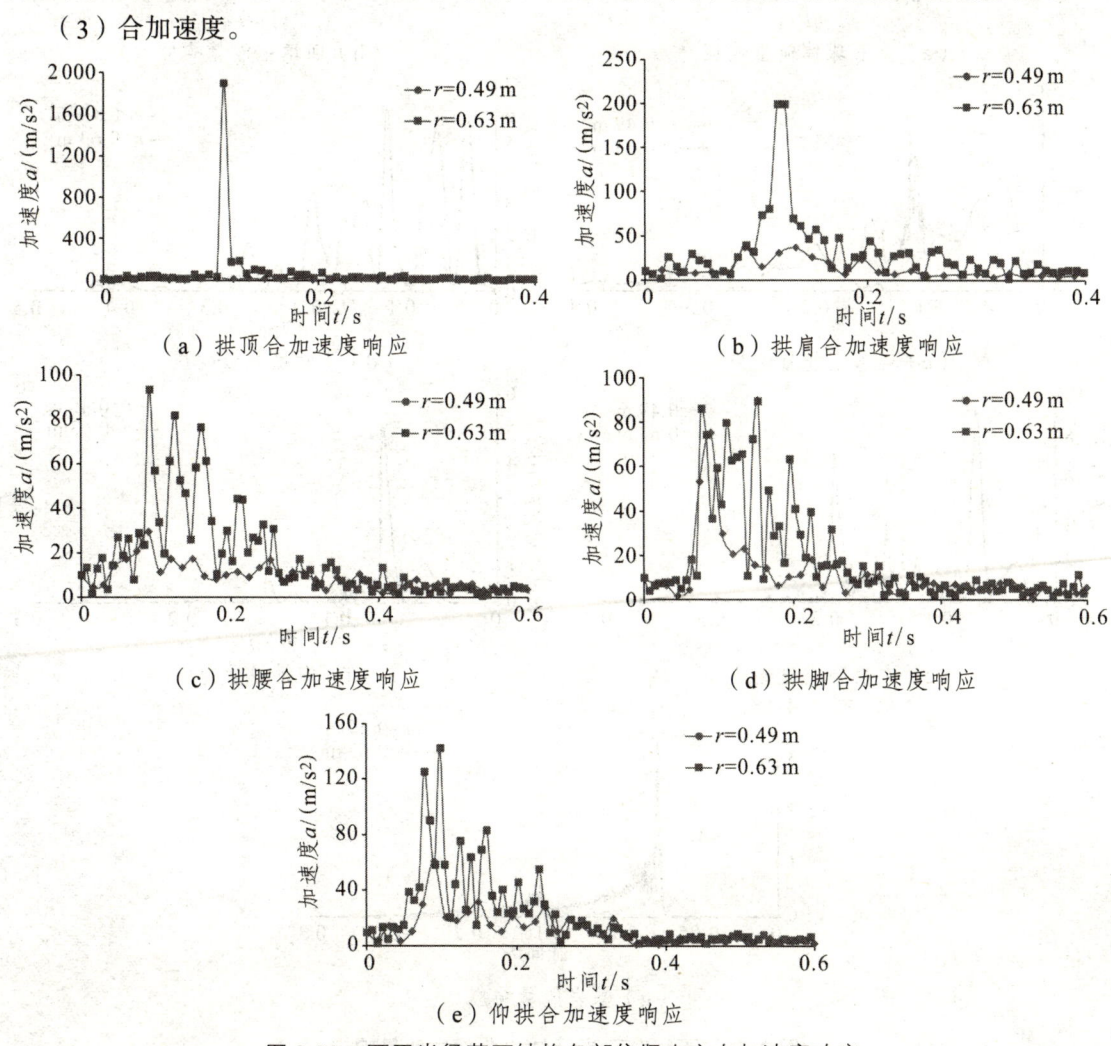

（3）合加速度。

（a）拱顶合加速度响应

（b）拱肩合加速度响应

（c）拱腰合加速度响应

（d）拱脚合加速度响应

（e）仰拱合加速度响应

图 2-75　不同半径落石结构各部位竖直方向加速度响应

从图 2-75 可以看出，落石从同一高度下落，半径越大，结构各部位合加速度响应越明显；半径 r 为 0.49 m 工况下，拱脚和仰拱部位所受到的合加速度响应较明显，其峰值大小分别为 75.29 m/s²、61.32 m/s²，响应最小的是拱顶部位，其大小为 27.92 m/s²；半径 r 为 0.63 m 工况下，拱顶部位合响应最显著，峰值大小为 1 891.96 m/s²，其次是拱顶部位，其峰值响应大小为 199 m/s²，第三是仰拱部位，峰值大小为 421.61 m/s²，拱腰和拱脚部位其合加速度响应相差不大。

6）各部位能量响应对比分析

落石的能量通过冲击转化为被冲击对象的能量，落石及各部位的能量（动能）响应如图 2-76 所示。

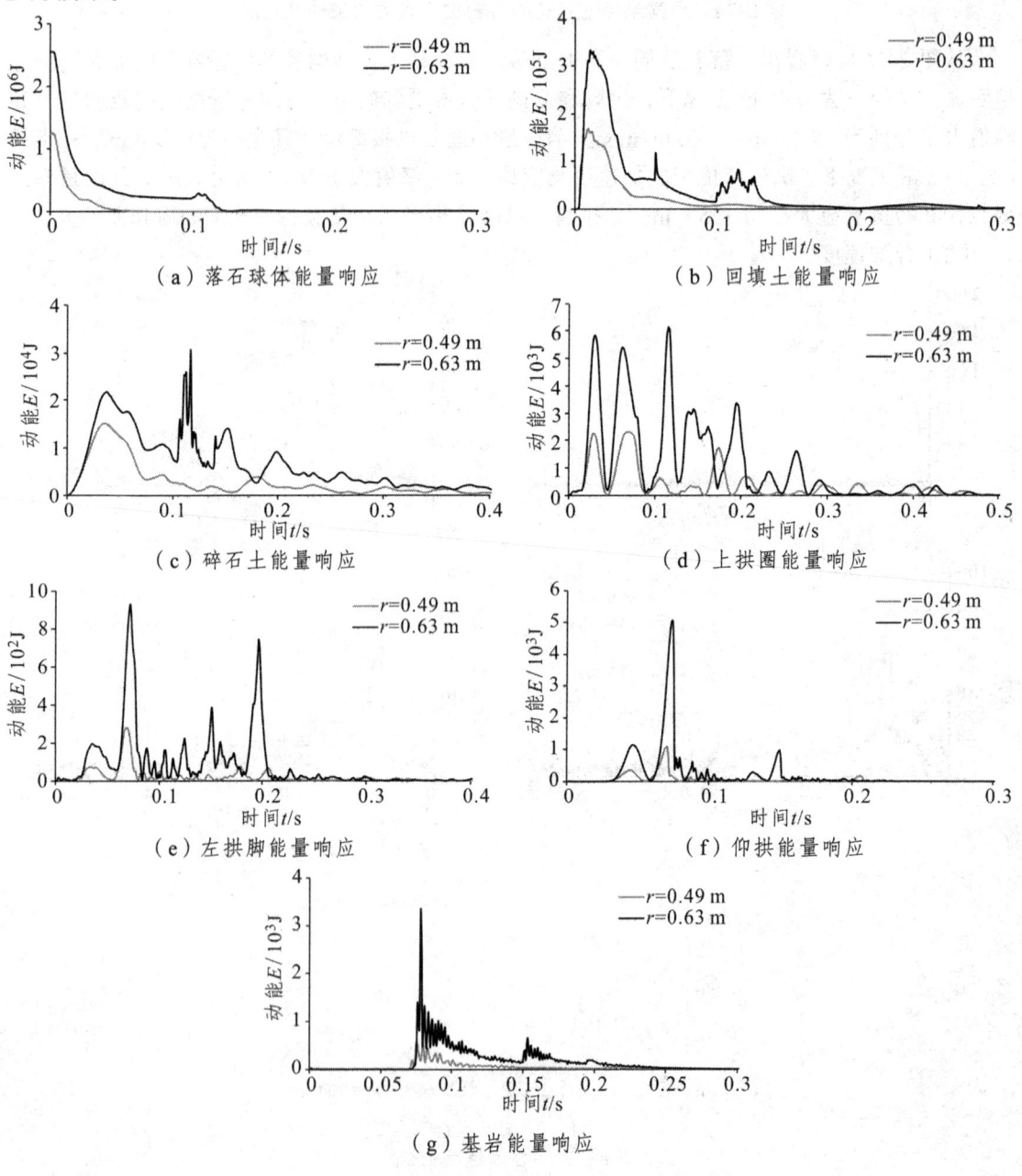

（a）落石球体能量响应

（b）回填土能量响应

（c）碎石土能量响应

（d）上拱圈能量响应

（e）左拱脚能量响应

（f）仰拱能量响应

（g）基岩能量响应

图 2-76 不同落石半径结构各部位能量响应

从图 2-76 可以看出，落石半径越大，相同条件下落石具有的动能就越大，对回填土的冲击力也越大，模型结构各部分受到的冲击动能越多，响应越明显；半径 r 分别为 0.49 m 和 0.63 m 落石从 100 m 高度下落到回填土层顶面的势能大小分别为 1 240 kJ、2 556 kJ；落石最先侵彻回填土层，回填土层受到的冲击能量响应最显著，响应峰值大小分别为 168.57 kJ、332.06 kJ；其次时与回填土层相接触的碎石土层，其响应峰值分别为 15.23 kJ、30.76 kJ；明洞结构各部位中上拱圈响应最显著，其响应峰值大小分别为 2.31 kJ、6.15 kJ，其次是仰拱，其响应峰值分别为 1.09 kJ、5.07 kJ，响应最不明显的拱脚部位；模型结构基岩部分不同半径下能量响应峰值分别为 0.57 kJ、3.31 kJ。

2.2.6 基底反力分析

提取各工况墙脚底（11 单元）、仰拱底（10 单元）部位单元（见图 2-32）的表面压应力（pressure）。

根据图 2-77 的基底反力响应及最大峰值曲线图可知，仰拱基底反力响应峰值要滞后于墙脚基底反力响应，墙脚基底反力最大峰值与落石高度正相关性不强，而仰拱底反力则当落石质量较大时正相关性明显[如图 2-77（f）中的 $r = 0.63$ m 的曲线]。

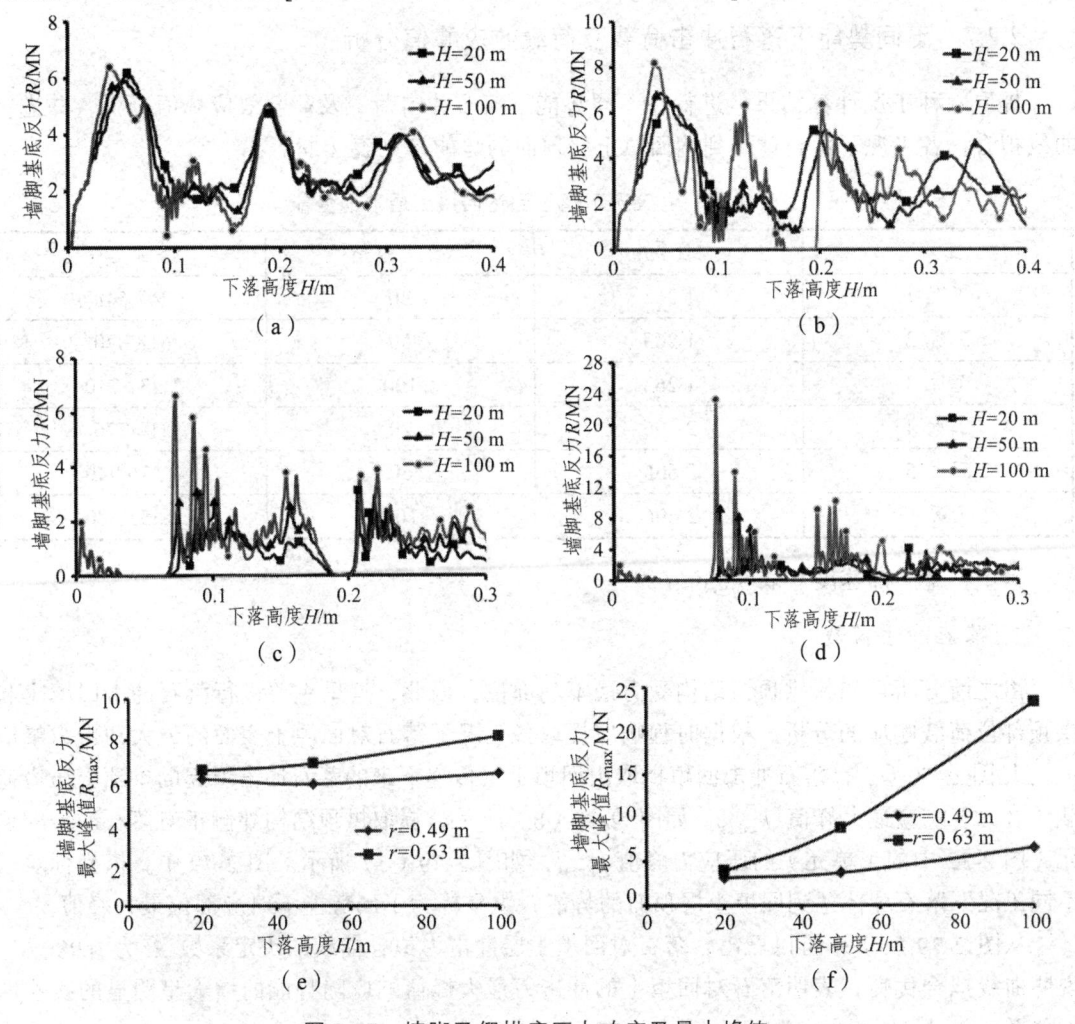

图 2-77 墙脚及仰拱底压力响应及最大峰值

提取各工况墙脚底（11 单元）、仰拱底（10 单元）部位单元的表面压应力（pressure）峰值最大值如图 2-78 所示。

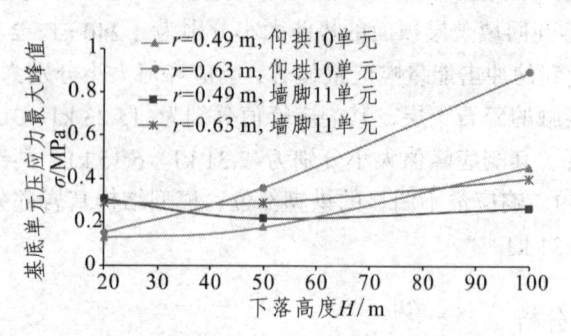

图 2-78　墙脚及仰拱底表面应力响应及峰值

图 2-78 中各基底单元冲击应力与图 2-77 中单元所在各基底反力（合力）的变化规律相同，由图 2-78 可知，工况 6 时，由表 2-10 可知其冲击能量为 2 600 kJ，仰拱基底压应力的最大峰值为 889 kPa，而其他工况均小于 500 kPa。

2.2.7　不同势能下落石冲击荷载及荷载效应峰值分析

提取六种工况计算结果，进行在不同势能下落石冲击荷载及荷载效应峰值分析，并进行曲线拟合，各工况下落石球体到达回填土层顶面的势能详见表 2-24。

表 2-24　各工况下落石到达回填土层顶面势能

工况	质量 m/kg	高度 H/m	势能 Q/J
工况 1	1 263	20	247 548
工况 2	1 263	50	618 870
工况 3	1 263	100	1 237 740
工况 4	2 606	20	510 776
工况 5	2 606	50	1 276 940
工况 6	2 606	100	2 553 880

其中，重力加速度 g 取 9.8 m/s^2。

1. 落石冲击荷载

由之前分析可知，拱顶为结构受力最不利部位，因此，这里主要进行落石冲击回填土和拱顶部位荷载响应的分析。根据时程响应提取各工况下落石对回填土表面的最大冲击力峰值 F_{imax} 见图 2-79（a）；落石冲击回填提取由回填土层传递下来的落石冲击引起的拱顶土压力荷载（合力）响应最大峰值 F_{emax}，如图 2-79（b）所示；提取拱顶结构外侧正对落石冲击的单元（图 2-32 中的 1 单元）的压应力峰值 p_{emax}，如图 2-79（c）所示。图 2-79 中，横坐标表示不同工况下落石球体达到回填土层顶面的势能，纵坐标为不同势能下对应部位最大峰值。

从图 2-79（a）中可以看出，落石对回填土层冲击力拟合曲线的决定系数 R^2 为 0.980 6，说明曲线拟合优良，表明落石对回填土的冲击力最大峰值响应随势能的增大呈明显的线性增大关系。

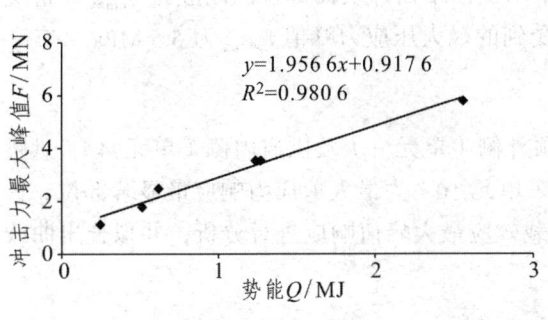

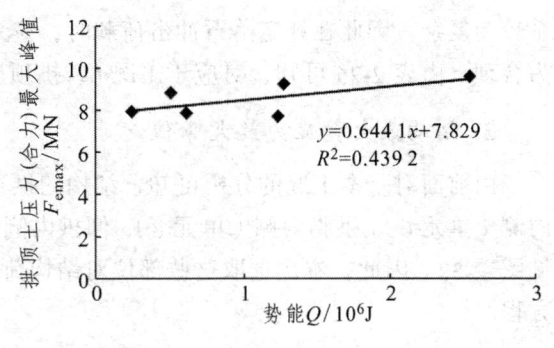

(a)落石对回填土层冲击力最大峰值　　(b)拱顶土压力荷载（合力）响应最大峰值

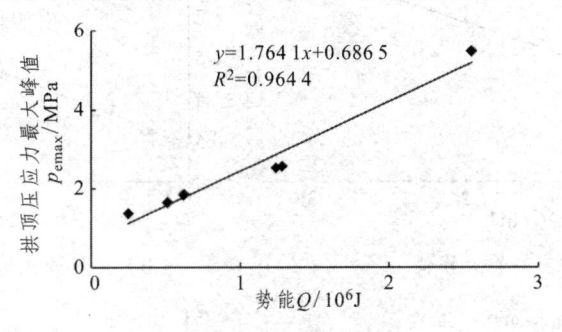

(c)拱顶压应力最大峰值

图 2-79　落石冲击荷载峰值

从图 2-79（b）中可以看出，拱顶土压力荷载（合力）响应拟合曲线决定系数 R^2 为 0.439 2，说明由回填土层传递下来的落石冲击引起的拱顶土压力荷载（合力）与势能的关系不太明显，这是由于明洞结构上部面积较大，再加上顶面为拱形，使得顶面的冲击压力分布不均匀，这样就使得土压力合力变化不显著；同时可以发现，F_{imax} 与 F_{emax} 二者的大小关系随势能而改变，很难用一个比例关系来评判。

从图 2-79（c）中可以看出，拱顶结构外侧正对落石冲击的单元的压应力峰值拟合曲线决定系数 R^2 为 0.9644，说明曲线拟合优良，表明拱顶部位压应力随势能的增大呈明显的线性增大关系。

表 2-25　落石冲击荷载最大峰值

工况	F_{imax}/MN	F_{emax}/MN	p_{emax}/MPa
1	1.13	7.92	1.38
2	2.46	7.86	1.86
3	3.50	7.68	2.54
4	1.75	8.82	1.66
5	3.50	9.25	2.58
6	5.77	9.60	5.47

由图 2-79 和表 2-25 可知，落石对回填土表面的冲击力峰值 F_{imax}、由回填土层传递下来的落石冲击引起的拱顶土压力荷载响应峰值 F_{emax} 二者大小及变化规律均不相同，且二者之间关

系较为复杂,因此在评定落石冲击荷载时,应采用拱顶结构外表面部位的压应力 p_{emax} 评价更为合理。由表 2-25 可知,对应于工况 6,拱顶受到的最大压应力峰值 p_{emax} 为 5.5 MPa。

2. 结构最大剪应力最大峰值

由前面对基本工况的分析可知,结构的拱顶外侧(单元 1)及拱肩内侧(单元 4)、拱腰内侧(单元 6)、拱脚内侧(单元 8)、仰拱内侧(单元 10)为最大剪应力响应最显著部位,详见图 2-32。因此,本次选取这些部位对结构荷载效应最大峰值响应进行分析,并拟合出曲线方程。

(a) 拱顶最大剪应力最大峰值
$y = 1.2643x + 1.3165$
$R^2 = 0.9891$

(b) 拱肩最大剪应力最大峰值
$y = 0.7046x + 0.4566$
$R^2 = 0.9879$

(c) 拱腰最大剪应力最大峰值
$y = 0.1765e^{1.0178x}$
$R^2 = 0.937$

(d) 拱脚最大剪应力最大峰值
$y = 0.4927x + 0.3316$
$R^2 = 0.9293$

(e) 仰拱最大剪应力最大峰值
$y = 0.5786x + 0.0747$
$R^2 = 0.9807$

图 2-80 结构各部位最大剪应力最大峰值

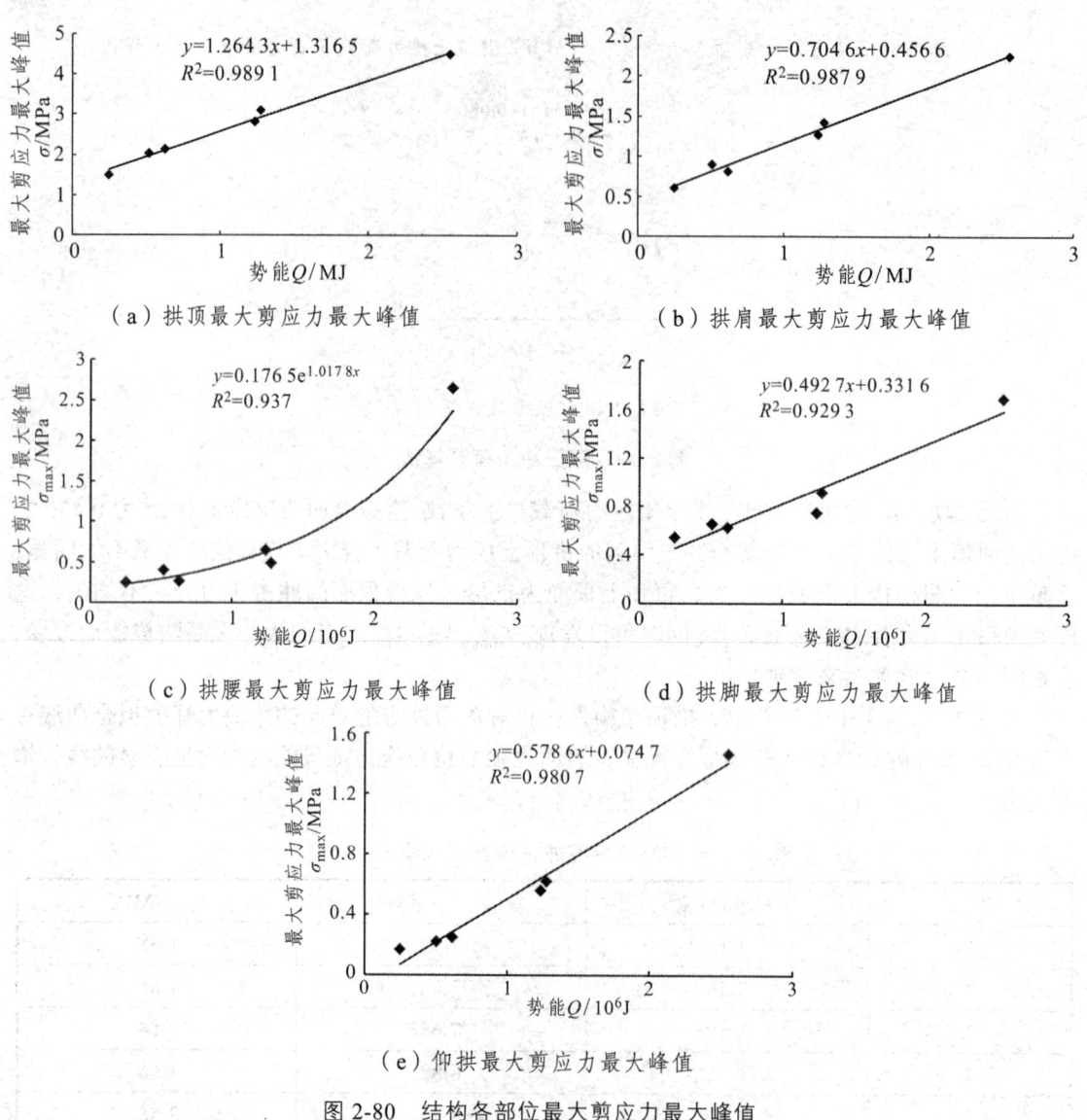

图 2-80 中,横坐标表示不同工况下落石球体达到回填土层顶面的势能,纵坐标为不同势能下对应结构各部位最大剪应力最大峰值;从图 2-80 中可以看出,拱腰部位曲线拟合的决定系数 R^2 为 0.937,说明曲线拟合较好,其曲线走势表现为随着势能的增大呈指数函数增长趋势,

最大剪应力最大峰值响应增大速率越来越快；除拱腰外，其余各部位的曲线拟合决定系数 R^2 也均大于 0.9，说明曲线拟合度优良，结构各部位最大剪应力最大峰值响应随势能的增大呈明显的线性关系，其拟合方程详见各响应图中。

3. 结构应变最大峰值

结构应变响应最明显的部位表现在结构内侧，因此本次提取拱顶内侧（单元 2）、拱肩内侧（单元 4）、拱腰内侧（单元 6）、拱脚内侧（单元 8）、仰拱内侧（单元 10）（详见图 2-32）应变最大峰值数据进行分析，并拟合出曲线方程。

1）最大主应变

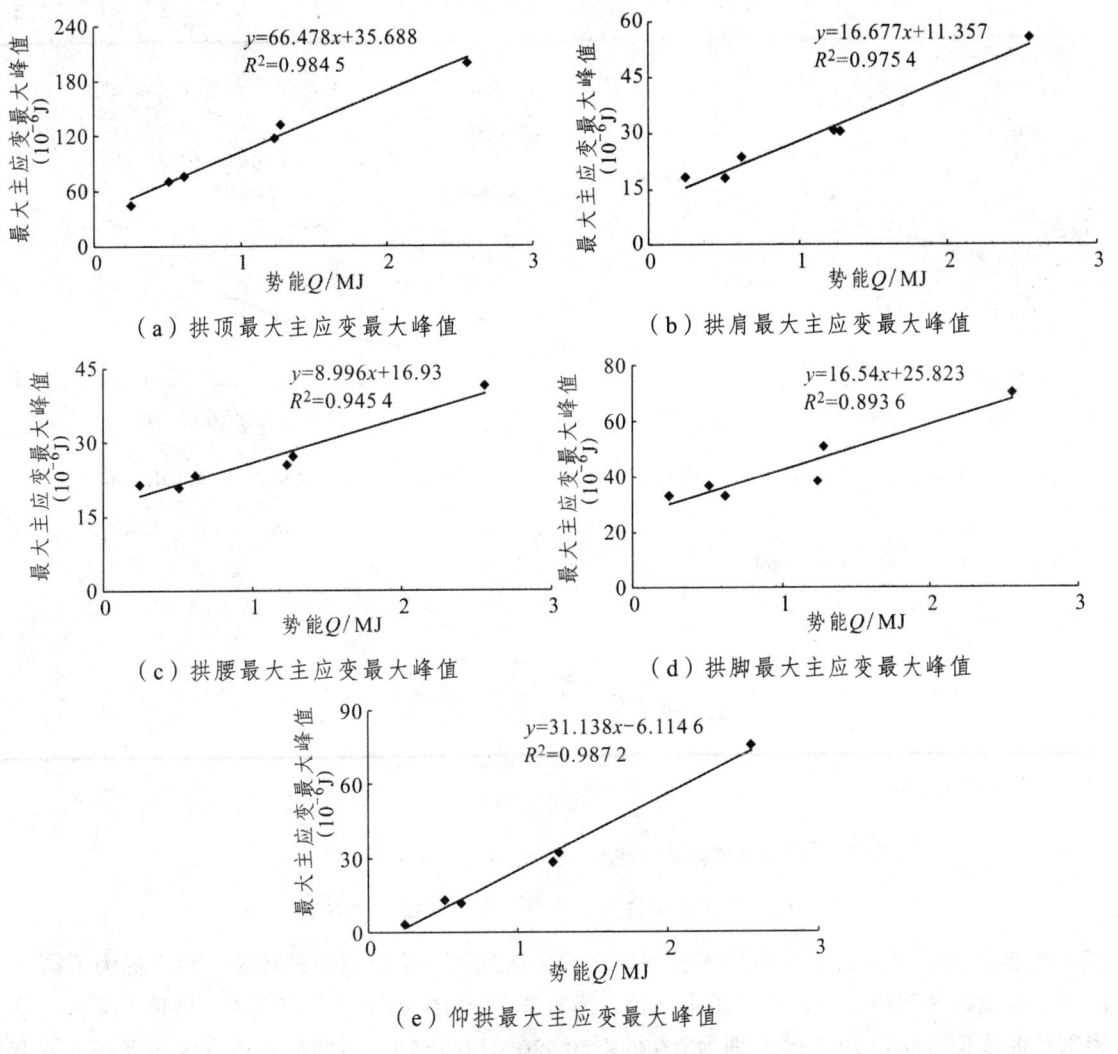

（a）拱顶最大主应变最大峰值　$y=66.478x+35.688$　$R^2=0.9845$

（b）拱肩最大主应变最大峰值　$y=16.677x+11.357$　$R^2=0.9754$

（c）拱腰最大主应变最大峰值　$y=8.996x+16.93$　$R^2=0.9454$

（d）拱脚最大主应变最大峰值　$y=16.54x+25.823$　$R^2=0.8936$

（e）仰拱最大主应变最大峰值　$y=31.138x-6.1146$　$R^2=0.9872$

图 2-81　结构各部位最大主应变最大峰值

图 2-81 中，横坐标表示不同工况下落石球体达到回填土层顶面的势能，纵坐标为不同势能下对应结构各部位最大主应变最大峰值；从图 2-81 中可以看出，拱脚部位曲线拟合的决定系数 R^2 为 0.893 6，说明曲线拟合较好，除拱腰外，其余各部位的拟合决定系数 R^2 均大于 0.9，说明曲线拟合度优良；结构各部位最大主应变最大峰值响应随势能的增大呈明显的线性增大

关系，其拟合方程详见各响应图中。

2）最小主应变

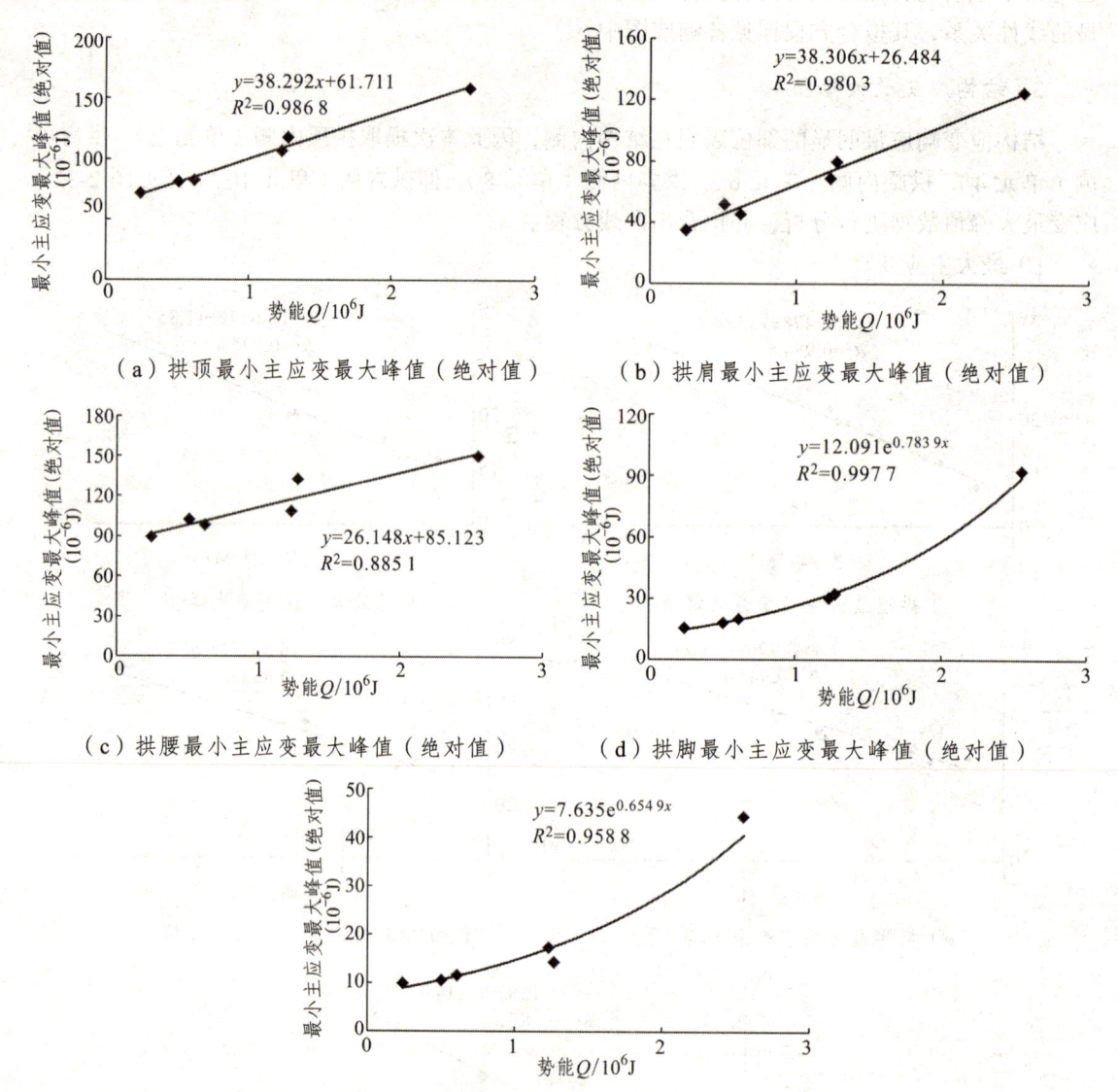

(a) 拱顶最小主应变最大峰值（绝对值） $y=38.292x+61.711$，$R^2=0.9868$

(b) 拱肩最小主应变最大峰值（绝对值） $y=38.306x+26.484$，$R^2=0.9803$

(c) 拱腰最小主应变最大峰值（绝对值） $y=26.148x+85.123$，$R^2=0.8851$

(d) 拱脚最小主应变最大峰值（绝对值） $y=12.091e^{0.7839x}$，$R^2=0.9977$

(e) 仰拱最小主应变最大峰值（绝对值） $y=7.635e^{0.6549x}$，$R^2=0.9588$

图 2-82　结构各部位最小主应变最大峰值（绝对值）

图 2-82 中，横坐标表示不同工况下落石球体达到回填土层顶面的势能，纵坐标为不同势能下对应结构各部位最小主应变最大峰值（绝对值）；从图 3-61 中可以看出，拱顶、拱肩及拱腰部位曲线拟合决定系数 R^2 分别为 0.9868、0.9803、0.8851，说明曲线拟合优度良好，最小主应变最大峰值（绝对值）响应随势能的增大呈明显的线性增大关系；拱脚及仰拱部位拟合决定系数 R^2 均大于 0.95，说明曲线拟合优度优良，最小主应变最大峰值（绝对值）与势能之间呈明显的指数函数增大关系，最小主应变最大峰值（绝对值）响应增大速率越来越快，其拟合方程详见各响应图中。

4. 结构应变率最大峰值

由对基本工况的分析可知,结构各部位应变率响应最明显的表现在结构内侧,因此本次提取拱顶内侧(单元2)、拱肩内侧(单元4)、拱腰内侧(单元6)、拱脚内侧(单元8)、仰拱内侧(单元10)(图2-32)应变率最大峰值数据进行分析,并拟合出曲线方程。

1)最大剪应变率

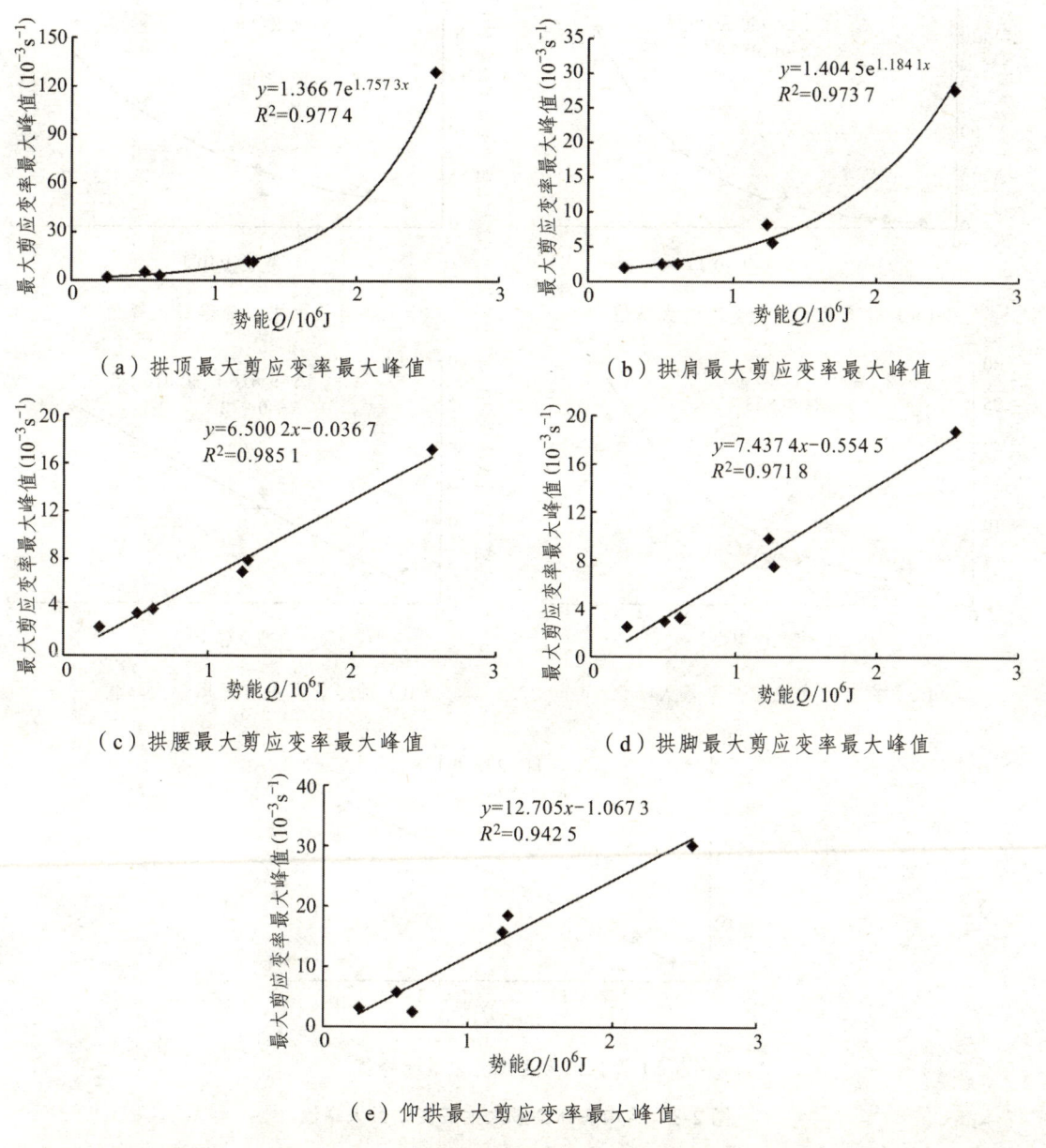

(a)拱顶最大剪应变率最大峰值 $y=1.3667e^{1.7573x}$, $R^2=0.9774$

(b)拱肩最大剪应变率最大峰值 $y=1.4045e^{1.1841x}$, $R^2=0.9737$

(c)拱腰最大剪应变率最大峰值 $y=6.5002x-0.0367$, $R^2=0.9851$

(d)拱脚最大剪应变率最大峰值 $y=7.4374x-0.5545$, $R^2=0.9718$

(e)仰拱最大剪应变率最大峰值 $y=12.705x-1.0673$, $R^2=0.9425$

图 2-83 结构各部位最大剪应变率最大峰值

图2-83中,横坐标表示不同工况下落石球体达到回填土层顶面的势能,纵坐标为不同势能下对应结构各部位最大剪应变率最大峰值;从图2-83中可以看出,拱顶及拱肩部位曲线拟合的决定系数 R^2 均大于0.97,说明曲线拟合优良,最大剪应变率最大峰值与势能之间呈明显

的指数函数增大关系，其最大剪应变率最大峰值响应增大速率越来越快；拱腰、拱脚及仰拱部位曲线拟合的决定系数 R^2 均大于 0.94，说明曲线拟合优良，最大剪应变率最大峰值响应随势能的增大呈明显的线性增大关系，其拟合方程详见各响应图中。

2）最大主应变率

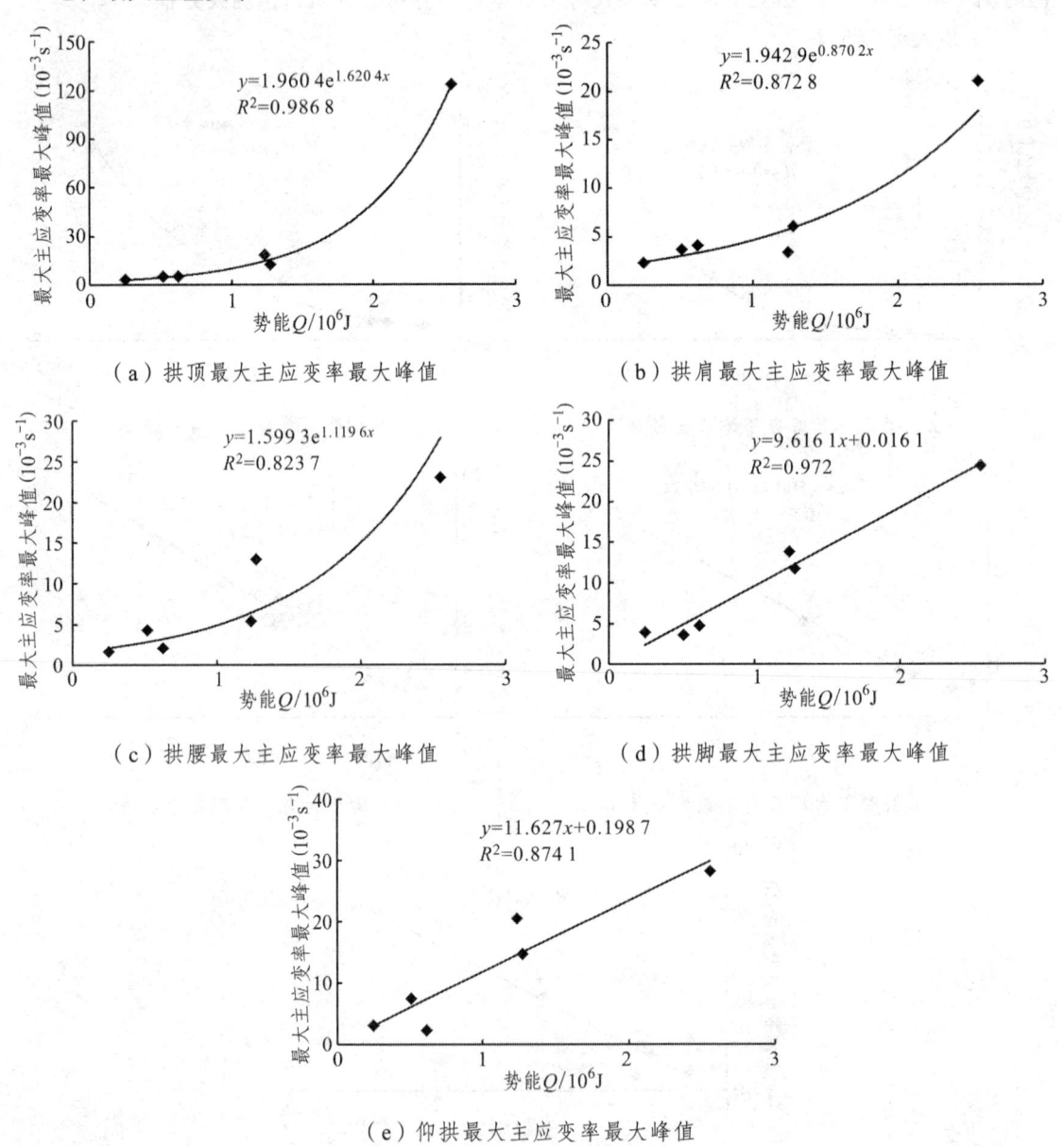

(a) 拱顶最大主应变率最大峰值

(b) 拱肩最大主应变率最大峰值

(c) 拱腰最大主应变率最大峰值

(d) 拱脚最大主应变率最大峰值

(e) 仰拱最大主应变率最大峰值

图 2-84 结构各部位最大主应变率最大峰值

图 2-84 中，横坐标表示不同工况下落石球体达到回填土层顶面的势能，纵坐标为不同势能下对应结构各部位最大主应变率最大峰值；从图 2-84 中可以看出，拱顶、拱肩及拱腰部位曲线拟合的决定系数 R^2 均大于 0.82，说明曲线拟合较好，最大主应变率最大峰值与势能之间呈明显的指数函数增大关系，其最大主应变率最大峰值响应增大速率越来越快；拱脚及仰拱部位曲线拟合的决定系数 R^2 均大于 0.87，说明曲线拟合较好，最大主应变率最大峰值响应随

势能的增大呈明显的线性增大关系,其拟合方程详见各响应图中。

3）最小主应变率

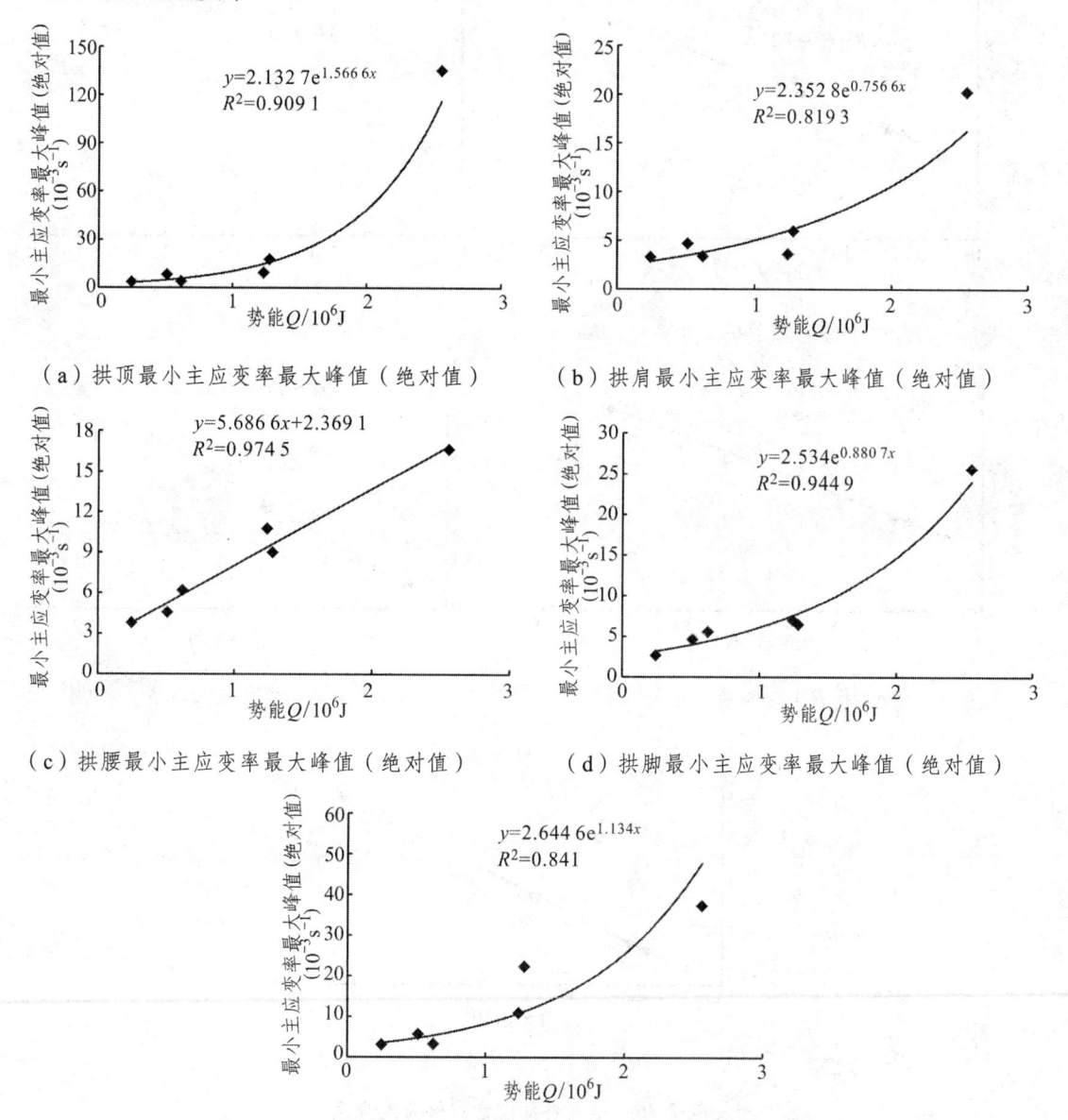

(a) 拱顶最小主应变率最大峰值（绝对值）
$y=2.1327e^{1.5666x}$
$R^2=0.9091$

(b) 拱肩最小主应变率最大峰值（绝对值）
$y=2.3528e^{0.7566x}$
$R^2=0.8193$

(c) 拱腰最小主应变率最大峰值（绝对值）
$y=5.6866x+2.3691$
$R^2=0.9745$

(d) 拱脚最小主应变率最大峰值（绝对值）
$y=2.534e^{0.8807x}$
$R^2=0.9449$

(e) 仰拱最小主应变率最大峰值（绝对值）
$y=2.6446e^{1.134x}$
$R^2=0.841$

图 2-85　结构各部位最小主应变率最大峰值（绝对值）

图 2-85 中，横坐标表示不同工况下落石球体达到回填土层顶面的势能，纵坐标为不同势能下对应结构各部位最小主应变率最大峰值（绝对值）；从图 2-85 中可以看出，拱腰部位曲线拟合决定系数 R^2 为 0.9291，说明曲线拟合优度优良，最小主应变率最大峰值（绝对值）响应随势能的增大呈明显的线性增大关系；其余各部位曲线拟合决定系数 R^2 均大于 0.8，说明曲线拟合优度较好，最小主应变率最大峰值（绝对值）与势能之间呈明显的指数函数增大关系，最小主应变率最大峰值（绝对值）响应增大速率越来越快，其拟合方程详见各响应图中。

5. 结构合位移最大峰值

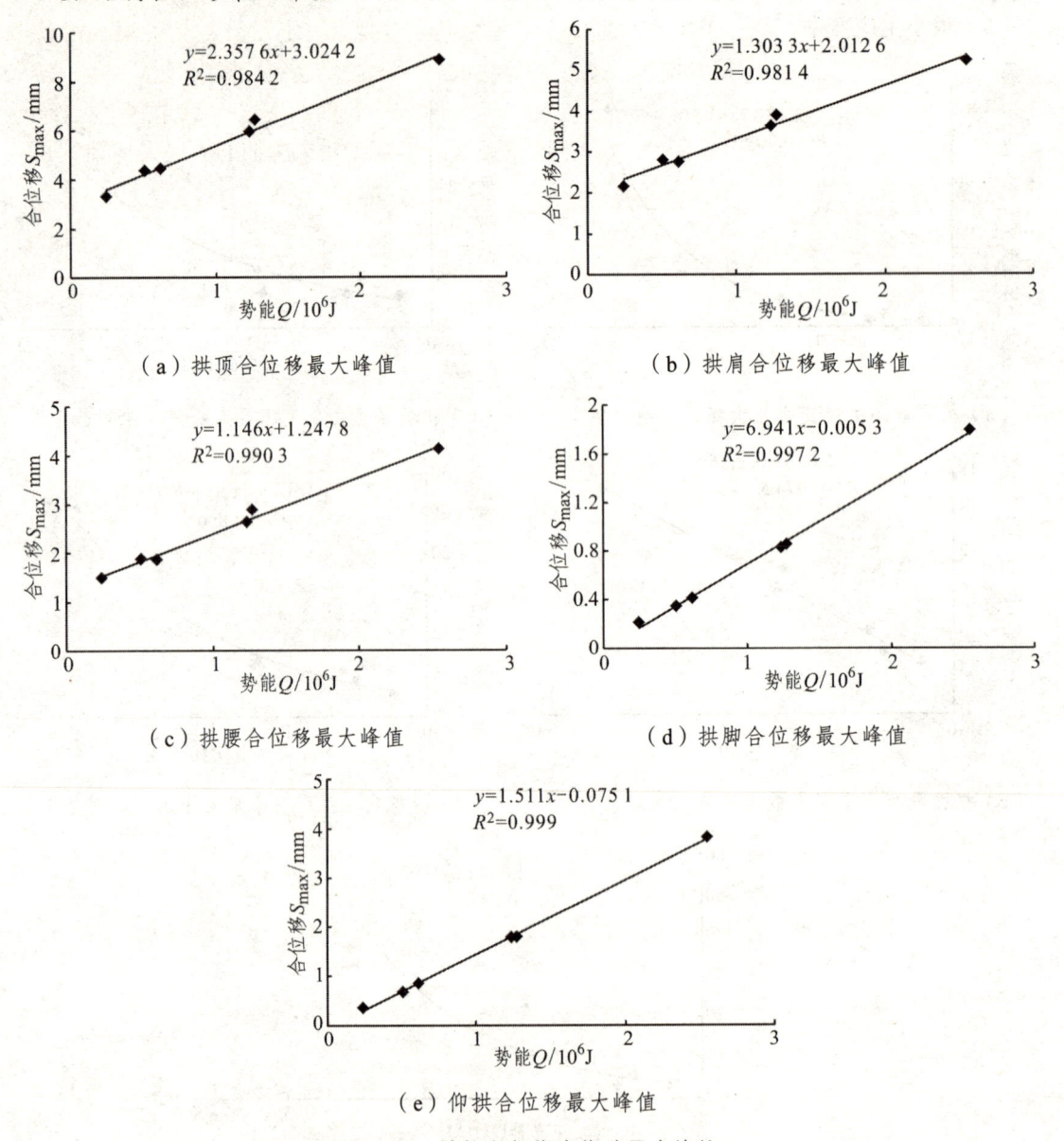

(a) 拱顶合位移最大峰值　　$y=2.3576x+3.0242$　　$R^2=0.9842$

(b) 拱肩合位移最大峰值　　$y=1.3033x+2.0126$　　$R^2=0.9814$

(c) 拱腰合位移最大峰值　　$y=1.146x+1.2478$　　$R^2=0.9903$

(d) 拱脚合位移最大峰值　　$y=6.941x-0.0053$　　$R^2=0.9972$

(e) 仰拱合位移最大峰值　　$y=1.511x-0.0751$　　$R^2=0.999$

图 2-86　结构各部位合位移最大峰值

图 2-86 中，横坐标表示不同工况下落石球体达到回填土层顶面的势能，纵坐标为不同势能下对应结构各部位合位移最大峰值；从图 2-86 中可以看出，结构各部位曲线拟合决定系数 R^2 均大于 0.98，说明曲线拟合度非常优良；结构各部位合位移最大峰值响应随势能的增大呈明显的线性增加关系，其拟合方程详见各响应图中。

6. 结构合加速度最大峰值

图 2-87 中，横坐标表示不同工况下落石球体达到回填土层顶面的势能，纵坐标为不同势能下对应结构各部位合加速度最大峰值；由之前分析可知，工况 6 条件下落石侵彻整个回填土层并与拱顶外侧结构发生直接接触作用，从图 2-87 中图 (a) 和图 (b) 可以看出，有工况

6 时，拱顶合加速度峰值最大值随势能的增大成指数函数增大关系，除去工况 6 时，拱顶合加速度峰值最大值随势能的增大线性增大关系；拱脚部位曲线拟合决定系数 R^2 为 0.827 5，说明曲线拟合优度较好，合加速度最大峰值响应随势能的增大呈明显的线性增大关系；除拱顶和拱脚部位外，其余各部位曲线拟合决定系数 R^2 均大于 0.84，说明曲线拟合优度较好，合加速度最大峰值与势能之间呈明显的指数函数增大关系，合加速度最大峰值响应增大速率越来越快，其拟合方程详见各响应图中。

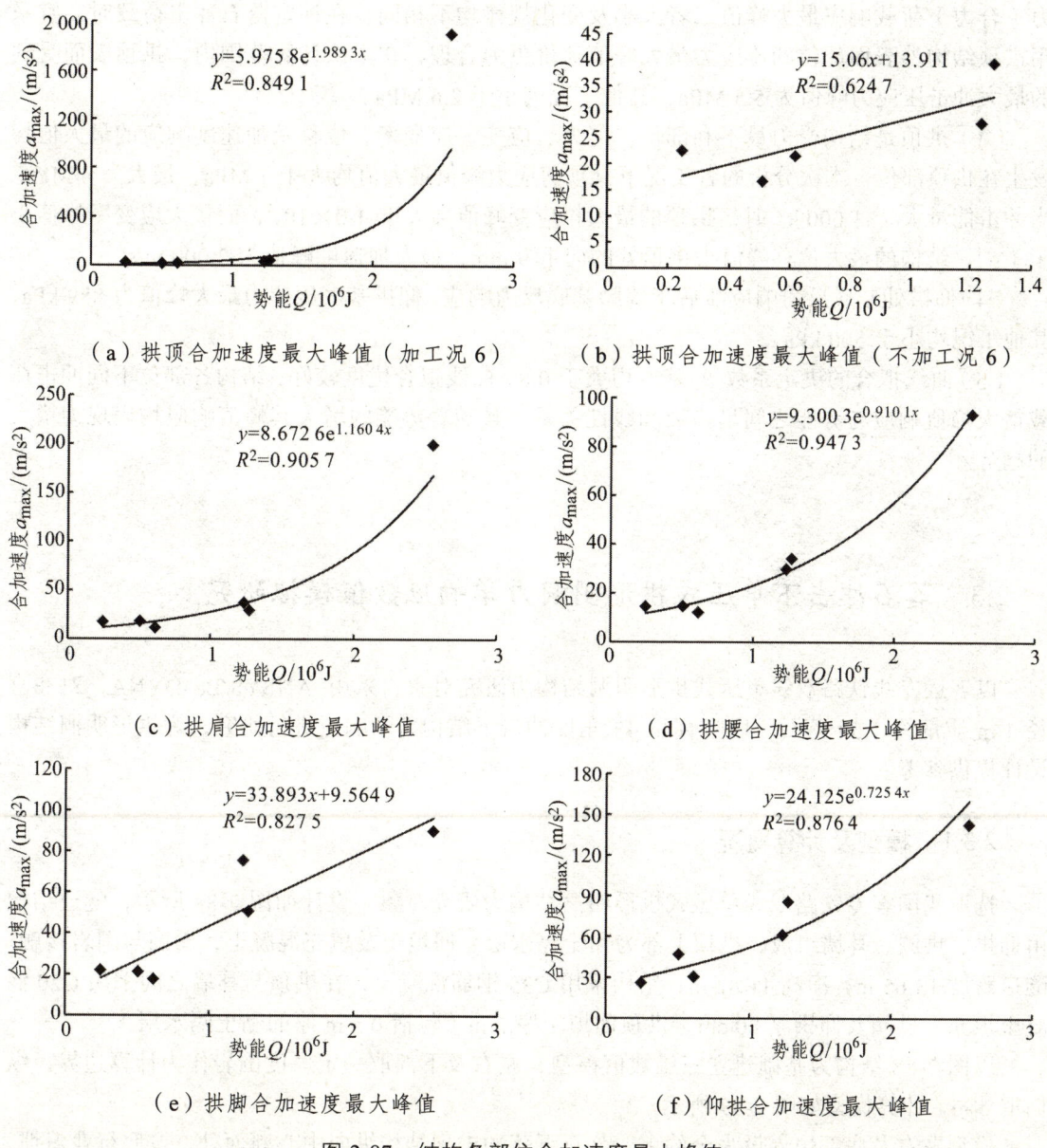

（a）拱顶合加速度最大峰值（加工况 6）

（b）拱顶合加速度最大峰值（不加工况 6）

（c）拱肩合加速度最大峰值

（d）拱腰合加速度最大峰值

（e）拱脚合加速度最大峰值

（f）仰拱合加速度最大峰值

图 2-87　结构各部位合加速度最大峰值

2.2.8　综合分析

本次从落石运动轨迹入手，对不同工况下路堑式拱形明洞结构的落石冲击荷载及荷载效应进行了研究，有如下结论：

（1）落石重量越重、下落高度越高，落石球体侵彻回填土的深度越深。当落石重量 26 kN、下落高度 100 m，即冲击能量达到 2 600 kJ 时，落石会穿透 2 m 厚的回填土并与结构顶部直接作用，说明此时回填土厚度设计不足，而本次研究的其他工况的落石侵彻回填土深度都小于 1 m。

（2）落石对回填土表面的冲击力峰值、由回填土层传递下来的落石冲击引起的拱顶土压力（合力）荷载响应最大峰值二者大小及变化规律均不相同，在评定落石冲击荷载时，宜采用拱顶结构外表面部位的压应力最大峰值评价更为合理，在本次计算范围内，拱顶表面受到的最大冲击压应力峰值为 5.5 MPa，其他工况则小于 2.6 MPa。

（3）拱顶是结构受力最不利部位，应力、应变、应变率、位移及加速度响应的最大值均发生在拱顶部位。本次分析的各工况下拱顶剪应力峰值最大值均大于 1 MPa，最大为 4 MPa，当冲击能量大于 1 000 kJ 时，拱顶的最大拉应变峰值会大于 1.0×10^{-4}，而最大应变率峰值小于 $1\ s^{-1}$，结构的最大位移峰值为拱顶处的向下 9 mm，最大加速度峰值为 2 000 m/s^2。

（4）仰拱处基底反力响应滞后于墙脚基底反力响应，仰拱基底压应力最大峰值为 889 kPa，其他工况均小于 500 kPa。

（5）曲线拟合的决定系数 R^2 基本均大于 0.8，曲线拟合优度较好；结构各部位不同冲击荷载最大峰值响应与势能之间呈指数和线性关系，且随着势能的增大其峰值响应均表现为增大的趋势。

2.3 落石冲击下单压式拱形明洞力学响应数值模拟研究

以客运专线铁路双线单压式拱形明洞结构为研究对象，采用 ANSYS/LS-DYNA，对在直径 1 m 质量约 1.5 t 落石，以竖直和 45°角度冲击下结构力学响应进行研究，为拱形明洞结构设计提供参考。

2.3.1 模型及计算概况

选取我国客专铁路双线单压式拱形明洞结构为研究对象，设计如图 2-88 所示，隧道结构由仰拱、拱圈、耳墙组成，拱顶上部为黏土隔水层、回填土及填充混凝土，周围与围岩接触。隧道跨度 13.65 m，净高 11.82 m，结构采用 C35 钢筋混凝土，在拱顶与耳墙之间采用 C20 混凝土填充，拱圈及仰拱厚 80 cm，拱顶回填土厚 2 m（包括 0.5 m 厚的黏土隔水层）。

以图 2-88 结构为基础建立三维数值模型，左右及下部取一定厚度围岩作为计算边界，纵向取 5 m，计算模型如图 2-89 所示。

模型左右及底部边界设为全约束，落石下落冲击到结构纵向中心断面处。按照行业习惯，图 2-89 中耳墙左侧方向称为靠河侧，右侧为靠山侧。

采用 solid164 实体单元，将落石简化为球形刚体，围岩、明洞结构及填充混凝土设为弹性材料，回填土（包括黏土隔水层）采用 DP 材料模拟。计算所需材料物理力学参数选取见表 2-26，其中钢筋混凝土参数由其配筋率（1.15%）等效换算得到。

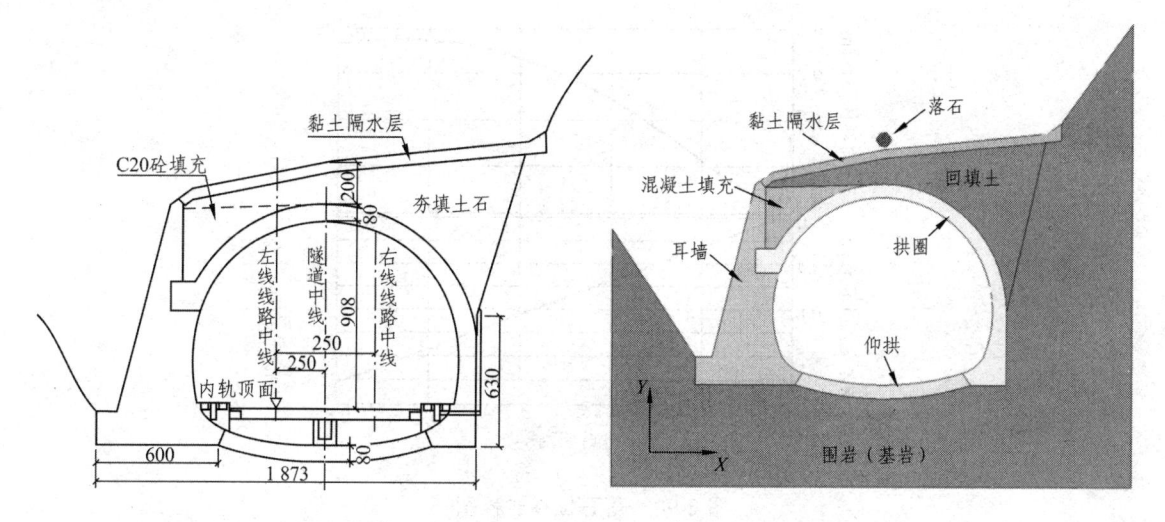

图 2-88　单压式拱形明洞设计图　　　　　图 2-89　计算模型

为了解落石冲击下拱形明洞结构力学响应的一般规律，选取中等尺寸规模落石但又要具有一定冲击能量使结构有全面响应，根据以往我国铁路落石事件的调查统计数据[16]，本次落石选取为直径 1 m、质量为 1 460.1 kg 的球体。落石球体底部与回填土顶面的黏土隔水层顶面高差为 0.1 m，撞击速度为 31 m/s（竖向），相当于从 50 m 高差处自由下落到黏土隔水层顶面；为比较相同冲击能量但不同冲击角度下结构响应的区别，另设相同落石但以 45°角度进行冲击，其水平（向靠河侧）及竖向冲击速度均为 22.13 m/s（合成速度即为基本工况的 31 m/s），落石球体底部与回填土顶面的黏土隔水层顶面高差仍为 0.1 m。将前一种工况命名为基本工况，先对基本工况下拱形明洞结构受力机理进行研究，45°冲击作为对比工况进行对比分析。

表 2-26　材料物理力学参数

材料	密度/(kg/m³)	剪切模量/Pa	弹性模量/Pa	泊松比	黏聚力/Pa	摩擦角/(°)
落石	2 790	5.00E+10	—	0.3	—	—
黏土隔水层	1 500	1.00E+07	—	0.37	2.20E+04	21
回填土	1 800	4.00E+07	—	0.29	1.80E+04	30
围岩	2 000	—	3.00E+10	0.24	—	—
C20 填充混凝土	2 400	—	2.55E+10	0.2	—	—
C35 钢筋混凝土	2 400	—	3.55E+10	0.201 2	—	—

2.3.2　基本工况分析

明洞结构力学响应与落石和回填土的相互作用密切关联，而这种相互作用又体现在落石侵彻回填土程度上。故本次先从落石的运动轨迹入手，进行结构力学响应研究。

1. 落石运动轨迹

本次模拟从落石开始下落，到冲击完成后的反弹运动阶段共运行 0.5 s 时间，落石运动时程曲线如图 2-90 所示。

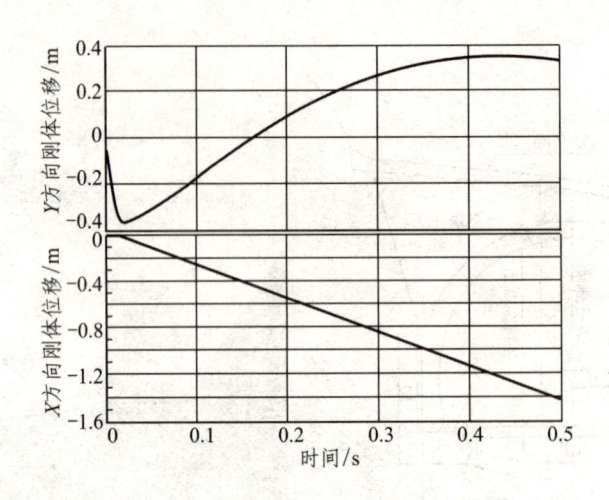

图 2-90 落石位移时程图

由图 2-90 可知，落石初始高度为 0，约 0.003 s 时，下落 0.1 m，此时刚好与黏土隔水层顶面接触，碰撞开始，在 0.02 s 时达到最大下落位移，为-0.36 m，由此可知，落石侵彻回填土深度为 0.26 m（总位移值 0.36 m 中，含有 0.1 m 的初始下落位移），随后落石开始斜向图 2-89 中左侧即靠河侧反弹运动（x 轴水平向左为负），这是由于回填土顶部设有坡度的原因，在 0.43 s 时达到最大回弹高度（0.345 m），随后开始再次斜向靠河侧下落，由于第 2 次下落能量较小，故本次没有分析。由此可知，落石首次碰撞作用时间约 0.02 s，落石对回填土的侵彻深度约为 0.3 m。

2. 明洞结构内力

落石冲击下结构内力响应可以用等效应力（von mises stress）、最大剪应力（max shear stress）、等效应变[effective strain（v-n）]等进行评定。本次以最大剪应力为代表，进行结构内力响应分析。

通过搜索功能，找出结构各部位不同时刻最大剪应力最大的部位，以此确定冲击下结构最不利部位。将结构按施工及构造特征分为拱圈、仰拱及耳墙三部分，结构各部位最大剪应力在不同时刻的应力云图及最大受力部位如图 2-91 所示。

由 2.1.1 分析可知落石在 0.003 s 时与回填土开始接触，而图 2-91（a）显示：在开始的 0.01 s 时间内，落石主要与回填土相互作用，而拱圈未有明显的应力变化，直至 0.015 s 拱圈拱顶开始出现较大剪应力，在 0.02 s 时拱顶中心局部剪应力形成集中区，由 2.1.1 分析可知此时刻对应落石侵彻最大深度；随后拱顶最大剪应力峰值集中范围不断扩大，到 0.04 s 时最大值峰值开始向靠山侧拱肩部位转移，在 0.12 s 时，除拱墙部位外，拱顶内侧也达到最大剪应力峰值，0.2 s 后，内力响应基本稳定，此期间最大剪应力峰值主要集中于拱圈靠山侧的墙身部位。由此可知，在落石冲击作用下，拱圈结构最大剪应力先在拱顶达到峰值，随后向靠山侧的结构部位转移，最后集中稳定于靠山侧的墙身部位，如图 2-91（a）所示，图中用箭头将最大剪应力峰值所在单元号、峰值大小及单元所在结构部位连接起来。

由图 2-91（b）可知，落石冲击对仰拱两边的施工缝影响较大，而对仰拱整体影响较小，直到 0.26 s 后仰拱底部中心出现了较大剪应力峰值，随后最大峰值均在施工缝处。

由图 2-91(c)可知,落石冲击过程中,耳墙的最大剪应力峰值主要集中在墙趾转角附近,且幅值较大。

为更明确拱形明洞结构落石冲击过程中各部位的内力响应,根据图 2-91 确定的各部位最不利位置,选取相应部位单元,显示其最大剪应力响应时程曲线,所选单元均位于结构纵向中部断面处,即落石冲击断面处,各单元所在位置见图 2-92 中数字标注处。

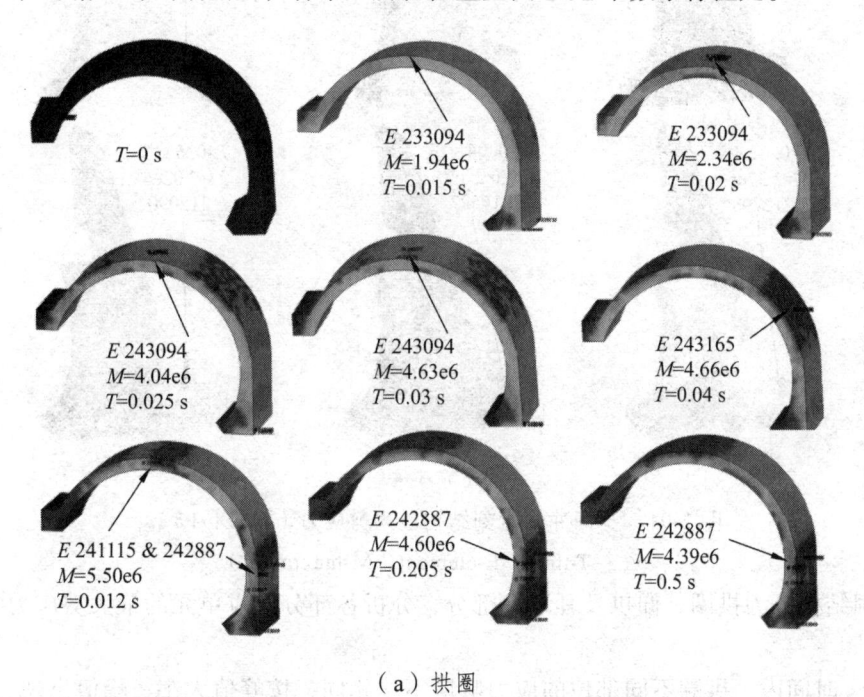

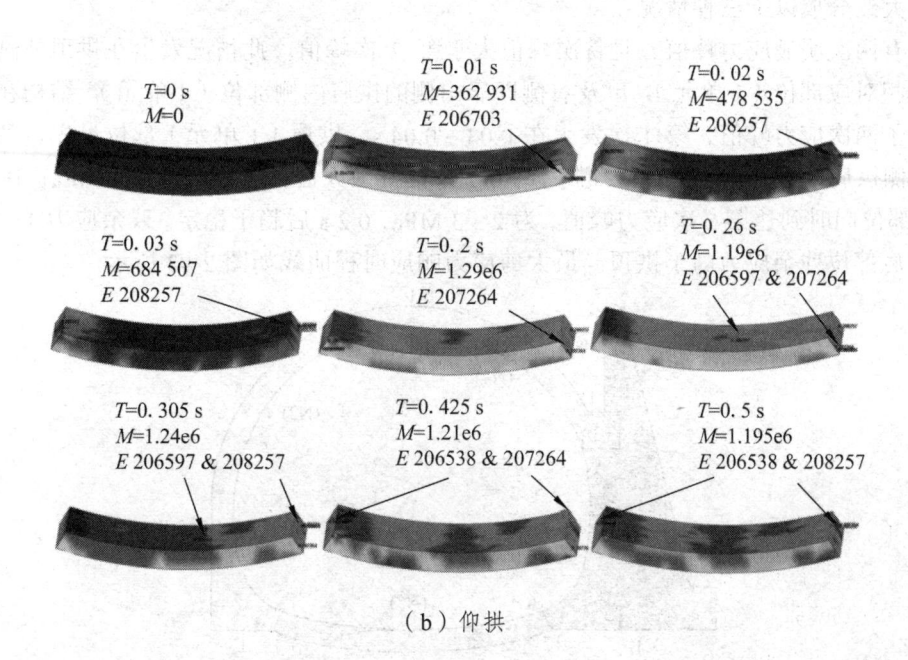

(a)拱圈

(b)仰拱

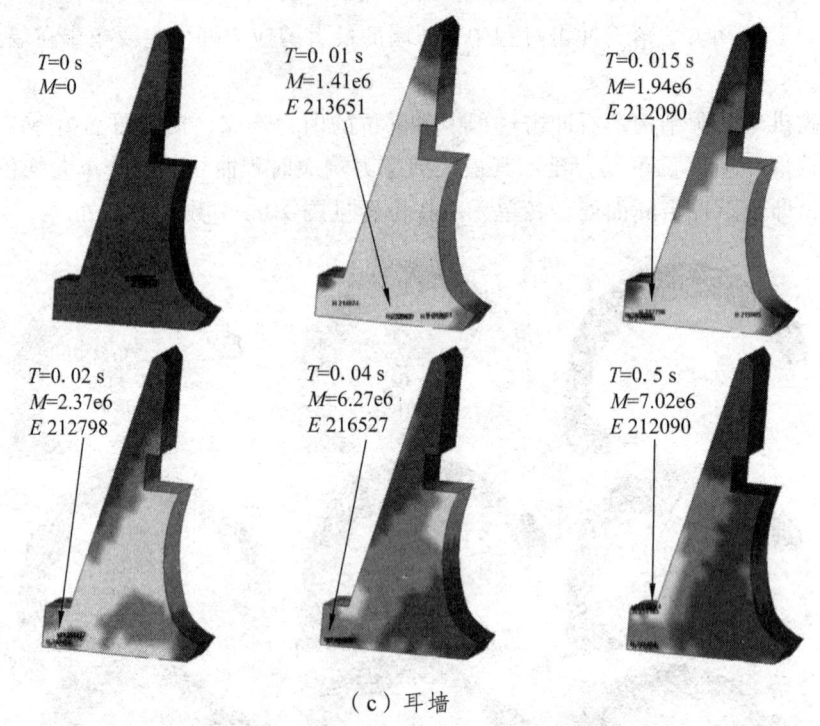

T=0 s	T=0.01 s	T=0.015 s
M=0	M=1.41e6	M=1.94e6
	E 213651	E 212090

T=0.02 s	T=0.04 s	T=0.5 s
M=2.37e6	M=6.27e6	M=7.02e6
E 212798	E 216527	E 212090

（c）耳墙

图 2-91 不同冲击时刻结构最大剪应力（单位：Pa）

（注：T-time, E-element, M-maximum）

将明洞结构分为拱圈、仰拱及耳墙三部分，分析各部分对应单元的最大剪应力响应特征。

1）拱圈

在 0.5 s 时间内，拱圈不同部位的应力响应不尽相同，按峰值大小、峰值出现次数等变化特征，可大致分成以下三种情况：

（1）有两次明显应力峰值，且首次峰值大于第 2 次峰值。此情况发生在拱顶外侧与落石冲击部位相对应部位（1 单元），以及右侧即靠山侧的拱肩内侧部位（4 单元）。结构在这两个部位经历了两次应力峰值，第 1 次发生在 0.03 ~ 0.04 s，拱顶（1 单元）部位最先达到应力峰值，靠山侧拱肩内侧部位（4 单元）滞后约 0.01 s 达到最大值，最大值约为 4 MPa；在 0.135 s 时，两个部位同时到达第 2 次应力峰值，为 2 ~ 3 MPa，0.2 s 后趋于稳定，残余应力 1 ~ 2 MPa，靠山侧拱肩部位残余应力高于拱顶。最大剪应力响应时程曲线如图 2-93 所示。

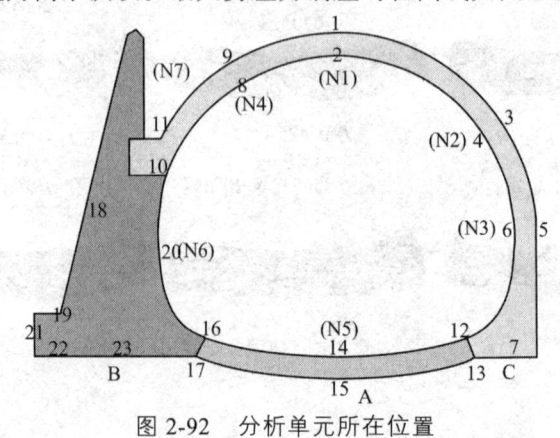

图 2-92 分析单元所在位置

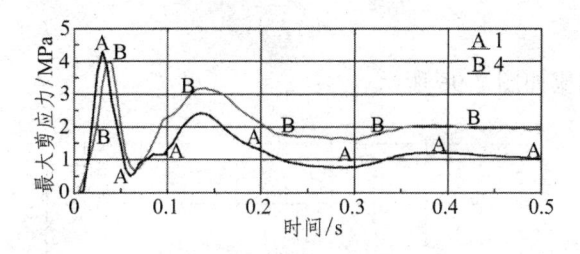

图 2-93　第 1 次峰值大于第 2 次的结构部位拱顶外侧及靠山侧拱肩内侧应力响应

（2）有两次较明显的峰值，但第 2 次峰值更大。包括以下部位：

拱顶内侧（图 2-92 中的 2 单元）、靠河侧拱肩内侧（8 单元）、靠山侧拱肩外侧（3 单元）及靠山侧墙身内侧（6 单元）。应力响应时程曲线如图 2-94 所示。

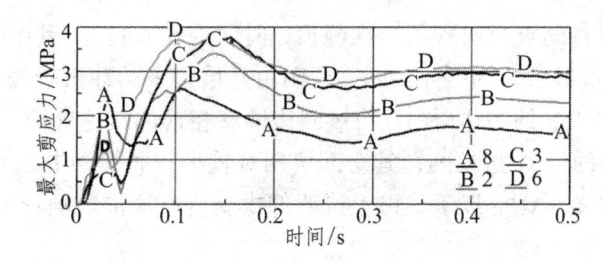

图 2-94　第 2 次峰值大于第 1 次的结构部位应力响应

以上部位大多位于结构内侧，说明落石冲击引起的波动先沿拱圈结构上半部分外侧（主要是靠山侧拱肩外侧）一定厚度范围内传播，从拱顶传到拱肩部位后才开始向内部传播，峰值到达拱圈内侧有一定时差，由图 2-94 可知，两次峰值相隔 0.05~0.1 s，靠山侧拱肩及墙身部位的残余应力较靠河侧拱肩部位大，拱顶部位最小。残余应力的大小，反映了明洞结构的最终受力状态，应是判断结构损伤程度的依据之一。

（3）只出现 1 次峰值的情况，包括靠河侧与耳墙相连的拱脚部位（10、11 单元）、靠河侧拱肩外侧（9 单元）、靠山侧拱墙外侧（5 单元）和拱脚（7 单元）等部位。其中，靠河侧与耳墙相连的拱脚部位上侧（11 单元）及靠河侧拱肩外侧（9 单元）无明显峰值且残余应力也较小，而此两处部位均位于填充混凝土下方，说明填充混凝土对明洞结构有较好的保护作用；而靠河侧与耳墙相连的拱脚部位（10 单元）、靠山侧拱墙外侧（5 单元）及靠山侧拱墙拱脚（7 单元）等部位只有第 1 次峰值出现而无明显第 2 次峰值出现，说明在此部位有能量传递或吸收的介质（传给了耳墙和围岩或地基），三者应力响应里程曲线从高到低，峰值也相应减小，说明冲击能量越向下传播衰减越多。相应应力时程曲线如图 2-95 所示，由图可知，拱圈上只出现 1 次较明显应力峰值的这些部位其残余应力均较小，都在 0.7 MPa 以下。

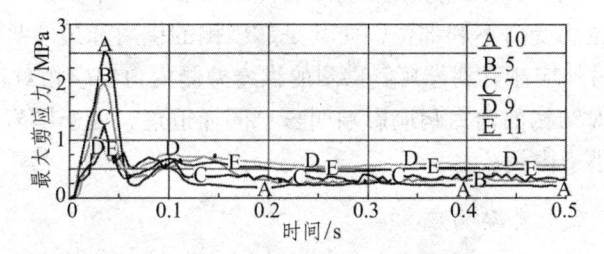

图 2-95　只有 1 次峰值的结构部位应力响应

2）仰拱

仰拱各部位应力响应如图2-96所示。

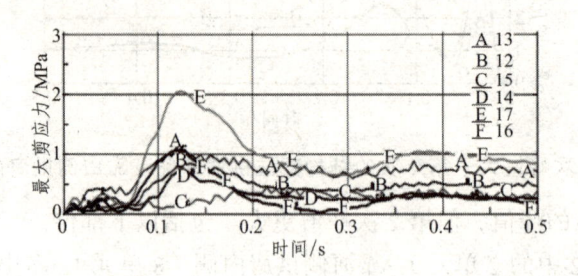

图2-96　仰拱各单元应力响应

与拱圈相比，仰拱各测点只出现了一次峰值，时间约在0.12 s，其中仰拱与耳墙的接缝外侧（17单元）应力峰值最大，为2.1 MPa，说明由耳墙传来的冲击较强，此部位的残余应力也相对仰拱其他部位最大，约为1 MPa；与拱圈边墙底相连的接缝外侧（13单元）峰值次之，为1.1 MPa，残余应力约为0.75 MPa；其余部位相对较小，而仰拱中心（15、14单元）内力响应最小，残余应力在0.5 MPa以下。以上说明仰拱受落石冲击影响较小。

3）耳墙

耳墙各部位应力响应如图2-97所示。

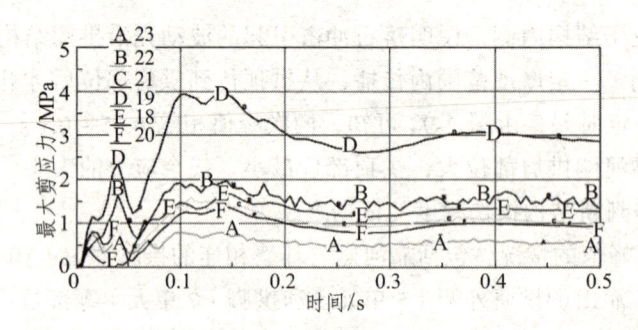

图2-97　耳墙各单元应力响应

由图2-97可知，耳墙各部位大都经历了两次峰值，其中应力响应最大的部位在墙址转角处（19单元），约4 MPa，残余应力约3 MPa，而墙底中心（23单元）响应最小，峰值及残余应力在0.6 MPa左右。

根据以上结构内力响应分析，可知由落石冲击引起的拱形明洞结构各部位内力响应特征及规律不尽相同，落石冲击以波的形式沿结构从上到下、由外及内传递，根据应力（最大剪应力）峰值大小及出现次数，可确定拱形明洞在竖向落石冲击下拱顶、靠山侧拱肩和边墙的内侧、耳墙墙址等部位为受力不利部位，尤其是靠山侧的拱肩和边墙身内侧以及耳墙墙址处是受力最不利位置；另外应注意到靠河侧拱圈的拱肩外侧内力响应相对较小，而内侧则较大，说明上部混凝土填充对结构的内力响应影响明显；同样道理，由于围岩的约束保护作用，拱墙外侧应力响应明显小于内侧。

3. 明洞结构应变及应变率响应

为进一步了解落石冲击下拱形明洞可能的破坏形式及进行相应的材料强度评定，提取了由前述分析得到的受力不利位置处单元的应变及应变率，所选取的部位为图 2-92 中拱顶外侧（1 单元）、靠山侧拱肩内侧（4 单元）和外侧（3 单元）、靠山侧拱墙墙身内侧（6 单元）及耳墙墙趾拐角处（19 单元）。各部位的最大、最小主应变如图 2-98 所示。

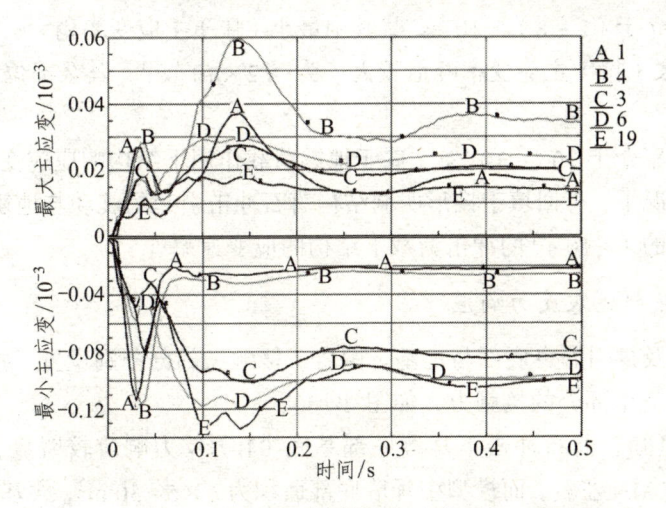

图 2-98　结构应变响应

由图 2-98 可知，各部位的最大主应变（拉应变）均经历了两次峰值，第 2 次峰值大于首次峰值，最大拉应变峰值发生在靠山侧拱肩内侧（4 单元），最大拉应变峰值为 0.06×10^{-3}；最小主应变（压应变）峰值绝对值总体上大于最大主应变，最大压应变峰值发生在耳墙墙趾拐角处（19 单元）部位，为 0.135×10^{-3}。

由于钢筋和混凝土材料都是率相关材料，为便于结构材料强度及承载力的动力学评定，提取各部位的应变率如图 2-99 所示。

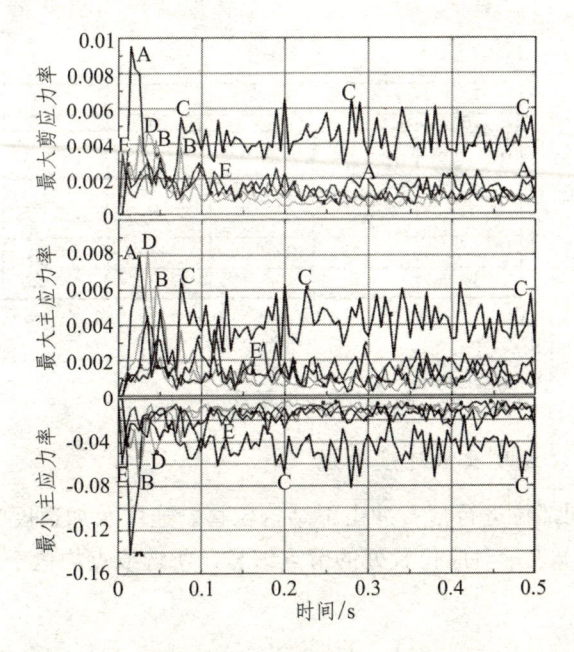

图 2-99　结构应变率响应

由图 2-99 可知，相对来说，拱顶外侧（1 单元）的各种应变率峰值都比较大，最大剪应变率、最大（拉）和最小（压）主应变率分别为 9.6×10^{-3}、7.9×10^{-3} 及 -1.42×10^{-2} s^{-1}，0.1 s 后以上各值均稳定于 2×10^{-3} s^{-1}；靠山侧拱肩外侧（3 单元）部位各应变率较大且变化幅度较小，各应变率基本介于 $(2\sim8)\times10^{-3}$ s^{-1}，其中最小（压）主应变率稍大；靠山侧拱墙墙身内侧（6）部位的最大（拉）主应变率峰值较大，为 8.2×10^{-3} s^{-1}；其余部位均相对较小，介于 $(1\sim6)\times10^{-3}$ s^{-1}。

以上各应变速率介于 $10^{-3}\sim10^{-2}$ s^{-1}，属于地震荷载作用下结构响应应变率范围[19]，因此可以认为本次计算工况下，有回填土拱形明洞结构落石冲击引起的震动与地震是一个数量级的，并未达到通常所说的 $1\sim10$ s^{-1} 的冲击荷载下结构的应变速率。

4. 明洞结构底部地基反力响应

在仰拱、耳墙及拱圈墙身底部与地基（围岩）接触三部分分别设置了接触面 A、B 及 C（见图 2-92），提取三个部分的接触力，如图 2-100。

由图 2-100 可知，落石冲击下耳墙底部基底（B）反力响应较明显，最大反力峰值为 10.9 MN，稳定于 7 MN 左右，而模型中耳墙底部面积为 $6\times5=30$ m^2，故基底应力峰值和稳定后应力分别为 363 kPa 和 233 kPa；仰拱底应力（A）峰值和稳定后应力分别为 54 kPa 和 24 kPa；拱圈墙身底部（C）相应情况为 535 kPa 和 369 kPa。如果用最大峰值减去相应稳定后应力表示落石冲击附加力的话，则仰拱、耳墙及拱圈墙身底部的冲击附加力峰值分别为 130 kPa、30 kPa 及 166 kPa。由此可知，拱圈墙身底部的基底（C）反力（应力）响应是最大的，这与结构所处地形引起的偏压有关，也与拱圈墙身为直墙式有关，墙身为直墙，会把上部结构传来的作用力大部分传给下部地基，使地基反力增大，但同时会使仰拱受力减少，由图 2-96 可知，17 单元的应力里程曲线 E 明显高于 13 单元的曲线 A，说明仰拱右侧（13 单元）应力响应明显小于左侧（17 单元）。

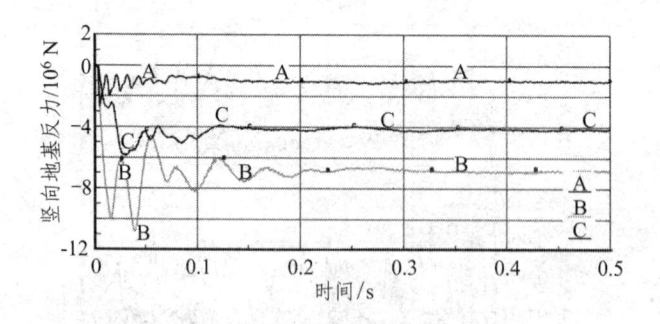

图 2-100 地基反力响应

5. 明洞结构位移、速度及加速度响应

选取结构内部不同部位进行落石冲击下结构位移、速度及加速度响应分析，所选节点见图 2-92，用（N+数字）表示对应位置处的节点编号，所选节点均位于结构内侧，如 N1 表示拱顶内侧节点编号。

1）位移响应

分别列出各测点的合位移、水平（x 方向）和竖直（y 方向）方向位移，如图 2-101。

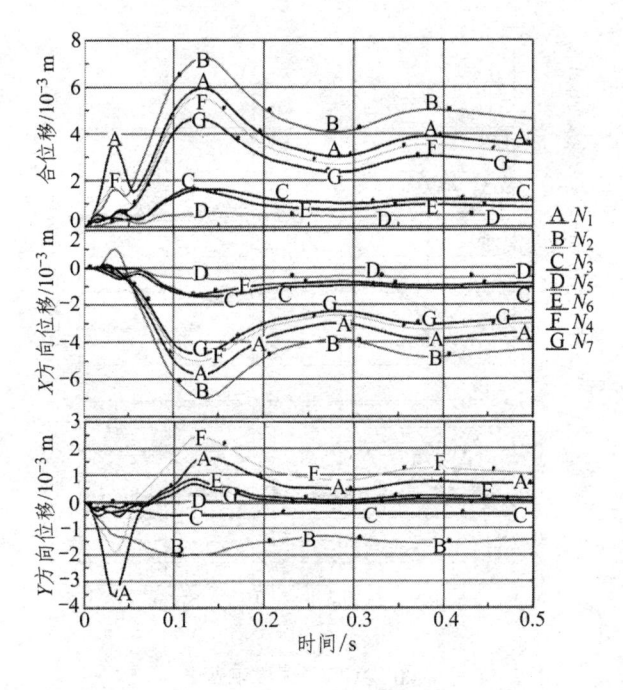

图 2-101 位移响应

由图 2-101 可知，水平方向（x 方向）位移除靠山侧的右侧拱肩（节点 N2）处在 0.035 s 时刻有向右（x 正方向）约 1 mm 的位移外，其他各点的位移均为向左（x 负方向）即靠河侧方向；在 0.11~0.135 s 各点相继达到 x 方向最大位移值，右侧靠山侧拱肩（节点 N2）处位移峰值最大，为 7 mm，后稳定于 4.5 mm；拱顶（节点 N1）次之，为 5.7 mm，后稳定于 3.5 mm；左侧靠河侧拱肩（节点 N4）为 5 mm，后稳定于 2.7 mm；仰拱中心（节点 N5）最小，为 0.6 mm 并不再变化；耳墙上测点（节点 N7）为 4.4 mm，后稳定于 2.6 mm；耳墙墙身（节点 N6）和拱圈墙身（节点 3）约为 1.5 mm 并基本稳定于此值。

竖直方向（y 方向）：拱顶（节点 N1）先向下 3.6 mm 后反弹向上运动至 1.6 mm，再稳定在向上 0.6 mm 位移处；靠河侧即左侧拱肩（节点 N4）为先向下 1.8 mm 后反弹向上运动 2.5 mm 后稳定在向上 1 mm 位移处；靠山侧的右侧拱肩（节点 N2）及拱圈墙身（节点 3）产生向下位移 2 mm、0.5 mm 位移；仰拱中心（节点 N5）无明显竖向位移。

合位移峰值最大的是靠山侧的右侧拱肩（节点 N2），为 7.2 mm，拱顶次之，为 6 mm；靠河侧即左侧拱肩（节点 N4）、耳墙上测点（节点 N7）分别为 5.4 mm、4.6 mm；其余部位均在 2 mm 以下，仰拱中心最小，约为 0.6 mm。合位移以水平方向为主，结构整体呈向靠河侧发生移动趋势。

2）速度响应

分别列出各部位测点的合速度、水平（x 方向）和竖直（y 方向）方向速度，如图 2-102。

由图 2-102 可知，结构上部的拱顶（节点 N1）、左右侧拱肩（节点 N4、N2）及耳墙上部（节点 N7）各点水平及竖向速度峰值较大，水平方向速度响应在 0.4 s 后稳定于 0，而竖向比水平方向提前约 0.2 s 趋于稳定；竖向速度峰值大于水平方向，其中拱顶（节点 N1）最大，达到 0.198 m/s（方向向下），水平方向以靠山侧的右侧拱肩（节点 N2）为最大，最大峰值为 0.13 m/s（方向向靠河侧）。合速度以拱顶（节点 N1）最大，接近 0.2 m/s。

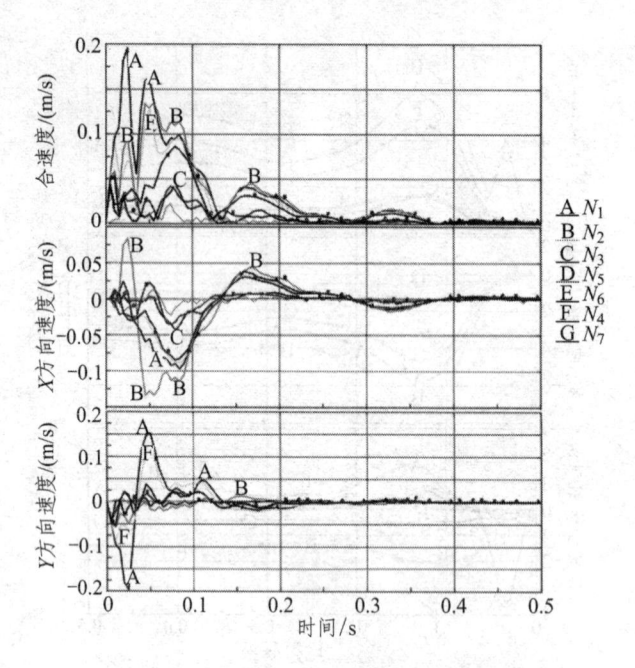

图 2-102 速度响应

3）加速度响应

各部位测点的加速度响应如图 2-103 所示。

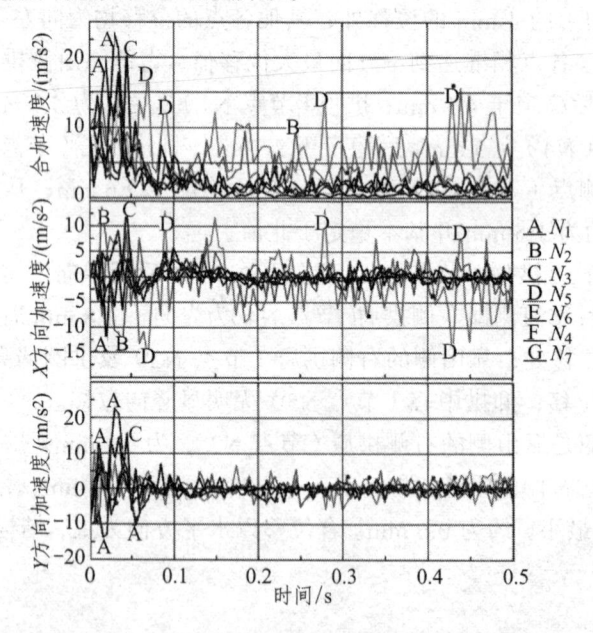

图 2-103 加速度响应

由图 2-103 可知，各点竖向（y 方向）加速度收敛较快，在 0.1 s 后基本趋于稳定，而拱顶部位（节点 N1）向上加速度峰值最大，为 22 m/s^2，即约为 2.3 g。水平横向（x 方向）加速度除仰拱中心（节点 N5）外，变化规律基本与竖向类似，而仰拱中心（节点 N5）水平向加速度在 0.5 s 时间内无明显收敛趋势。合加速度以拱顶（节点 N1）最大，拱圈墙身（节点 N3）次之。

综上分析，落石冲击下结构的位移、速度及加速度响应的共同规律是结构上部大于下部，拱顶最明显，仰拱响应最小（水平加速度除外）；同时还发现同一测点的位移、速度及加速度响应时间并不同步，即加速度响应最快，但收敛也相对较快，基本在 0.1 s 内达到稳定（仰拱中心水平方向除外），而速度响应时间约需 0.4 s，位移响应相对最平稳，曲线较为平缓，响应时间最长；另外，三者在水平方向的响应时间要大于竖向。

6. 各部位能量响应

落石的能量通过冲击转化为被冲击对象的能量，为便于对比，将落石及各部位的能量（动能）响应示于图 2-104 中，图中（a）为落石、黏土隔水层及回填土的能量响应，（b）为黏土隔水层与回填土的响应，（c）是混凝土填充、拱圈、耳墙、仰拱及围岩的响应。

由图 2-104（a）可知，落石（图中代号为 8）的动能在冲击过程中，首先转化为最上层的黏土隔水层（7）动能，随后是下层的回填土层（6），从图（b）更明显看出，这两部位获得了比明洞结构大的多的能量，说明冲击能量被上述回填土大量吸收，起到了很好的缓冲保护作用，图（c）是拱形明洞结构各部分获得的能量，其中以拱圈（4）最大，混凝土填充（5）次之，耳墙（3）第三，仰拱（2）最小。

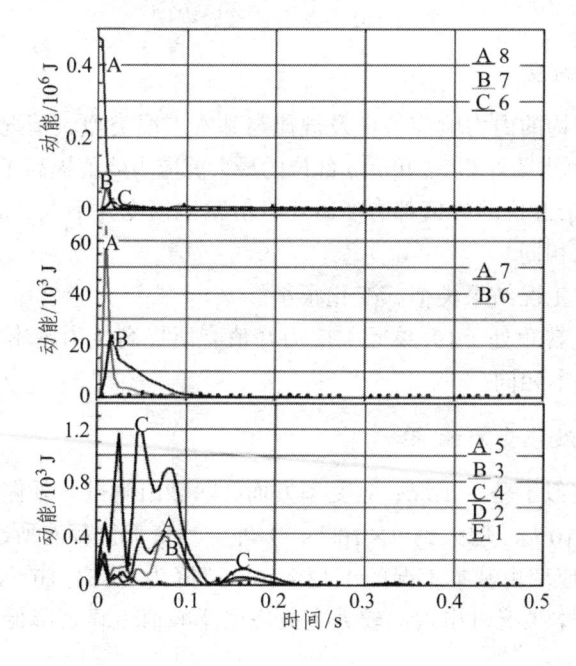

图 2-104 能量（动能）响应

2.3.3 45°冲击工况分析

限于篇幅，本书仅将 45°冲击工况与基本工况的主要对比进行描述。其中，明洞结构底部地基反力响应与基本工况相比无明显变化，不再叙述。

1. 落石运动轨迹

落石位移响应见图 2-105。

如图 2-105 所示，落石在 0.03 s 时达到最大下落位移，为 -0.399 m，考虑水平方向分位移及黏土隔水层的坡度等问题，可以认为侵彻深度与基本工况的 0.26 m 相差不多；从落石运动轨迹上可以看出落石在冲击完成后会反弹，竖向和水平方向的位移均大于基本工况，且从向靠河侧水平方向位移数据看，落石已运动出拱形明洞范围而不会再落到明洞顶上。

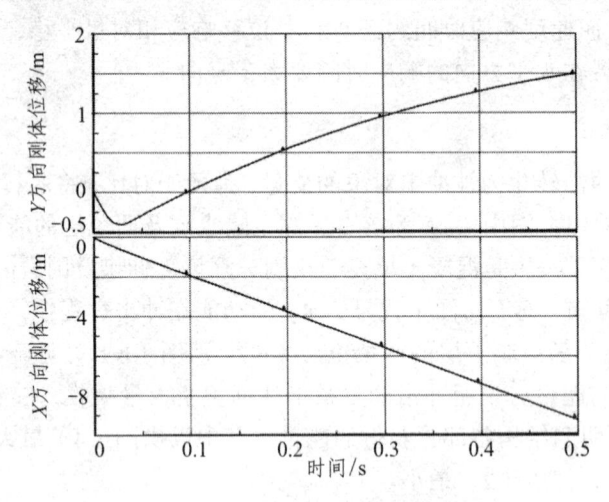

图 2-105　落石位移时程图

2. 明洞结构内力响应

根据模拟结果，结构的内力响应特征及规律与基本工况类似，情况如下：

（1）拱圈：除靠山侧拱墙外侧（5 单元）部位的最大剪应力峰值提高了（由基本工况的 2 MPa 提到到 2.25 MPa），其余部位的峰值都有所减小，但减小幅度并不大；而峰值出现的次数、变化规律等均与基本工况相同。

（2）仰拱：与基本工况结果类似，变化很小。

（3）耳墙：除墙址转角处（19 单元）应力峰值有所提高（由基本工况的 4 MPa 提到到 4.6 MPa），其余情况基本相同。

3. 明洞结构应变及应变率响应

结构的应变响应类似于基本工况；应变率方面，除靠山侧拱肩外侧（3 单元）部位有所增大（由基本基况的 $8×10^{-3}$ s^{-1} 增大到 $9×10^{-3}$ s^{-1}）外，其余部位都有所减小，较为显著的有拱顶外侧（1 单元）的压应变由基本工况的 $1.42×10^{-2}$ s^{-1} 降为 $8.96×10^{-3}$ s^{-1}；靠山侧拱墙墙身内侧（6 单元）部位在基本工况时出现的较大主拉应变率峰值也显著降低（由 $8.2×10^{-3}$ s^{-1} 降为 $2×10^{-3}$ s^{-1}）。

4. 明洞结构位移、速度及加速度响应

位移与速度响应均与基本工况类似，且拱顶竖向向下速度峰值有所减小（由 0.197 m/s 降为 0.143 m/s）；加速度变化较为明显的是仰拱部分（节点 N5），其水平与竖直方向加速度峰值都有所增大，水平方向向左方向（靠河侧方向）增大相对更明显，由基本工况的 -15 m/s^2 变为 -25 m/s^2。其他各部位却略有所减小，且规律也基本相同，在此仅列出水平 x 方向结构加速度响应，见图 2-106。

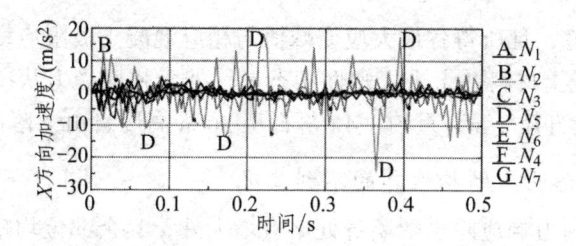

图 2-106　45°冲击下结构水平方向加速度响应

5. 各部位能量响应

与基本工况相比，落石以 45°角度斜向冲击明洞，在与回填土作用过程中所消耗的能量有较大程度的减少，即回弹后落石仍具有较大动能；而黏土隔水层与回填土所获得的能量减小近一半；拱圈动能响应与基本工况一样有三次峰值[图 2-107（c）中代号 C4]，第一次峰值与基本工况相差不多，第二次峰值则有较明显的减少，由 1.17 kJ 降为 0.4 kJ，而第三次峰值又比基本工况的略有提高；其他部位则无明显差别。

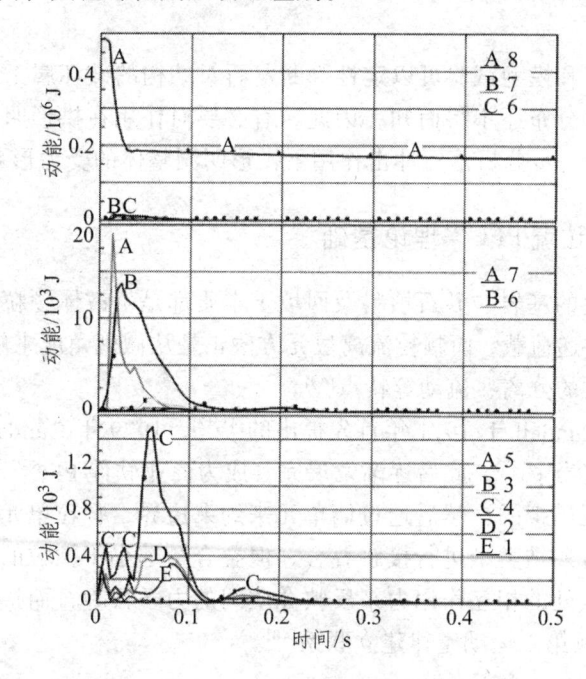

图 2-107　45°冲击下结构动能响应

2.3.4　讨论与分析

1. 结构强度及承载力评定

本次工况选用落石直径 1 m、重约 1.4 t 从 50 m 高度自由下落，即冲击能量为 701.6 kJ，如果利用已有落石冲击力评定方法如我国隧道手册、日本、瑞士等估算，可知本工况落石冲击力（指回填土顶面即本工况的黏土隔水层顶面）在 2 000～6 000 kN。从结构应变响应角度看，在本次计算工况下，结构的拉应变（最大主应变）峰值最大为 0.06×10^{-3}，即 6×10^{-5}，并未达到规范中的极限拉应变 $\varepsilon_t=0.000\,1$；而最大压应变峰值为 0.135×10^{-3}，也未达到 0.003 3，

或 $\varepsilon_0 = 0.0020$ 的规范值，且所得各最大应变峰值与相应混凝土极限应变值相差一个数量级，说明拱形明洞结构混凝土材料并未进入塑性状态，仍处于弹性受力状态，由此可见，所设计的拱形明洞是能够承受直径 1 m、重约 1.4 t 落石从 50 m 高度自由下落冲击的。

2. 落石冲击下拱形明洞结构检算的不利工况

45°冲击下，结构内力响应除拱圈墙身处略有增大外，其余部位均略有降低，加速度响应除仰拱中心水平向靠河侧有增大外（但内力响应变化不大），总的来说，45°冲击要比竖直下落冲击引起的拱形明洞结构的力学响应小，即对结构的影响程度比竖直下落小，即使上述个别响应增强的部位本来也是竖直下落冲击条件下的不利部位，且增大幅度并不大，所以在本次计算工况的冲击能量范围内，可以用竖直下落作为不利工况进行结构检算。

2.4 落石冲击下拱形明洞结构荷载分布研究

虽然通过落石灾害和模型试验可以定性判断落石对结构的破坏属于局部破坏，但作用在结构物表面的荷载如何分布还不得而知，因此，有必要对作用在拱形明洞结构表面的冲击荷载进行计算，以此来进一步分析落石冲击作用下拱形明洞整体的受力形态。

2.4.1 离散元颗粒流 PFC^{3D} 理论基础

由于隧道明洞周边的基岩、砂石填料及回填土本质都是由散体颗粒胶结而成，并且是通过这些材料来承载和传递荷载，而颗粒流离散元方法正是从微观角度来解析介质的力学行为，可有效反映非连续介质的分离、流动等特点[40]。

离散元方法是由 Cundall 于 1971 年首先提出的[41,42]，1979 年 Cundall 和 Strack 又将该方法应用于土力学的研究当中[43]，此后逐渐发展完善成为商业软件 PFC$^{2D/3D}$。在 PFC^{3D} 模型中，介质材料是用颗粒单元模拟的，然后通过墙单元来约束边界，颗粒单元均被视为刚性球体，颗粒之间可以通过设置黏结类型进行接触叠合，但叠合量远小于颗粒的尺寸，模型主要是通过颗粒的运动和接触点处的相互作用力来反映介质间的力学行为，而接触力和颗粒的运动是根据力-位移关系和牛顿第二运动定律建立联系[40]。

1. 力-位移关系（物理方程）

在颗粒流模型中有"颗粒-颗粒（Ball-Ball）"和"颗粒-墙体（Ball-Wall）"两种接触类型（图 2-108），图 2-108（a）为颗粒-颗粒接触示意图，图中 A、B 分别表示两个相互接触的球体颗粒，U 表示颗粒之间的叠合量，O 表示接触点位置，x_i 和 x_j 分别表示两颗粒的位置矢量，r_i 和 r_j 为两颗粒的半径，颗粒间的接触力正是产生于二者的接触点处。

由图可知两颗粒形心之间的距离 d 为：

$$d = |x_j - x_i| \tag{2-1}$$

则单位法向向量 n 为：

$$n = (x_j - x_i)/d \tag{2-2}$$

（a）颗粒-颗粒接触示意图　　　　　（b）颗粒-墙体接触示意图

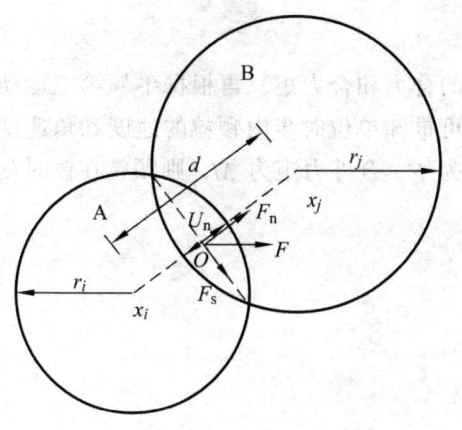

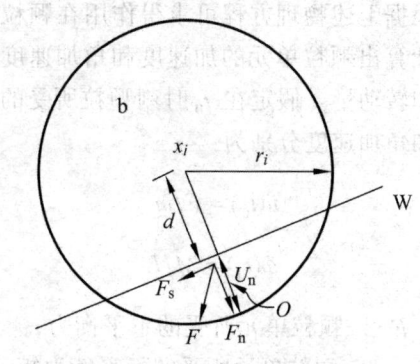

图 2-108　单元接触示意图

由颗粒接触所产生的法向相对接触位移（即颗粒间叠合量）为：

$$U_n = r_i + r_j - d \tag{2-3}$$

故接触点处的位置矢量 x_o 可表示为：

$$x_o = x_i + (r_i - U_n/2) \cdot n \tag{2-4}$$

颗粒与墙体的接触关系与此相类似，如图 2-108（b）所示，图中 b 表示球体颗粒单元，W 表示墙单元，颗粒与墙体接触所产生的法向相对接触位移为：

$$U_n = r_i - d \tag{2-5}$$

则接触点处的位置矢量 x_o 可以表示为：

$$x_o = x_i + (r_i - U_n/2) \cdot n \tag{2-6}$$

由于两接触单元之间的法向接触力 F_n 与它们之间的法向相对接触位移 U_n 成成正比关系，故法向接触力 F_n 可表示为：

$$F_n = K_n \cdot U_n \cdot n \tag{2-7}$$

式中　K_n——法向接触刚度系数。

由于颗粒所受的切向接触力 F_s 在接触形成初期为 0，且切向力的变化与颗粒的运动和荷载历史有关，因此，切向接触力是以增量的形式累加的，每一时步的相对位移引起的切向力变化将累加到当前时刻，故切向接触力 F_s 可以表示为：

$$F_s \leftarrow F_s + \Delta F_s = F_s + (-K_s \cdot \Delta U_s) \tag{2-8}$$

式中　K_s——切向接触刚度系数；

　　　ΔU_s——切向位移的变化量。

故两接触单元之间的接触力 F 为：

$$F = F_n + F_s \tag{2-9}$$

2. 牛顿第二运动定律(运动方程)

根据上述物理方程可求得作用在颗粒单元上的合力和合力矩,再根据牛顿第二运动定理便可计算出颗粒单元的加速度和角加速度,进而可推知单位时步内颗粒的速度和角速度以及位移和转动量。假定在 t_0 时刻颗粒所受的合外力为 F,合外力矩为 M,则颗粒在该时刻的加速度和角加速度分别为:

$$\ddot{u}(t_0) = F/m \tag{2-10}$$

$$\dot{\omega}(t_0) = M/I \tag{2-11}$$

式中 F——颗粒单元所受的不平衡力;
M——颗粒单元所受的不平衡力矩;
m——颗粒的质量;
I——转动惯量。

将式(2-10)和(2-11)的结果在单位时间步长 Δt 内进行中心差分法积分,便可求得颗粒在该时刻的速度和角速度:

$$\dot{u}(t_1) = \dot{u}\left(t_0 - \frac{\Delta t}{2}\right) + \ddot{u}(t_0)\Delta t \tag{2-12}$$

$$\omega(t_1) = \omega\left(t_0 - \frac{\Delta t}{2}\right) + \dot{\omega}(t_0)\Delta t \tag{2-13}$$

式中 t_0——起始时刻;
t_1——终止时刻。

在颗粒流中,介质材料的本构模型是通过设置接触本构模型来实现的,常用的接触本构模型有接触黏结模型、平行黏结模型、接触刚度模型和接触滑动模型等。在本文中主要采用前两种,其中,接触黏结模型只能传递力,它是在接触点处很小范围内的黏结;而平行黏结模型除了可以传递力以外,还可以传递弯矩,它类似于在接触点附近注入一定尺寸的黏结材料的黏结[44]。

此外,由于在 PFC^{3D} 中是通过颗粒之间的相互作用来模拟介质材料的力学行为的,因此要想使其能准确反映岩土体的力学特性,就必须通过颗粒流试样的细观数值模拟来对介质的宏观力学参数进行校准。

2.4.2 落石冲击拱形明洞计算模型

本书以客运专线双线隧道拱形明洞为参考结构[45],依托新建铁路长沙至昆明客运专线玉屏至昆明段隧道明洞施工图(图 2-109),采用三维离散元颗粒流(PFC^{3D})模拟方法,研究落石冲击对拱形明洞结构荷载分布的影响。其中,拱形明洞宽为 13.65 m,高为 11.82 m,衬砌厚度为 0.80 m,采用"马蹄形"断面形式。施工时将隧道洞门范围内衬砌与洞口环节衬砌用同一材料整体浇筑,结构基础置于坚硬的基岩上,墙背夯填有粗粒土石,拱顶以上回填有一定厚度的细粒土。

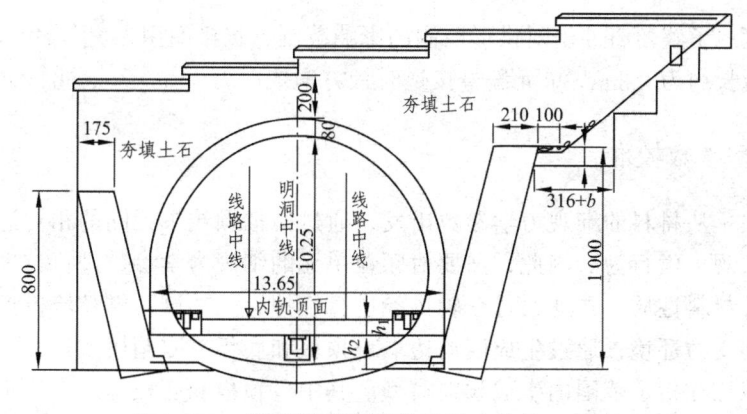

图 2-109 隧道拱形明洞参考图（单位：cm）

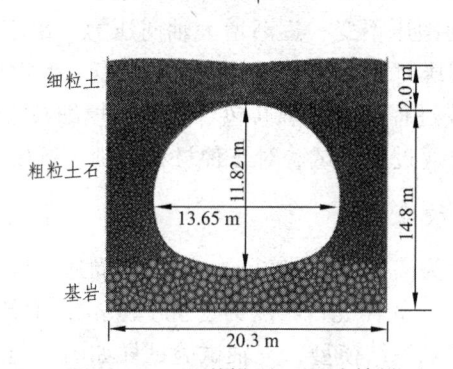

图 2-110 隧道拱形明洞计算模型

建立模型如图 2-110 所示，整个模型宽 20.3 m，高 16.8 m，以此来模拟有端墙限制的拱形明洞，明洞结构纵向长度为 2.0 m，上部回填土厚度为 2.0 m。基岩和回填土石采用多个球体颗粒单元的集合来模拟，分别采用平行黏结和接触黏结模型。颗粒单元采用半径扩大法随机生成，依据图 2-110 所示的隧道轮廓线和四周边界线设置墙单元进行约束，在赋予模型重力加速度以后，删除顶部墙单元约束，在自重应力场作用下使明洞周边夯填土石沉降密实。待整个明洞模型达到平衡以后，在明洞正上方生成单个刚性球体单元，以此来模拟落石，使其在自重作用下能竖直下落，其中，落石的密度为 2 000 kg/m³，重量为 5 t，下落高度为 50 m。

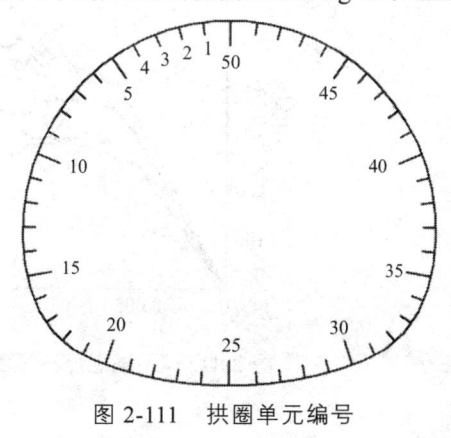

图 2-111 拱圈单元编号

第 2 章 防落石明洞落石冲击荷载的作用机理研究

为了能清楚地了解落石冲击对拱形明洞的影响范围，将拱圈用 50 个墙单元 Wall 来模拟，每个墙单元的边长约为 0.8 m，单元编号按逆时针方向依次为 1，2，…，50，如图 2-111 所示。

2.4.3 模型参数校准

颗粒流方法是从材料的细观力学参数出发，通过模拟颗粒单元间的相对运动和相互作用来反映材料的宏观力学行为。因此，需要对颗粒单元的细观力学参数进行校准，使其能表征实际的岩土工程材料性质。在此通过三轴试验进行模拟，三轴试验颗粒流模型中用墙单元来模拟约束边界和受力环境，通过生成四周边墙、顶板和底板来限制模型尺寸，再根据设定的颗粒粒径和孔隙比在指定范围内生成颗粒模型。其中，顶板和底板是用来模拟轴向的加载作用，四周的边墙模拟围压系统，而为了保证像室内试验中橡胶膜柔性约束的效果，边墙刚度设定为模型颗粒刚度的 1/10，以此来最大限度的模拟真实试验。

通过设置伺服控制来模拟试验的整个加载过程，首先在设定的围压作用下使结构处于初始固结状态，然后保持试件的围压不变，逐渐增大轴向压力，由于颗粒试件的挤压作用，当边墙所受的应力大于设定的围压时，边墙逐渐向外运动，当二者相差不大时，边墙停止运动，依此来模拟整个伺服控制加载过程。本模型共包含顶部回填细粒土、夯填粗粒土石和底部基岩三种岩土材料，因此，需要通过三轴试验对三种材料分别进行校准。

1. 顶部回填细粒土参数校准

回填土模拟试件初始尺寸为高 2.0 m，直径 1.0 m，四周通过墙单元 Wall 来约束；颗粒的最小半径为 0.05 m，最大半径为 0.10 m，密度为 2 300 kg/m³，颗粒在该范围内呈均匀分布；颗粒材料为刚性材料，采用接触黏结模型，三轴试验试样如图 2-112 所示。

通过伺服加载控制边墙 Wall 的运动，分别模拟围压为 50 kPa，100 kPa，150 kPa，200 kPa 和 250 kPa 时的三轴压缩试验。作出不同围压 σ_3 条件下的应力-应变曲线如图 2-113 所示，横坐标为轴向应变 ε_a，纵坐标为轴向偏应力 $(\sigma_1-\sigma_3)$，在压缩试验中压缩模量可以通过轴向应力增量与轴向应变增量的比值来确定[46]，对于岩土体材料，通常采用应力为 100~200 kPa 时对应的压缩模量 E_{s1-2} 来评价土的压缩特性[47]：

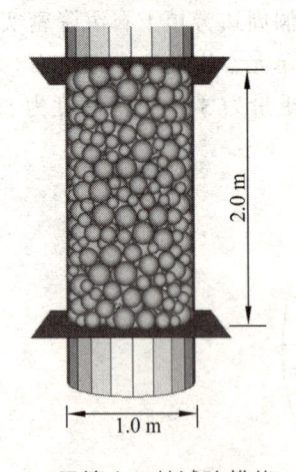

图 2-112 回填土三轴试验模拟 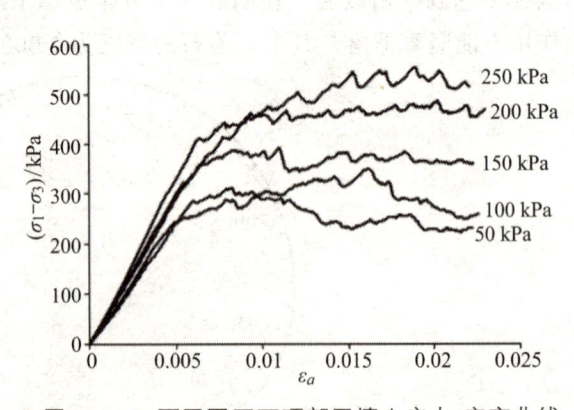　　图 2-113 不同围压下顶部回填土应力-应变曲线

$$E_s = E_{s1-2} = \frac{\sigma_{200} - \sigma_{100}}{\varepsilon_{200} - \varepsilon_{100}} \qquad (2\text{-}14)$$

式中 ε_{100}、ε_{200}——应力为 100 kPa 和 200 kPa 时对应的轴向应变值。

泊松比 ν 可以根据体积应变与轴向应变的比值计算确定：

$$\nu = \frac{1}{2}\left(1 - \frac{\varepsilon_{v200} - \varepsilon_{v100}}{\varepsilon_{200} - \varepsilon_{100}}\right) \qquad (2\text{-}15)$$

式中 ε_{v100}、ε_{v200}——应力为 100 kPa 和 200 kPa 时对应的体积应变值。

而土的变形模量 E_0 与压缩模量 E_s 存在如下关系[48]：

$$E_0 = E_s \times \left(1 - \frac{2\nu^2}{1-\nu}\right) \qquad (2\text{-}16)$$

由此便可确定回填土材料的弹性常数变形模量 E_0 和泊松比 ν。此外，根据图 2-113 中不同围岩压力 σ_3 条件下确定的峰值应力 σ_1，可作出关于回填土材料的库伦-莫尔圆（如图2-114），进而可以确定回填土的抗剪强度指标黏聚力 c 及内摩擦角 φ。

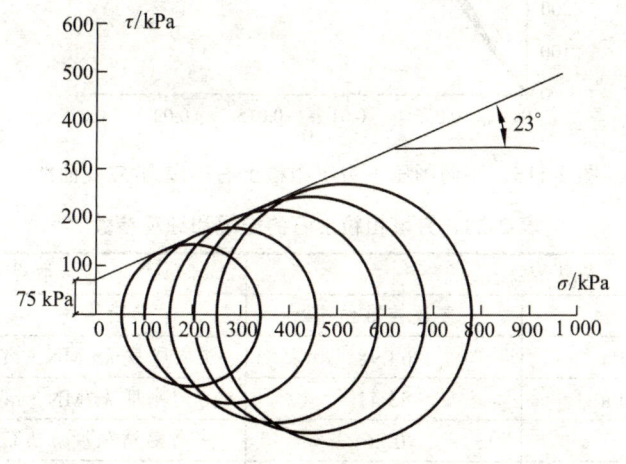

图 2-114 回填土材料库伦-摩尔圆

得出对应于该三轴试验中回填土材料的宏观和细观力学参数，如表 2-27 所示，校准后的宏观参数结果与《工程地质手册（第四版）》[46]中土的相关力学指标吻合，因此，可认为设置的回填土细观参数可真实反映顶部回填土材料的性能。

表 2-27 顶部回填细粒土的宏观和细观参数

宏观参数		细观参数	
参数名称	参数校准结果	参数名称	参数校准结果
压缩模量 E_s/MPa	59.14	法向刚度 kn/MN·m^{-1}	50.0
变形模量 E_0/MPa	38.42	切向刚度 ks/MN·m^{-1}	50.0
泊松比 ν	0.34	法向黏结强度 n_b/kN	10.0
黏聚力 c/kPa	75.15	切向黏结强度 s_b/kN	10.0
内摩擦角 φ/°	23		

2. 夯填粗粒土石参数校准

与顶部回填土的校准过程类似，在此采取同样的方法对拱形明洞两侧夯填的粗粒土石参数进行校准。模拟的粗粒土石试件初始高度为 4.0 m，直径为 2.0 m，四周通过墙单元 Wall 来约束；颗粒的最小半径为 0.10 m，最大半径为 0.20 m，颗粒密度为 3 300 kg/m³，颗粒在该范围内呈均匀分布；颗粒材料为刚性材料，采用接触黏结模型。通过伺服加载控制边墙 Wall 的运动，分别模拟围压为 50 kPa，100 kPa，150 kPa，200 kPa 和 250 kPa 时的三轴压缩试验，同样，作出不同围压 σ_3 条件下的应力-应变曲线如图 2-115 所示，横坐标为轴向应变 ε_a，纵坐标为轴向偏应力 $(\sigma_1-\sigma_3)$。

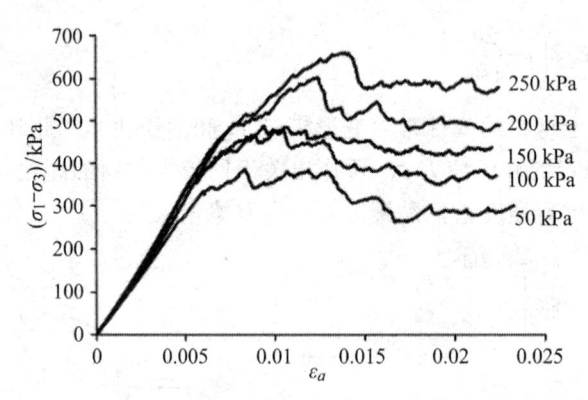

图 2-115 不同围压下夯填粗粒土石的应力-应变曲线

表 2-28 夯填粗粒土石的宏观和细观参数

宏观参数		细观参数	
参数名称	参数校准结果	参数名称	参数校准结果
压缩模量 E_s/MPa	64.98	法向刚度 kn/MN·m⁻¹	100.0
变形模量 E_0/MPa	53.41	切向刚度 ks/MN·m⁻¹	100.0
泊松比 ν	0.26	法向黏结强度 n_b/kN	50.0
黏聚力 c/kPa	103.58	切向黏结强度 s_b/kN	50.0
内摩擦角 φ/(°)	24		

由此便可确定粗粒土石的宏观力学参数变形模量 E_0、泊松比 ν、黏聚力 c 和内摩擦角 φ，而预设的细观力学参数便是 PFC³ᴰ 中真实模拟粗粒土石的参数，二者的校准结果如表 2-28 所示，该宏观参数结果与《铁路工程设计技术手册——隧道（修订版）》[13]中砾石碎石的相关力学指标吻合，因此，可认为设置的粗粒土石细观参数可真实反映实际材料的力学性能。

3. 底部基岩参数校准

除了明洞顶部回填细粒土和两侧夯填的粗粒土石之外，底部的基岩参数也同样需要校准，但为了能更好地反映围岩类岩石材料受弯的力学特征，颗粒间的接触本构采用平行黏结模型。模拟试件的初始尺寸为高 6.0 m，直径 3.0 m，四周通过墙单元 Wall 来约束；颗粒的最小半径为 0.20 m，最大半径为 0.30 m，颗粒密度为 3 800 kg/m³，颗粒在该范围内呈均匀分布，颗粒材料为刚性材料。通过伺服加载控制墙体 Wall 的运动，分别模拟围压为 0.5 MPa，1.0 MPa，2.0 MPa，3.0 MPa，4.0 MPa 和 5.0 MPa 时的三轴压缩试验，作出不同围压 σ_3 条件下的应力-

应变曲线如图 2-116 所示，横坐标为轴向应变 ε_a，纵坐标为轴向偏应力 $(\sigma_1-\sigma_3)$。

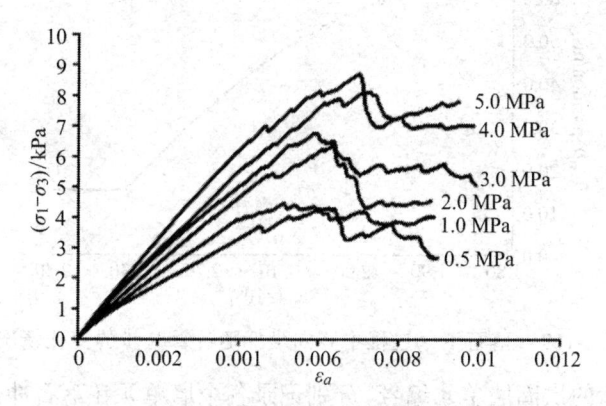

图 2-116　不同围压下底部基岩的应力-应变曲线

表 2-29　基岩的宏观和细观参数

宏观参数		细观参数	
参数名称	参数校准结果	参数名称	参数校准结果
压缩模量 E_s/GPa	1.40	法向刚度 kn/MN·m^{-1}	5000.0
变形模量 E_0/GPa	1.12	切向刚度 ks/MN·m^{-1}	5000.0
泊松比 ν	0.27	平行黏结法向强度 pb_n/MN	5.0
黏聚力 c/MPa	1.09	平行黏结切向强度 pb_s/MN	5.0
内摩擦角 φ/°	22	平行黏结法向刚度 pb_kn/MN	500.0
		平行黏结切向刚度 pb_ks/MN	500.0
		平行黏结半径系数 pb_r	1.0

由此便可确定底部基岩的宏观力学参数变形模量 E_0、泊松比 ν、黏聚力 c 和内摩擦角 φ，而预设的细观力学参数便是 PFC^{3D} 中模拟基岩材料的参数，二者的校准结果如表 2-29 所示，该宏观参数结果与《铁路隧道设计规范》（TB 1003—2005）中的 V 级围岩的相关物理力学指标较为接近，因此，可认为设置的基岩材料细观参数可真实反映洞口破碎围岩的力学性能。

2.4.4　模拟结果分析

按照校准后的细观物理力学参数，对落石冲击模型进行模拟计算。首先，根据预设条件生成落石冲击颗粒模型，施加重力作用，通过迭代计算，逐步监测模型单元中的平均不平衡力和最大不平衡力，当二者的比率小于 1.0×10^{-5} 时，即认为颗粒模型达到密实平衡状态。待模型平衡以后，在拱顶正上方生成落石颗粒，模拟落石的自由下落过程，记录下落过程中落石竖向坐标随计算时步的变化情况，如图 2-117 所示，图中横坐标为迭代计算的时间步，纵坐标为落石单元的竖向坐标值。

由图 2-117 可以看出，落石的下落轨迹基本呈"抛物线"形分布，符合自由下落的基本规律，当计算时步达到 2.3076×10^6 时，落石的竖向坐标值变化停止，说明落石颗粒已经落到拱形明洞的顶部，该瞬间即完成了落石的冲击作用。

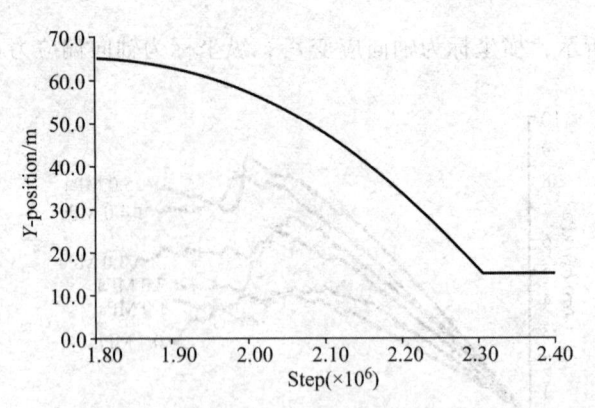

图 2-117　落石下落过程中竖向坐标随计算时步的变化情况

按照图 2-111 所示的拱圈墙单元编号，分别记录各个墙单元在落石冲击过程中所受的横向力 F_x 和竖向力 F_y。作出拱顶 1 号墙单元所受竖向力 F_y 的变化情况如图 2-118 所示，图中横坐标为迭代计算的时间步，纵坐标为 1 号墙单元所受的竖向力。

由图 2-118 可以看出，当计算时步小于 $2.307\,6\times10^6$ 时，即落石与顶部回填土接触之前，墙单元所受的竖向力保持不变，该值为墙单元所受的回填土自重平衡力；而在落石与顶部回填土接触瞬间（Step=$2.307\,6\times10^6$），墙单元所受的竖向力突然增大，此后迅速减小，随后又逐渐趋于稳定，说明峰值力的出现正是由落石冲击作用引起的，该变化值即为受落石冲击作用导致的荷载变化。因此，根据落石冲击过程中的峰值力减去冲击前的自重平衡力，即认为是明洞结构所受的落石冲击附加荷载。

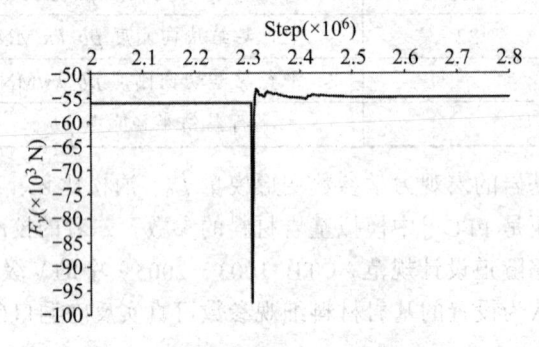

图 2-118　落石下落冲击过程中 1 号墙单元所受的竖向力

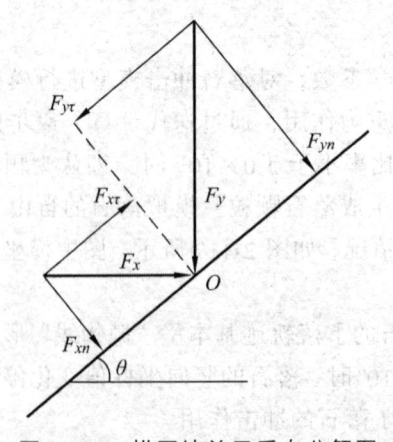

图 2-119　拱圈墙单元受力分解图

落石冲击下拱形明洞结构概率可靠度分析

由于拱形明洞断面呈"马蹄形",落石冲击附加荷载不能直接通过墙单元所受竖向力的变化值来判定,应通过作用在拱圈墙单元上的法向力来进行评判,因此,需要对墙单元所受的横向力和竖向力沿垂直于拱圈方向进行分解,如图 2-119 所示。图中 O 为拱圈墙单元的形心位置,墙单元的倾角为 θ,假设落石冲击前,墙单元所受的横向力和竖向力分别为 F_x 和 F_y,则其法向力 F_n 为:

$$F_n = F_{xn} + F_{yn} = F_x \sin\theta + F_y \cos\theta \tag{2-17}$$

而在落石冲击瞬间,墙单元所受的横向力和竖向力分别变为 F'_x 和 F'_y,则此时法向力 F'_n 变为:

$$F'_n = F'_{xn} + F'_{yn} = F'_x \sin\theta + F'_y \cos\theta \tag{2-18}$$

由此便可求得对应倾角为 θ 的墙单元的落石冲击附加荷载 ΔF_n 为:

$$\Delta F_n = F'_n - F_n \tag{2-19}$$

与此类似,依次计算拱圈各个墙单元在落石冲击瞬间的冲击附加荷载,作出其分布图(图 2-120)。

由图 2-120 可以看出,受拱顶正上方落石冲击作用的影响,监测点 1、2、48、49 和 50 处所受的冲击附加荷载较大,其中监测点 50 为拱形明洞中央的墙单元,该区域的范围约为 4.0 m;在距离撞击点较远的监测点 3、4、5、45 和 46 处附加荷载值明显较小,该区域的范围约为 8.0 m;而在距离撞击点更远的区域内,拱形明洞基本不受落石冲击作用的影响。由此看来,受落石冲击作用影响,撞击点附近的荷载最大,且随着到撞击点距离的增大荷载逐渐减小,说明落石冲击对拱形明洞的破坏属于局部破坏。

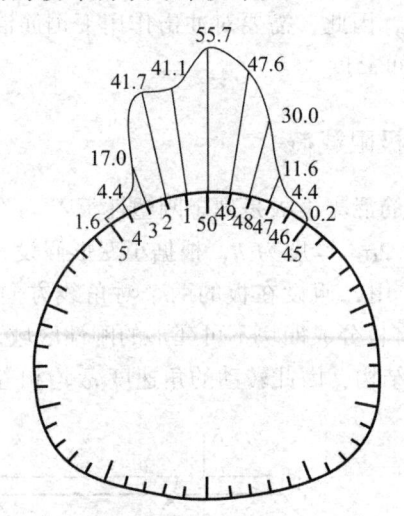

图 2-120 拱形明洞所受冲击附加荷载分布图(单位:kN)

2.5 拱形明洞受落石冲击的模型简化

通常,拱形明洞为钢筋混凝土组成的闭合结构,形状类似于圆柱壳体结构,在结构顶部一般夯填有回填土，并与明洞形成一个完整的受力体系。由于落石冲击下拱形明洞结构为拱顶一定范围的局部破坏，该局部破坏范围内的结构可以简化为周边固支的开口圆柱壳结构模型，由于沿周向不是封闭的，因此圆柱壳出现了四个边界，使其形成具有一般平板承载功能，且又比一般平板具有更大承载力的柱壳结构[49]。

钢筋混凝土开口圆柱壳与钢筋混凝土板相比，当曲率较小时，可直接利用钢筋混凝土板进行计算与评估；当曲率较大时，利用钢筋混凝土板进行计算评估则偏于安全[49, 50]。这样，当进行落石冲击下拱形明洞结构极限承载力分析时，结构可简化为一定尺寸的四边固支方形板受集中力或均布力的力学模型。

假设用 $2a$ 表示被破坏范围的边长，P_{max} 为回填土表面最大落石冲击力（该冲击力即为作用在拱形明洞顶面破坏范围内的峰值合力），p_i 为开口圆柱壳结构顶面落石冲击分布压力，p_{ie} 为平板结构顶面等效均布冲击荷载，令

$$P_{max} = \int p_i \cdot \triangle S \approx p_{ie} \cdot 4a^2 = F \tag{2-20}$$

式中　　F——等效合力或中心集中力；

　　　　S——等效的跨度为 $2a$ 的开口圆柱壳顶面积。

2.6 冲击作用下钢筋混凝土板极限承载力的确定

由于受落石冲击作用的拱形明洞可以简化为四边固支的方形板进行受力分析，同时考虑到它是由钢筋混凝土材料组成，因此，需要对冲击作用下钢筋混凝土板的极限承载力进行计算，以便分析拱形明洞结构的可靠度。

2.6.1 刚塑性板的静态极限载荷

假设在冲击荷载作用下钢筋混凝土板是理想刚塑性板[51]。设有一块四边简支的方形板受中心集中荷载 F 作用，边长为 $2a$，厚度为 h，根据小变形假设，板的挠曲量应远小于板的厚度。此时，由于中心集中力作用，假设在板的两个对角线方向形成了四条塑性铰线（如图2-121），这四条塑性铰线正好将板分成四块不可变形的刚性区域，每个区域只能沿正方形边长方向转动，由于板是中心对称结构，因此转动的角速度 ω 均相等。

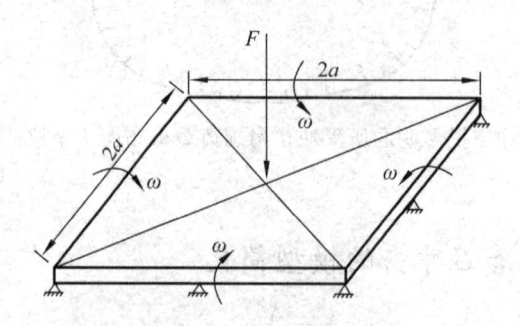

图 2-121　四边简支方形板受中心集中力作用

每条塑性铰线上的塑性耗散能等于板单位长度上的塑性极限弯矩 M_0、塑性铰线长度以及塑性铰线链接的两刚性板块间的相对转动角速度三者的乘积[52]，由图 2-121 可以看出，在四边简支方形板中塑性铰线的长度为 $\sqrt{2}a$，按照矢量运算的法则，易知两刚性板间的相对角速度为 $\sqrt{2}\omega$。而整块板总的塑性耗散功率等于所有塑性铰线的耗散能之和，因此，四边简支方形板总的塑性耗散功率可表示为：

$$\dot{D} = 4 \cdot M_0 \cdot \sqrt{2}a \cdot \sqrt{2}\omega = 8M_0 a\omega \tag{2-21}$$

式中 $\dot{D}$——总的塑性耗散功率；
M_0——板在单位长度上的塑性极限弯矩；
a——方形板的半边长；
ω——刚性区域的转动角速度。

此时，外力做功就等于集中力 F 与该方向上速度的乘积：

$$\dot{W} = F \cdot v_0 = F \cdot \omega a \tag{2-22}$$

式中 $\dot{W}$——外力所做的功。

根据能量守恒原理，塑性耗散的功率应等于外力做功，则有[52]：

$$\dot{D} = \dot{W} \tag{2-23}$$

即有：

$$F_s = 8M_0 \tag{2-24}$$

式（2-24）中的 F_s 即为四边简支方形板受中心集中力作用的静态极限载荷，可以看出该值与板的尺寸无关。

而四边固支板相较于四边简支板，其分析情况基本一致，只是除了沿对角线形成塑性铰线以外，在方形板的四条边长线上也必须形成塑性铰线，因此，其总的塑性耗散功率就变为原来的二倍，则在四边固支正方形板板面上受中心集中力 F 作用时，其静态极限荷载 F_s 为：

$$F_s = 16M_0 \tag{2-25}$$

式中 M_0——板在单位长度上的塑性极限弯矩。

当四边固支正方形板板面上受均布压力 p_{ie} 的作用时，其分析原理基本一致，仍采用能量守恒进行求解，可得其静态极限荷载 p_s 为：

$$p_s = \frac{12M_0}{a^2} \tag{2-26}$$

式中 a——方形板的半边长。

2.6.2 钢筋混凝土板塑性极限弯矩

根据式（2-25）和（2-26）可以确定四边固支方形板受中心集中力或均布压力的静态极限荷载，但关于式中的参数 M_0 仍未确定，因此，还需对钢筋混凝土板在单位长度上的塑性极限弯矩 M_0 进行研究。

本书先从矩形截面钢筋混凝土梁受弯破坏进行分析，设梁的宽度为 b，有效厚度为 d，如图 2-122（a）所示。在塑性极限弯矩 M_n 作用下，应满足如下方程[如图 2-122（d）]：

$$M_n = C\left(d - \frac{a}{2}\right) \qquad (2\text{-}27)$$

式中 C——钢筋混凝土矩形截面所受的压应力；
a——等效受压区高度[图 2-122（c）]。

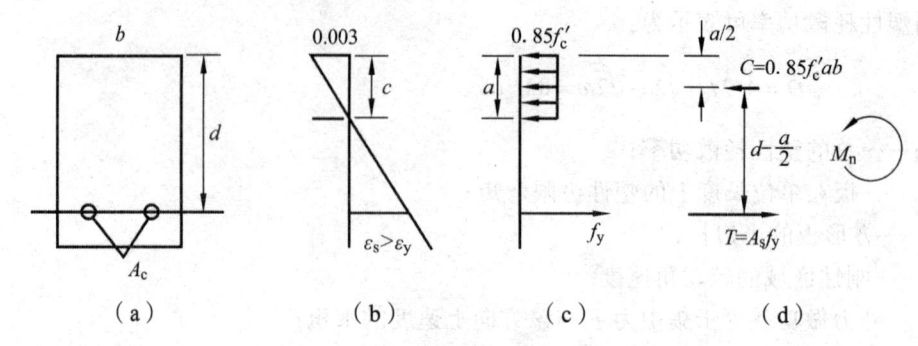

图 2-122 矩形截面梁受弯破坏极限状态[53]

此时受压区高度 C 可表示为[53]：

$$C = 0.85 f_c ab \qquad (2\text{-}28)$$

式中 f_c——混凝土的轴心抗压强度设计值。

将式（2-28）代入式（2-27）中便有：

$$M_n = 0.85 f_c ab\left(d - \frac{a}{2}\right) \qquad (2\text{-}29)$$

而根据力的平衡关系，又有钢筋混凝土矩形截面梁所受的拉应力 T 等于其压应力 C，即：

$$A_s f_y = 0.85 f_c ab \qquad (2\text{-}30)$$

式中 A_s——矩形梁中钢筋的截面积；
f_y——钢筋的屈服强度标准值。

又因混凝土梁的配筋率 ρ 可表示为：

$$\rho = A_s / bd \qquad (2\text{-}31)$$

将式（2-31）代入式（2-30）便可得混凝土梁等效受压区的高度 a 为：

$$a = \frac{A_s f_y}{0.85 f_c b} = \frac{\rho f_y d}{0.85 f_c} \qquad (2\text{-}32)$$

将式（2-32）代入式（2-29）便可得钢筋混凝土梁的塑性极限弯矩 M_n 为：

$$M_n = \rho f_y b d^2 \left(1 - \frac{\rho f_y}{1.7 f_c}\right) \qquad (2\text{-}33)$$

在式（2-33）确定的矩形截面混凝土梁的塑性极限弯矩 M_n 中，梁的宽度为 b，由此等效到钢筋混凝土板在单位长度上的塑性极限弯矩 M_0 可表示为：

$$M_0 = \rho f_y d^2 \left(1 - \frac{\rho f_y}{1.7 f_c}\right) \qquad (2\text{-}34)$$

式中 ρ——钢筋混凝土板受拉钢筋的配筋率；
f_y——钢筋的屈服强度标准值；

d——钢筋混凝土矩形板的有效厚度；

f_c——混凝土的轴心抗压强度设计值。

该表达式由 Whitney 于 1937 年首次提出，在此后得到了广泛应用，后来还被美国混凝土协会标准（ACI）所采用[54]。

2.6.3 钢筋混凝土板的极限承载力

Vincent Labiouse 等人（1996 年）[17]用 3.4 m×3.4 m、厚 0.2 m 的钢筋混凝土板做了落石冲击试验，实验中落石重为 100 kg、500 kg 及 1 000 kg，落石高度为 0.25～10 m，回填土厚为 0.35 m、0.5 m 和 1 m。得到了落石冲击力与各影响因素的关系，并与相应静力学试验结果相对比，研究表明当落石冲击荷载（结构顶面总的土压力峰值）与准静态试验中所施加静态荷载相同时，二者的结构受力变形、支座反力等荷载效应相近，因此认为可把落石冲击引起的峰值荷载等效为静力荷载，并提出了落石冲击下棚洞结构检算的等效静力计算方法。

王玉锁也利用动力有限元方法，对设计时速 350 km/h 客专双线单压式拱形明洞结构落石冲击下力学响应进行了模拟分析，发现落石冲击下结构的最大、最小主应变率峰值及最大剪应变率峰值均介于 10^{-3}～10^{-2} s^{-1}，并未达到通常所说的 1～10 s^{-1} 的冲击荷载下结构的应变速率[55]。相关研究表明，当应变率在 1～10 s^{-1} 以下，由于变形缓慢，可以忽略惯性效应，可用准静态力学方法进行结构分析[52,56,57]。

由于落石冲击下拱形明洞结构力学响应可用准静态力学方法来描述，因此，根据图 2-15（c）中四边固支钢筋混凝土板的假定，其结构极限承载力就可按 2.6.1 节中"刚塑性板的静态极限载荷"的计算方法来确定，将式（2-34）计算的钢筋混凝土板在单位长度上的塑性极限弯矩 M_0 代入式（2-25）和（2-26）便可得出落石冲击下拱形明洞极限承载力：

（1）四边固支正方形钢筋混凝土板板面上受中心集中力 F 作用时，其极限承载力 F_s 为：

$$F_s = 16M_0 = 16\rho f_y d^2 \left(1 - \frac{\rho f_y}{1.7 f_c}\right) \tag{2-35}$$

（2）四边固支正方形钢筋混凝土板板面上受均布压力 p_{ie} 的作用时，其极限承载力 p_s 为：

$$p_s = \frac{12M_0}{a^2} = \frac{12}{a^2} \cdot \rho f_y d^2 \left(1 - \frac{\rho f_y}{1.7 f_c}\right) \tag{2-36}$$

式中 ρ——钢筋混凝土板受拉钢筋的配筋率；

f_y——钢筋的抗拉强度设计值；

d——钢筋混凝土矩形板的有效厚度；

f_c——混凝土的轴心抗压强度设计值；

a——正方形钢筋混凝土板边长的一半。

2.7 本章小结

本章通过对落石灾害的调查研究，结合室内模型试验和数值模拟对防落石隧道拱形明洞受落石冲击荷载的作用机理进行了研究,分析了落石冲击下拱形明洞结构的破坏形态和力学响应特征,并对拱形明洞结构进行了合理简化,给出了冲击作用下钢筋混凝土板极限承载力的计算表达式,具体研究成果如下:

1. 落石冲击下拱形明洞以拱顶冲击部位局部范围内的失效破坏为主

通过对汶川地震中被落石击穿的明洞结构和室内模拟落石冲击拱形明洞的破坏试验的观察,可以看出在落石冲击作用下拱形明洞结构表现为局部破坏,除顶部被撞击点周围局部受损严重外,其余部位仍较为完整,因此,可以认为拱顶局部破坏为明洞结构的主要失效破坏形态。

2. 分析了无填土隧道明洞结构受落石冲击结构应变影响

洞门结构受落石冲击引起的应变随落石高度、重量增大而增大,且线性关系较为明显;同一断面,落石冲击引起的应变在拱顶最大,拱腰次之,仰拱底最小,拱腰部位的应变约为拱顶的 0.4~0.9 倍,坡度越陡(如 1:0.5),二者越接近;隧道底部(仰拱)处的应变相对最小,约为拱顶的 0.1~0.4 倍;冲击断面处的各部位(拱顶、拱腰、仰拱底)相对于其他断面相同部位,其应变值最大,且距离冲击断面越远,冲击引起的结构应变就越小;相同重量、不同形状落石,球体的冲击应变最大,立方体次之,板状最小,随着坡度变陡,三者差距呈减小趋势;光滑坡面(有槽)比粗糙坡面(无槽)的落石冲击应变大,坡面对不规则形状(板状)比规则形状(球体)落石冲击应变影响程度大。

3. 分析了无填土隧道明洞结构受落石冲击结构位移影响

隧道洞口段结构拱顶冲击位移随落石高度总体上呈线性增加趋势,且坡度越陡,落石高度和重量对冲击位移的影响越明显;隧道洞门结构拱顶位移随落石重量增大而增大,坡度越陡,二者线性关系越明显;在落石高度、重量及坡度相同条件下,球体冲击位移最大,立方体次之,板状最小;坡面对落石冲击引起的结构位移方面,球体状落石受坡面性质影响较小,立方体总体上光滑坡面(有槽)比粗糙面(无槽)引起的冲击要大一些,板状落石引起的位移受坡面影响较大。

4. 分析了无填土隧道明洞结构受落石冲击结构加速度影响

总体上球体落石冲击引起的各断面拱顶加速度随落石高度、重量呈线性增加趋势;同一断面,竖向冲击加速度最大,约为水平(垂直于隧道轴向)方向的 1.3~2.6 倍;而沿隧道纵向加速度最小,接近于 0;同一断面,拱顶冲击加速度最大,拱腰次之,隧底最小;洞门出露部分的断面拱顶的加速度要比埋入土中的断面大,且坡度越陡,二者相差越大,说明落石冲击沿隧道洞口段纵向具有传播性;相同条件下,球体落石引起的结构加速度最大,立方体要略小于球体,约为球体的 0.8~0.9 倍,而板状最小,约为球体的 0.5 倍;坡面对球体落石冲击加速度影响较小,而对于板状落石坡面影响就较为显著。

5. 基于落石侵彻回填土深度对路堑式明洞结构落石冲击荷载效应进行了研究

在计算范围内,重量 26 kN、下落高度 100 m 的落石会穿透 2 m 厚的回填土并与结构顶部直接作用,说明此时回填土厚度不足,而本次研究的其他工况的落石侵彻回填土深度都小于 1 m。落石对回填土表面的冲击力最大峰值 F_{imax}、由回填土层传递下来的落石冲击引起的拱顶土压力（合力）荷载响应最大峰值 F_{emax} 二者大小及变化规律均不相同，在评定落石冲击荷载时，宜采用拱顶结构外表面部位的压应力最大峰值 p_{emax} 评价更为合理，在本次计算范围内，拱顶表面受到的最大冲击压应力峰值 p_{emax} 为 5.5 MPa，其他工况则小于 2.6 MPa。落石冲击荷载效应方面，在计算范围内，结构最不利部位剪应力峰值最大值均大于 1 MPa，最大为 4 MPa，当冲击能量大于 1 000 kJ 时，拱顶的最大拉应变峰值会大于 $1.0×10^{-4}$，而最大应变率峰值小于 1 s^{-1}，结构的最大位移及最大加速度峰值分别为拱顶处的向下 9 mm 和 2 000 m/s²；仰拱基底压应力最大峰值为 889 kPa，其他工况均小于 500 kPa。

6. 研究了竖直和斜向 45°落石冲击下单压式拱形明洞结构的全面的力学响应

落石斜向冲击效应小于竖直冲击，故可将竖直冲击作为结构检算不利工况；根据结构应变响应，所设计的明洞可以承受直径 1 m、重约 1.4 t、高度 50 m 的落石冲击，而明洞的拱顶、靠山侧拱肩和墙身的内侧、耳墙墙趾等部位为受力不利部位，设计中应加以重视。结构形式及回填方式方面，设计中结构靠山侧半幅结构上部采用回填土方式，而靠河侧拱圈与耳墙之间采用混凝土填充方式，起到了很好的缓冲和保护上部结构的作用，而下部靠山侧拱墙外侧采用直墙式，能使上部传来的冲击大部分作用到基底围岩，减小了对仰拱的冲击影响，但不利方面是此部分地基反力增大，所以墙身结构形式仍有待于进一步的分析和优化。从力学分析角度看，本次工况下得到结构响应的应变率介于 $10^{-3} \sim 10^{-2} \text{ s}^{-1}$，属地震荷载作用下结构响应范围，但动力响应时间、冲击波传递过程及加速度变化等又与地震作用情况不同，落石冲击下结构承载力及破坏特征等仍需深入研究分析。

7. 落石冲击下拱形明洞表面被冲击点附近的荷载最大，且随着到冲击点距离的增大荷载逐渐减小

依托 PFC^{3D} 在模拟散体介质方面的优越性，以客运专线双线隧道拱形明洞为参考结构，对落石冲击拱形明洞结构进行模拟分析，结果表明在落石冲击点周围 4.0 m 范围内冲击附加荷载最大，且随着到冲击点距离的增大荷载逐渐减小，而在 8.0 m 之外冲击附加荷载基本为 0。

8. 落石冲击下拱形明洞结构可简化为受集中力或均布力作用的四边固支钢筋混凝土方形板

由于落石冲击下拱形明洞结构为局部的失效破坏，结合模拟计算的明洞结构力学响应特征，落石冲击下拱形明洞可简化为四边固支的钢筋混凝土方形板，采用集中力或均布力的荷载模式，该简化对于拱形明洞的设计是偏于安全的。

9. 落石冲击作用下钢筋混凝土板的极限承载力表达式

根据已有的研究成果，落石冲击下拱形明洞结构的力学响应可认为是准静态力学问题，可以按静力学方法进行结构受力分析，结合刚塑性板静态极限荷载的计算方法，确定了四边固支正方形钢筋混凝土板受中心集中力或均布压力的极限承载力表达式。

第3章 防落石明洞落石冲击荷载计算模型研究

关于落石冲击下拱形明洞结构可靠性的研究，除了需要明确结构的极限承载力之外，还需要研究作用在结构物表面的落石冲击荷载。文献[29]中将颗粒流数值模拟得到的落石冲击力结果与国内外其他评定方法进行了对比，论述了利用离散元颗粒流方法（PFC^{3D}）进行落石冲击力评定的合理性及可行性，文献[58]又进一步采用全面组合试验方法，对不同坡度、高度、重量及回填土厚度的落石冲击引起的平板结构顶面附加力（不计回填土自重）进行了模拟计算分析，得到不同回填土厚度范围平板顶面中心落石冲击附加力（按集中力）的回归拟合公式。

本章运用三维离散元颗粒流方法（PFC^{3D}），对不同落石高度、不同落石重量及不同回填土厚度下，落石冲击上覆回填土方形板的荷载情况进行研究，并依此分析平板结构顶面不同范围内落石冲击的中心集中力 F 和均布力 p_{ie}，结合工况设置的条件，对冲击荷载的变化规律进行回归分析，得出用于可靠度分析的荷载计算表达式。

3.1 现有落石冲击力的计算方法

目前，国内外关于落石冲击力的研究已经取得了不少的成果，而计算的原理主要表现为以下四类：基于冲量定理的计算方法，如《铁路工程设计技术手册——隧道（修订版）》（下文简称"隧道手册方法"）建议的计算方法；基于碰撞陷入土层深度的计算方法，认为落石冲击陷入土层的深度与冲击力的大小成正比，如《公路路基设计规范》（JTJ 013—95）（下文简称"路基方法"）推荐的方法；基于模型试验并结合 Hertz 接触理论的半经验半理论计算方法，如日本道路公团（下文简称"日本方法"）和瑞士学者 Vincent Labiouse（下文简称"瑞士方法"）等推导得出的方法；还有基于有限元或离散元等的数值模拟方法[58]。

3.1.1 隧道手册方法

按照《铁路工程设计技术手册——隧道（修订版）》的建议[13]，落石冲击力 P 的近似计算式为：

$$P = \frac{QV_0}{gT} \quad (3\text{-}1)$$

式中　P——落石冲击力（kN）。

　　　Q——落石的重量（kN）。

　　　V_0——落石冲击时的速度（m/s）。

　　　g——重力加速度（通常取 9.81 m/s^2）。

　　　T——落石冲击的持续时间（s）。

其中，落石从陡坡滚落到明洞顶面时的冲击速度 V_0 为：

$$V_0 = v\sqrt{2gH} \tag{3-2}$$

其中　　H——落石下落的高度（m）。

v——与陡坡坡面性质相关的系数，可表示为：

$$v = \sqrt{1 - K\cot\alpha} \tag{3-3}$$

其中　　K——坡面的滚动阻力系数，类似于摩擦系数，根据经验确定。

α——坡面的角度（°）。

而落石与回填土接触后整个冲击过程持续的时间 T 表示为：

$$T = \frac{2h}{c} \tag{3-4}$$

式中　　h——缓冲回填土的计算厚度（m）。

c——压缩波在回填土中的往复速度，可表示为：

$$c = \sqrt{\frac{1-\nu}{(1+\nu)\times(1-2\nu)}\cdot\frac{E}{\rho}} \tag{3-5}$$

式中　　ν——回填土的泊松比。

E——回填土的弹性模量（Pa）。

ρ——回填土的密度（kg/m³）。

若落石冲击位置位于明洞拱顶正上方回填土顶面，落石冲击强度 q 可按如下表达式计算[13]：

$$q = \frac{P}{\pi(R + h_0\tan\varepsilon)^2} \tag{3-6}$$

式中　　q——落石冲击强度（kPa）。

R——球体状石块的半径（m）。

ε——石块冲击的分布角，可按与垂线成 40° 角计算。

h_0——缓冲回填土层的最小计算厚度（m）。

其中，缓冲层最小计算厚度 h_0 与缓冲层厚度 h 和落石嵌入回填土的最大深度 x 有关：

当 $x<R$ 时，$h_0 = h - x$。

当 $x>R$ 时，$h_0 = h + R - x$。

根据研究资料，缓冲层最小计算厚度 h 可按表 3-1 参考取值。

表 3-1　缓冲层厚度参考值

落石尺寸/m³	缓冲层厚度 h/m
0.25	1.50
0.50	1.50~2.00
0.75	2.00~2.25
1.00	2.25~2.50

而落石嵌入回填土的最大深度 x 可按下式计算：

$$x = V_0 \sqrt{\frac{Q}{2g\gamma F}} \cdot \sqrt{\frac{1}{2\tan^4(45°+\varphi/2)-1}} \qquad (3-7)$$

式中　x——落石嵌入回填土的最大深度（m）。

　　　φ——回填土的内摩擦角。

　　　F——落石嵌入回填土部分在垂直于冲击方向的平面投影面积（m²）。

假设落石半径为 R 时，则：

当 $0<x<R$ 时，$F=\pi x(2R-x)$。

当 $x \geq R$ 时，$F=\pi R^2$。

其余符号含义同前。

落石冲击力 P 和落石冲击强度 q 的扩散分布关系如图 3-1 所示。

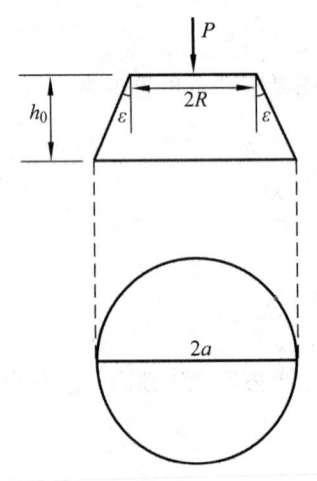

图 3-1　落石冲击力扩散分布图[13]

3.1.2　路基方法

根据《公路路基设计规范》[21]（JTJ 013—95），崩塌物体的冲击力 P 可以按如下方法进行计算：

$$P = P(Z)F = 2\gamma Z\left[2\tan^4(45°+\varphi/2)-1\right]F \qquad (3-8)$$

$$Z = V \cdot \sqrt{\frac{Q}{2g\gamma F\left[2\tan^4(45°+\varphi/2)-1\right]}} \qquad (3-9)$$

式中　Z——落石陷入回填土层中的深度（m）。

　　　Q——落石的重量（kN）。

　　　g——重力加速度（m/s²）。

　　　γ——回填土的容重（kN/m³）。

　　　φ——回填土的内摩擦角（°）。

　　　V——落石与回填土接触前的速度（m/s），建议通过试验或调查确定。

　　　F——将落石按重量转换为球体的圆截面面积（m²），其计算表达式为：

$$F = \pi \left(\frac{3Q}{4\pi\gamma}\right)^{2/3} \qquad (3\text{-}10)$$

该方法中，崩塌物的冲击力 P 在缓冲层中是按 35°的扩散角考虑，以扩散角线到达构造物上的宽度来确定冲击力的分布范围，构造物设计时的冲击荷载根据缓冲回填土层作用和落石冲击力的组合来进行计算。

3.1.3 日本方法

日本道路公团[15]（Japan Road Association）根据模拟试验结果，并结合 Hertz 弹性接触理论给出了落石冲击砂垫层的冲击力的计算公式：

$$P = 2.108(mg)^{2/3}\lambda^{2/5}H^{3/5} \qquad (3\text{-}11)$$

式中　P——落石冲击力（kN）；
　　　m——落石的质量（t）；
　　　g——重力加速度（通常取 9.81 m/s²）；
　　　λ——回填土材料的拉梅常数（建议取 1 000 kN/m²）；
　　　H——落石的下落高度（m）。

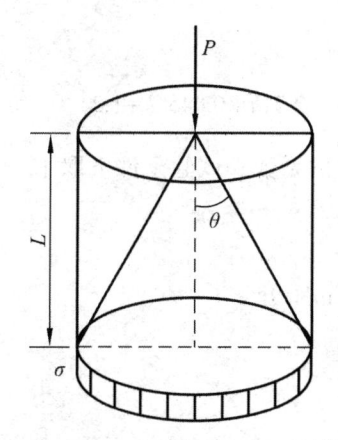

图 3-2　落石冲击力扩散分布图[18]

而作用在砂垫层表面的落石冲击力会以冲击点为顶面，呈圆锥体状传递到结构物的表面（图 3-2），因此，圆锥体底面所示的落石冲击压力 σ 可表示为[18]：

$$\sigma = \frac{P}{A} = \frac{P}{\pi L^2 \tan\theta} \qquad (3\text{-}12)$$

式中　σ——落石冲击压力（kPa）。
　　　L——缓冲回填土的厚度（m）。
　　　θ——落石冲击力在回填土中的扩散角。

3.1.4 瑞士方法

瑞士学者 Vincent Labiouse 等人也通过室内模型试验对落石冲击钢筋混凝土板进行了模拟，得出了基于 Hertz 弹性接触理论的落石冲击力的计算式：

$$P = 1.765 M_E^{2/5} R^{1/5} W^{3/5} H^{3/5} \quad (3\text{-}13)$$

式中　P——落石冲击力（kN）。

　　　M_E——试验得到的回填土层地基反力模量（kN/m²）。

　　　R——接触回填土部分的落石半径（m）。

　　　W——落石的自重（kN）。

　　　H——落石的下落高度（m）。

3.1.5　西南交通大学（杨其新、关宝树）方法

杨其新和关宝树等采用小例比尺的棚式明洞，通过重锤自由下落到土槽上的实验方法，找出不同厚度回填土的棚洞结构产生的落石冲击力的变化规律，提出落石冲击力的实验公式。通过量测落石的作用力、加速度、缓冲层与结构间的接触压力、结构中心线加速度和应力，研究落石冲击力的计算方法、冲击力与回填土层间的关系和结构的受力机理。落石冲击力计算公式见式（3-14）~（3-16）。

$$P = \alpha m a \quad (3\text{-}14)$$

$$a = \frac{\sqrt{2gH}}{t} \quad (3\text{-}15)$$

$$t = \frac{1}{100}(0.097mg + 2.21h + 0.045H + 1.2) \quad (3\text{-}16)$$

式中　α——和缓冲土层密度有关的系数，试验条件下取 1；

　　　H——落石下落高度（m）；

　　　m——落石质量（kg）；

　　　a——冲击时最大加速度（m/s²）；

　　　其他符号意义同前。

3.2　颗粒流模型的建立及工况组合

由 2.3 节可知，在落石冲击作用下，隧道拱形明洞结构可简化为受集中力或均布力作用的四边固支钢筋混凝土方形板进行分析，因此本书采用三维离散元颗粒流（PFC³ᴰ）方法，对落石冲击方形板进行模拟分析。

3.2.1　落石冲击模型的建立

运用三维离散元颗粒流（PFC³ᴰ）模拟方法，研究不同落石高度 H、不同落石重量 W 及不同回填土厚度 h 下，落石冲击对方形板的影响，建立模型如图 3-3 所示。落石采用单个球体颗粒单元进行模拟，依据实际物理性质设定其颗粒密度，在不改变颗粒密度的情况下，通过改变球体颗粒的半径（大小）来设定落石的重量 W。下部回填土通过多个球体颗粒的集合来模拟，运用半径扩大法的方式，在限定的约束范围内按设置的颗粒尺寸和孔隙比随机生成，颗

粒之间采用接触黏接模型，以此来模拟回填土中力的传递与分布。

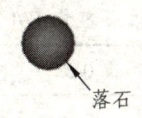

图 3-3　落石冲击模型

初始状态时，回填土四周及上下边界通过设置墙单元进行约束，在赋予模型重力加速度以后，删除顶部墙单元约束，在自重应力场作用下使回填土自然沉降密实。

11	12	13	14	15	16	17
21	22	23	24	25	26	27
31	32	33	34	35	36	37
41	42	43	44	45	46	47
51	52	53	54	55	56	57
61	62	63	64	65	66	67
71	72	73	74	75	76	77

图 3-4　底板单元编号

结合 2.2.4 节中落石对拱形明洞结构影响范围的分析，同时考虑到落石对颗粒回填土冲击的计算效率，将回填土范围取为 7 m×7 m（长×宽），底部墙体共设 49 个单元，横、纵向各设 7 个单元，各单元尺寸均为 1 m×1 m，单元编号如图 3-4 所示。

3.2.2　模拟工况组合

通过对国内部分落石灾害资料的调研[59-62]，发现成灾的落石下落高度 H 基本在 10～100 m 的范围内，落石重量 W 在 0.5～10.0 t 范围内。根据我国现行的多部规范或设计手册的建议[11-13]，在有落石或崩塌危害时，明洞顶部回填土的厚度不宜小于 1.5 m，而针对实际工程，回填土的厚度 h 建议在 1.5～2.5 m 范围内。

本书依此范围设置因素水平，落石高度 H 分为 10 m、25 m、40 m、55 m、70 m、85 m 和 100 m 共 7 个因素水平，落石重量 W 分为 0.5 t、2.0 t、4.0 t、6.0 t、8.0 t 和 10.0 t 共 6 个因素水平，回填土厚度 h 分为 1.50 m、1.75 m、2.00 m、2.25 m 和 2.50 m 共 5 个因素水平，如表 3-2 所示，采用全面组合的方式共模拟了 7×6×5=210 种工况。

表 3-2 落石冲击数值模拟工况参数

落石高度 H/m	落石重量 W/t	回填土厚度 h/m
10	0.5	1.50
25	2.0	1.75
40	4.0	2.00
55	6.0	2.25
70	8.0	2.50
85	10.0	—
100	—	

3.2.3 模型参数校准

回填土材料的参数与 2.2.3 节中落石冲击拱形明洞模型中顶部回填细粒土的相同，颗粒密度为 2 300 kg/m³，最小半径为 0.05 m，最大半径为 0.10 m，颗粒粒径在该范围内呈均匀分布，采用接触黏结模型。通过三轴试验对回填土材料的参数进行校准，得出模拟试验中回填土的宏观和细观力学参数如表 3-3 所示。

表 3-3 回填土的宏观和细观参数

宏观参数		细观参数	
参数名称	参数校准结果	参数名称	参数校准结果
压缩模量 E_s/MPa	59.14	法向刚度 kn/MN·m⁻¹	50.0
变形模量 E_0/MPa	38.42	切向刚度 ks/MN·m⁻¹	50.0
泊松比 ν	0.34	法向黏结强度 n_b/kN	10.0
黏聚力 c/kPa	75.15	切向黏结强度 s_b/kN	10.0
内摩擦角 φ/(°)	23		

3.3 落石冲击荷载结果分析

根据建立的落石冲击模型，选取校准后的细观物理力学参数，对 210 种落石冲击试验工况进行模拟研究。首先，按照预设工况条件生成方形板回填土颗粒模型，再施加重力作用，通过迭代计算，逐步监测模型单元中的平均不平衡力和最大不平衡力，当二者的比率小于 1.0×10^{-5} 时，即认为颗粒模型达到密实平衡状态。待模型平衡以后，在方形板中央正上方生成落石颗粒，模拟落石的自由下落过程。以落石下落高度为 10 m，重量为 0.5 t，回填土厚度为 1.5 m 为例，作出下落过程中落石竖向坐标随计算时步的变化图（图 3-5），图中横坐标为迭代计算的时间步，纵坐标为落石颗粒单元的竖向坐标值。

由于图 3-5 对应分析工况的落石重量 W 为 0.5 t，结合落石的密度 2 000 kg/m³，可推知落石的半径为 0.39 m，同时考虑到落石的下落高度为 10 m，回填土厚度为 1.5 m，易知落石形心的下落点高度为 11.89 m，这与图 3-5 中落石的初始下落点坐标对应。而随着迭代计算的进行，落石的下落轨迹呈"抛物线"形，符合自由下落的基本规律。当计算时步达到 1.965×10^5 时，落石的竖向坐标值变化停止，说明落石单元已经落到回填土顶部，该瞬间即完成了落石的冲击作用。

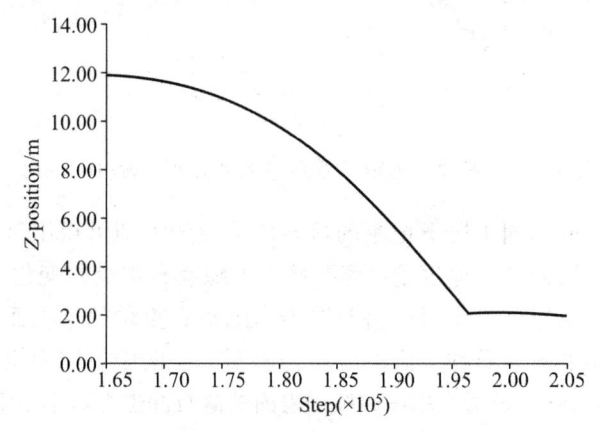

图 3-5　落石下落过程中竖向坐标随计算时步的变化图（H=10 m，W=0.5 t，h=1.5 m）

与此类似，按照工况组合的条件，对预设的 210 种工况分别进行模拟计算，记录落石冲击过程中落石的竖向接触力，以及底板各个墙单元的竖向力随计算时步的变化值。

3.3.1　落石冲击力分析

落石冲击力是落石下落过程中，与回填土接触瞬间的作用力，是目前国内外关于落石冲击力研究的主要分析对象。

当落石下落高度为 10 m，落石重量为 0.5 t，回填土厚度为 1.5 m 时，记录落石颗粒单元的竖向接触力随计算时步的变化值，如图 3-6 所示。

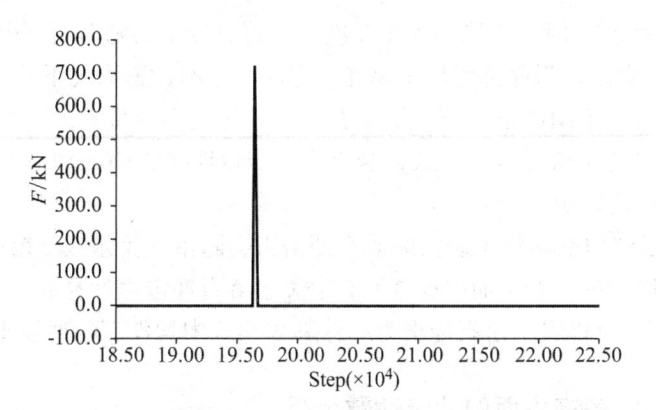

图 3-6　落石颗粒竖向接触力随计算时步变化值

由图 3-6 可以看出，落石在下落之前其竖向接触力为 0，但在与回填土接触瞬间（计算时步 Step=1.965×10^5）其作用力迅速增大为 722.2 kN（由于竖直向上为正，故此处落石的峰值接触力为正值），此后又迅速变为 0，说明在本次冲击过程中落石的冲击力为 722.2 kN。

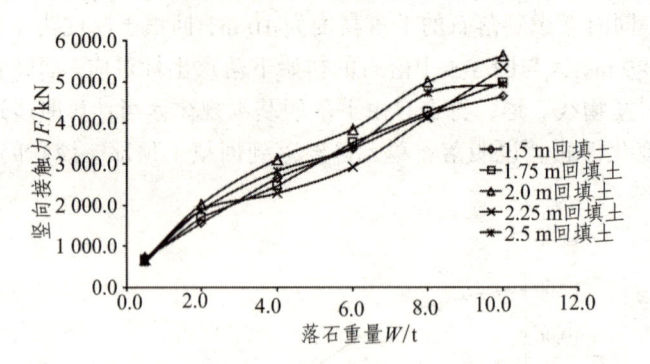

图 3-7　落石冲击力随落石重量的变化图（H=10.0 m）

与此类似，依次提取不同工况下记录的落石峰值接触力即可得出落石的冲击力。作出下落高度为 10.0 m 时，不同回填土厚度下，落石冲击力随落石重量的变化图（图 3-7）。由图 3-7 可以看出，当底部回填土厚度一定时，落石冲击力随落石重量的增大而增大；但当落石重量一定时，不同回填土厚度下落石冲击力的大小相差不大。图中不同回填土厚度下落石冲击力的曲线变化情况也基本一致，说明作用在回填土表面的落石冲击力基本不受回填土厚度的影响。

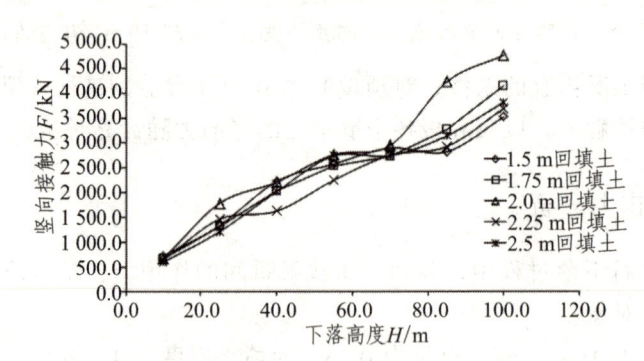

图 3-8　落石冲击力随落石下落高度的变化图（W=0.5 t）

作出落石重量为 0.5 t 时，不同回填土厚度下，落石冲击力随落石下落高度的变化图（图 3-8）。由图 3-8 可以看出，当底部回填土厚度一定时，落石冲击力随下落高度的增大而增大；但当落石重量相同时，不同回填土厚度下落石冲击力的大小变化不大。图中不同回填土厚度下落石冲击力的曲线变化情况基本一致，这也进一步说明了作用在回填土表面的落石冲击力基本不受回填土厚度的影响。

由此可以看出，作用在回填土表面的落石冲击力会随落石重量或下落高度的增大而增大，但基本不受回填土厚度的影响。而根据 3.1 节中关于落石冲击力计算的"路基方法""日本方法"和"瑞士方法"，可以看出落石冲击力的计算表达式中均没有与回填土厚度相关的变量。

3.3.2　作用在结构物表面的冲击荷载分析

由于影响结构物承载能力的是直接作用在结构物表面的荷载，它对结构物的安全性和耐久性的分析至关重要，所以，除了分析落石冲击力以外，分析作用在结构表面的冲击荷载更加重要。因此，模拟过程中还记录了底板各个墙单元的竖向力 F_z 随计算时步的变化值。

当落石下落高度为 10 m，落石重量为 0.5 t，回填土厚度为 1.5 m 时，作出沿对角线方向 11、22、33 和 44 号墙单元记录的竖向力随计算时步的变化值，如图 3-9 所示。

由图 3-9 可以看出，在落石冲击回填土之前，各单元竖向力相差不大，该值接近于其自重力 -23.69 kN（因竖向力向上为正，故该处为负值）。当落石冲击回填土时，位于底板中央的 44 号单元记录的竖向力起伏最大，说明在落石冲击作用下该位置所受的荷载最大，其峰值力为 -51.165 kN；与其相邻的 33 号单元次之，峰值力为 -29.965 kN；22 号单元略有波动，而 11 号单元基本不受冲击作用的影响。这说明在落石冲击作用下，冲击点处的荷载最大，且随着到冲击点距离的增大荷载明显减小，说明落石冲击对结构冲击点周围的影响最大。

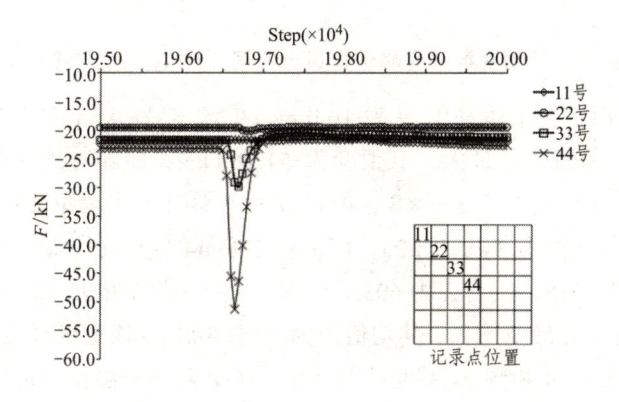

图 3-9　沿对角线方向单元竖向力随计算时步变化值

而为了更直观地分析结构在落石冲击前后的荷载变化情况，按照图 3-4 所示的底板单元编号，以回填土厚度为 1.5 m 为例，提取底板各单元在落石冲击前的荷载值，作出底板的单元荷载分布图（图 3-10）。

图 3-10 中每个圆形立柱的高度表示对应位置单元受到的由回填土传递到结构表面的荷载值，实质为 1 m×1 m 正方形单元形心处的集中力。由图可以看出，在回填土厚度为 1.5 m 时，底板墙单元各处的荷载值相差不大，其值约等于各单元位置回填土的自重力（其值为 23.69 kPa）。

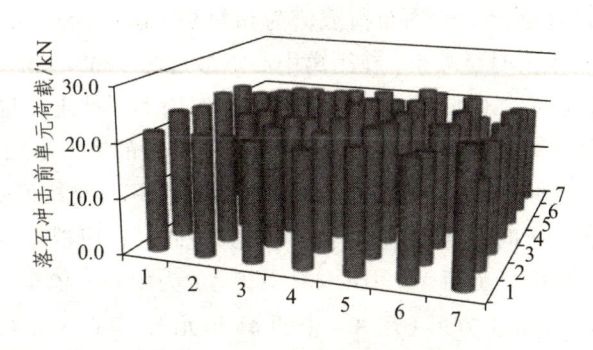

图 3-10　落石冲击前底板单元荷载分布图（h=1.5 m）

当回填土正上方受到一下落高度为 10 m，重量为 0.5 t 的落石冲击时，底板各单元在落石冲击瞬间的荷载峰值分布情况如图 3-11 所示。

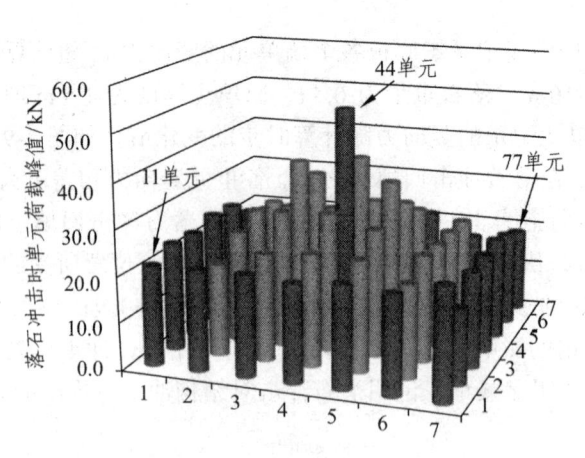

图 3-11　落石冲击瞬间底板单元峰值荷载分布图（H=10 m，W=0.5 t，h=1.5 m）

由图 3-11 可以看出，在下落高度 H 为 10.0 m，重量 W 为 0.5 t 的落石冲击作用下，冲击点正下方 44 号单元的荷载变化最大，其值变为 51.165 kN；而随着到冲击点距离的增大，荷载的变化值逐渐减小，在底板中心 3 m×3 m 的正方形范围内，9 个墙单元的合力为 314.663 kN，平均到每个单元上的荷载值为 34.963 kPa，该值较中心 44 号单元明显减小；与此类似，底板中心 5 m×5 m 的正方形范围内的合力为 693.475 kN，平均到每个单元上的荷载值为 27.739 kPa；而整个底板 7 m×7 m 正方形范围内，其均值力为 24.508 kPa，该值已经与 23.69 kPa 的自重力相差不大。通过对比图 3-10 和图 3-11 也可以看出，在距离冲击位置最远的方形板边缘处的荷载在落石冲击前后变化不大。

当回填土厚度仍为 1.5 m，但上方落石的下落高度增为 100 m，重量增为 10.0 t 时，作出底板各单元在落石冲击瞬间的峰值荷载分布情况，如图 3-12 所示。由图可以看出，在落石冲击作用下，冲击点正下方 44 号单元的荷载最大，其值为 2 442.123 kN；其次，与 44 号单元相邻的 34、43、45 和 54 号单元的峰值荷载值也明显较大，其值分别为 1 010.932 kN、1 018.695 kN、1 094.884 kN 和 1 258.166 kN，在对应的底板中心 3 m×3 m 的正方形范围内，9 个墙单元的合力为 9 037.619 kN，平均到每个单元上的荷载值为 1 004.18 kPa；而在与中心 44 号单元相聚较远的 5 m×5 m 区域边缘的单元，其峰值荷载值明显减小，基本在 80~250 kN 的范围内，计算得该方形板区域内各个单元上的均布荷载值为 474.991 kPa，与中心点周围 1 m×1 m 和 3 m×3 m 范围内的荷载相比明显减小；在距离中心点最远的 7 m×7 m 方形板的边缘处，在落石冲击作用下荷载起伏更小。由此看来，在落石冲击作用下，冲击点位置处的荷载值最大，且随着落石下落高度和重量的增大，冲击点周围区域受冲击的影响更加明显。

由于图 3-11 和图 3-12 对应的峰值荷载即为落石冲击作用下结构所受的最不利荷载，因此在对结构的可靠性进行分析时，应以该值为研究对象。此时，应根据每个单元落石冲击瞬间的峰值荷载，以底板中央单元（图 3-4 中的 44 号单元）为中心，依次叠加其四周相邻各单元的荷载可得出中心 1 m×1 m 正方形（图 3-4 中的 44 单元），中心 3 m×3 m 正方形（图 3-4 中的 33、34、35、43、44、45、53、54、55 号单元），中心 5 m×5 m 正方形（图 3-4 中的 22、23、24、25、26、32、33、34、35、36、42、43、44、45、46、52、53、54、55、56、62、63、64、65、66 号单元）和整个底板 7 m×7 m 正方形（49 个单元）范围内的落石冲击峰值荷载的合力，所得合力即为相应单元组成的底板范围的中心集中力 F。再利用对应范围内的峰值荷载合力除以相应单元的总面积，便可得出对应范围内的均布力，该值可看作是此范围底板上受到的均布压力 p_{ie}。

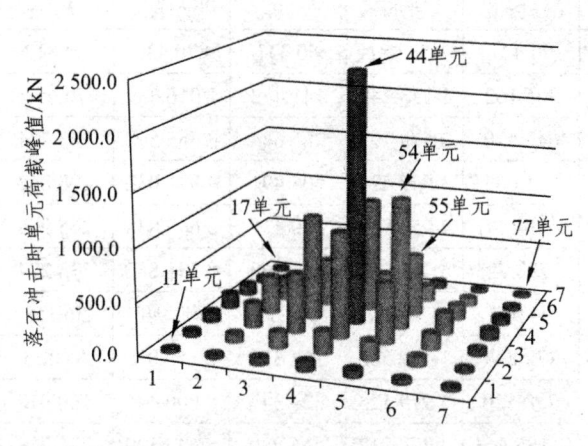

图 3-12　落石冲击瞬间底板单元峰值荷载分布图（H=100 m，W=10.0 t，h=1.5 m）

作出模拟计算的 210 种工况下不同方形板范围的中心集中力 F 和均布压力 p_{ie}（表 3-4）。由于记录底板墙单元的面积为 1 m²，故只考虑中心 1 m×1 m 正方形范围内的荷载时，其集中力和均布力的数值是相同的。

表 3-4　模拟工况不同范围的中心集中力和均布力

工况序号	厚度/m	高度/m	重量/t	1 m² 荷载/（N/Pa）	9 m² 集中力/N	9 m² 均布力/Pa	25 m² 集中力/N	25 m² 均布力/Pa	49 m² 集中力/N	49 m² 均布力/Pa
1	1.50	10	0.5	51 165	314 663	34 963	693 475	27 739	1 200 893	24 508
2	1.50	10	2.0	131 261	664 261	73 807	1 153 202	46 128	1 694 390	34 579
3	1.50	10	4.0	209 020	950 661	105 629	1 542 273	61 691	2 129 025	43 449
4	1.50	10	6.0	287 405	1 260 197	140 022	1 976 401	79 056	2 617 518	53 419
5	1.50	10	8.0	378 803	1 611 221	179 025	2 428 515	97 141	3 119 469	63 663
6	1.50	10	10.0	470 483	1 915 402	212 822	2 827 501	113 100	3 576 050	72 981
7	1.50	25	0.5	69 494	386 774	42 975	784 580	31 383	1 296 504	26 459
8	1.50	25	2.0	230 947	1 001 830	111 314	1 578 295	63 132	2 141 277	43 700
9	1.50	25	4.0	383 549	1 658 440	184 271	2 461 079	98 443	3 109 719	63 464
10	1.50	25	6.0	572 324	2 304 244	256 027	3 307 208	132 288	4 052 450	82 703
11	1.50	25	8.0	776 535	2 936 578	326 286	4 138 271	165 531	4 993 520	101 909
12	1.50	25	10.0	992 097	3 633 865	403 763	5 042 878	201 715	6 012 637	122 707
13	1.50	40	0.5	82 593	424 107	47 123	832 170	33 287	1 347 024	27 490
14	1.50	40	2.0	280 782	1 185 246	131 694	1 802 642	72 106	2 376 253	48 495
15	1.50	40	4.0	504 449	2 098 668	233 185	3 010 177	120 407	3 691 311	75 333
16	1.50	40	6.0	798 147	3 055 509	339 501	4 218 720	168749	5 016 430	102 376
17	1.50	40	8.0	1 098 497	4 005 169	445 019	5 452 757	218 110	6 424 742	131 117
18	1.50	40	10.0	1 482 653	5 157 046	573 005	6 920 573	276 823	8 093 956	165 183

续表

工况序号	厚度/m	高度/m	重量/t	1 m² 荷载/(N/Pa)	9 m² 集中力/N	9 m² 均布力/Pa	25 m² 集中力/N	25 m² 均布力/Pa	49 m² 集中力/N	49 m² 均布力/Pa
19	1.50	55	0.5	90 421	452 981	50 331	870 430	34 817	1 387 408	28 314
20	1.50	55	2.0	305 162	1 273 249	141 472	1 916 439	76 658	2 497 864	50 977
21	1.50	55	4.0	643 520	2 579 792	286 644	3 585 598	143 424	4 295 333	87 660
22	1.50	55	6.0	981 043	3 649 421	405 491	4 971 052	198 842	5 844 167	119 269
23	1.50	55	8.0	1 414 531	4 953 881	550 431	6 649 838	265 994	7 743 042	158 021
24	1.50	55	10.0	1 793 725	6 243 010	693 668	8 331 852	333 274	9 660 694	197 157
25	1.50	70	0.5	94 962	478 937	53 215	903 940	36 158	1 422 142	29 023
26	1.50	70	2.0	372 849	1 479 366	164 374	2 153 080	86 123	2 741 788	55955
27	1.50	70	4.0	758 520	2 919 123	324 347	4 000 446	160 018	4 739 414	96723
28	1.50	70	6.0	1 185 463	4 202 817	466 980	5 643 329	225 733	6 570 582	134 094
29	1.50	70	8.0	1 669 615	5 778 767	642 085	7 694 381	307 775	8 885 557	181 338
30	1.50	70	10.0	2 054 232	7 422 157	824 684	9 848 184	393 927	11 278 802	230 180
31	1.50	85	0.5	99 625	496 820	55 202	923 995	36 960	1 443 360	29 456
32	1.50	85	2.0	365 994	1 534 425	170 492	2 233 749	89 350	2 828 632	57 727
33	1.50	85	4.0	900 903	3 273 772	363 752	4 415 932	176 637	5 172 873	105 569
34	1.50	85	6.0	1 341 693	4 674 297	519 366	6 230 848	249 234	7 209 101	147 125
35	1.50	85	8.0	1 802 998	6 351 054	705 673	8 453 530	338 141	9 697 877	197 916
36	1.50	85	10.0	2 322 885	8 460 829	940 092	11 132 950	445 318	12 648 208	258 127
37	1.50	100	0.5	103 614	509 423	56 603	939 278	37 571	1 458 778	29 771
38	1.50	100	2.0	401 046	1 652 759	183 640	2 374 394	94 976	2 977 593	60 767
39	1.50	100	4.0	895 859	3 361 097	373 455	4 541 826	181 673	5 317 270	108 516
40	1.50	100	6.0	1 437 696	5 000 850	555 650	6 647 331	265 893	7 649 751	156 117
41	1.50	100	8.0	2 064 846	7 158 149	795 350	9 415 436	376 617	10 709 553	218 562
42	1.50	100	10.0	2 442 123	9 037 619	1 004 180	11 874 772	474 991	13 451 842	274 527
43	1.75	10	0.5	43 934	313 205	34 801	747 507	29 900	1 308 094	26 696
44	1.75	10	2.0	106 321	616 460	68 496	1 146 797	45 872	1 733 068	35 369
45	1.75	10	4.0	152 917	893 108	99 234	1 547 112	61 884	2 179 112	44 472
46	1.75	10	6.0	207 455	1 182 701	131 411	1 955 010	78 200	2 636 912	53 815
47	1.75	10	8.0	254 442	1 464 817	162 757	2 362 121	94 485	3 097 988	63 224
48	1.75	10	10.0	319 792	1 767 886	196 432	2 792 900	111 716	3 587 210	73 208
49	1.75	25	0.5	57 692	362 682	40 298	807 478	32 299	1 370 593	27 971
50	1.75	25	2.0	152 807	851 097	94 566	1 456 304	58 252	2 060 136	42 044
51	1.75	25	4.0	257 182	1 448 162	160 907	2 283 941	91 358	2 964 671	60 503
52	1.75	25	6.0	442 634	2 189 854	243 317	3 278 830	131 153	4 049 549	82 644
53	1.75	25	8.0	573 730	2 803 675	311 519	4 129 552	165 182	5 003 192	102 106

续表

工况序号	厚度/m	高度/m	重量/t	1 m² 荷载/(N/Pa)	9 m² 集中力/N	9 m² 均布力/Pa	25 m² 集中力/N	25 m² 均布力/Pa	49 m² 集中力/N	49 m² 均布力/Pa
54	1.75	25	10.0	724 387	3 455 841	383 982	5 041 789	201 672	6 031 168	123 085
55	1.75	40	0.5	64 929	399 503	44 389	853 721	34 149	1 419 064	28 960
56	1.75	40	2.0	189 881	1 026 902	114 100	1 686 066	67 443	2 301 719	46 974
57	1.75	40	4.0	372 957	1 923 083	213 676	2 882 140	115 286	3 596 087	73 390
58	1.75	40	6.0	584 333	2 863 531	318 170	4 147 921	165 917	4 978 238	101 597
59	1.75	40	8.0	830 491	3 777 408	419 712	5 416 555	216 662	6 390 899	130 427
60	1.75	40	10.0	1 036 153	4 676 609	519 623	6 610 384	264 415	7 734 495	157 847
61	1.75	55	0.5	66 370	418 138	46 460	879 973	35 199	1 451 021	29 613
62	1.75	55	2.0	207 716	1 151 585	127 954	1 844 339	73 774	2 468 074	50 369
63	1.75	55	4.0	477 260	2 255 722	250 636	3 290 785	131 631	4 020 977	82 061
64	1.75	55	6.0	723 912	3 359 182	373 242	4 797 580	191 903	5 676 650	115 850
65	1.75	55	8.0	998 321	4 489 726	498 858	6 310 318	252 413	7 349 786	149 996
66	1.75	55	10.0	1 249 974	5 601 807	622 423	7 855 037	314 201	9 080 383	185 314
67	1.75	70	0.5	70 357	438 198	48 689	903 477	36 139	1 480 946	30 223
68	1.75	70	2.0	236 724	1 261 985	140 221	1 987 184	79 487	2 619 203	53 453
69	1.75	70	4.0	531 665	2 482 868	275 874	3 594 636	143 785	4 344 833	88 670
70	1.75	70	6.0	829 624	3 833 019	425 891	5 399 349	215 974	6 322 029	129 021
71	1.75	70	8.0	1 152 249	5 210 299	578 922	7 220 803	288 832	8 327 952	169 958
72	1.75	70	10.0	1 502 610	6 558 064	728 674	9 032 614	361 305	10 356 997	211 367
73	1.75	85	0.5	74 139	459 547	51 061	930 520	37 221	1 497 764	30 567
74	1.75	85	2.0	258 642	1 338 102	148 678	2 082 676	83 307	2 718 026	55 470
75	1.75	85	4.0	563 931	2 726 796	302 977	3 920 651	156 826	4 696 366	95 844
76	1.75	85	6.0	923 866	4 233 208	470 356	5 928 002	237 120	6 888 382	140 579
77	1.75	85	8.0	1 310 971	5 787 080	643 009	7 967 855	318 714	9 123 688	186 198
78	1.75	85	10.0	1 673 695	7 167 491	796 388	9 855 048	394 202	11 274 573	230 093
79	1.75	100	0.5	79 329	476 428	52 936	950 309	38 012	1 518 039	30 980
80	1.75	100	2.0	268 625	1 409 868	156 652	2 169 178	86 767	2 809 545	57 338
81	1.75	100	4.0	648 538	2 975 221	330 580	4 228 357	169 134	5 024 575	102 542
82	1.75	100	6.0	1 022 344	4 589 574	509 953	6 392 972	255 719	7 380 619	150 625
83	1.75	100	8.0	1 451 295	6 250 819	694 535	8 574 367	342 975	9 788 196	199 759
84	1.75	100	10.0	1 809 474	7 864 306	873 812	10 772 354	430 894	12 275 394	250 518
85	2.00	10	0.5	38 262	291 550	32 394	772 322	30 893	1 445 690	29 504
86	2.00	10	2.0	81 569	482 148	53 572	1 034 706	41 388	1 738 453	35 479
87	2.00	10	4.0	131 151	718 319	79 813	1 388 866	55 555	2 153 212	43 943
88	2.00	10	6.0	183 354	997 615	110 846	1 804 041	72 162	2 638 077	53 838

续表

工况序号	厚度/m	高度/m	重量/t	1 m² 荷载/(N/Pa)	9 m² 集中力/N	9 m² 均布力/Pa	25 m² 集中力/N	25 m² 均布力/Pa	49 m² 集中力/N	49 m² 均布力/Pa
89	2.00	10	8.0	238 571	1 252 648	139 183	2 174 783	86 991	3 068 822	62 629
90	2.00	10	10.0	284 494	1 465 324	162 814	2 478 098	99 124	3 437 697	70 157
91	2.00	25	0.5	43 837	314 779	34 975	802 130	32 085	1 478 005	30 163
92	2.00	25	2.0	117 200	626 266	69 585	1 220 514	48 821	1 940 866	39 610
93	2.00	25	4.0	214 389	1 110 782	123 420	1 913 305	76 532	2 723 136	55 574
94	2.00	25	6.0	320 120	1 621 489	180 165	2 625 372	105 015	3 537 812	72 200
95	2.00	25	8.0	424 828	2 071 731	230 192	3 283 174	131 327	4 312 241	88 005
96	2.00	25	10.0	530 667	2 554 553	283 839	3 989 561	159 582	5 156 888	105 243
97	2.00	40	0.5	47 496	327 277	36 364	817 830	32 713	1 494 639	30 503
98	2.00	40	2.0	138 468	723 044	80 338	1 354 395	54 176	2 086 896	42 590
99	2.00	40	4.0	272 723	1 347 809	149 757	2 214 807	88 592	3 050 437	62 254
100	2.00	40	6.0	403 238	1 974 470	219 386	3 100 754	124 030	4 062 497	82 908
101	2.00	40	8.0	530 580	2 597 175	288 575	4 043 859	161 754	5 170 701	105 525
102	2.00	40	10.0	684 163	3 224 927	358 325	4 944 695	197 788	6 235 883	127 263
103	2.00	55	0.5	51 014	340 501	37 833	835 669	33 427	1 513 810	30 894
104	2.00	55	2.0	159 227	818 340	90 927	1 477 506	59 100	2 219 028	45 286
105	2.00	55	4.0	324 736	1 536 685	170 743	2 459 378	98 375	3 315 818	67 670
106	2.00	55	6.0	484 308	2 299 264	255 474	3 536 968	141 479	4 556 358	92 987
107	2.00	55	8.0	630 505	2 996 936	332 993	4 589 769	183 591	5 784 817	118 057
108	2.00	55	10.0	862 567	3 911 427	434 603	5 826 944	233 078	7 183 741	146 607
109	2.00	70	0.5	52 855	349 059	38 784	846 658	33 866	1 525 911	31 141
110	2.00	70	2.0	172 154	877 716	97 524	1 556 909	62 276	2 304 428	47029
111	2.00	70	4.0	356 916	1 695 491	188 388	2 664 496	106 580	3 536 983	72 183
112	2.00	70	6.0	554 004	2 588 825	287 647	3 942 137	157 685	5 002 771	102 097
113	2.00	70	8.0	766 469	3 550 603	394 511	5 299 404	211 976	6 557 957	133 836
114	2.00	70	10.0	1 048 074	4 760 890	528 988	6 868 724	274 749	8 317 153	169 738
115	2.00	85	0.5	54 158	357 826	39 758	858 033	34 321	1538 181	31 391
116	2.00	85	2.0	181 283	909 489	101 054	1 595 292	63 812	2 345 105	47 859
117	2.00	85	4.0	362 725	1 789 279	198 809	2 805 455	112 218	3 695 912	75 427
118	2.00	85	6.0	574 760	2 739 848	304 428	4 162 556	166 502	5 251 899	107 182
119	2.00	85	8.0	853 116	3 960 560	440 062	5 824 864	232 995	7 120 765	145322
120	2.00	85	10.0	1 180 863	5 262 001	584 667	7 532 761	301 310	9 069 447	185 091
121	2.00	100	0.5	55 333	364 312	40 479	867 164	34 687	1 548 482	31 602
122	2.00	100	2.0	186 670	962 311	106923	1 665 548	66 622	2 420 127	49 390

续表

工况序号	厚度/m	高度/m	重量/t	1 m² 荷载/(N/Pa)	9 m² 集中力/N	9 m² 均布力/Pa	25 m² 集中力/N	25 m² 均布力/Pa	49 m² 集中力/N	49 m² 均布力/Pa
123	2.00	100	4.0	396 247	1 899 313	211 035	2 948 567	117 943	3 847 658	78 524
124	2.00	100	6.0	614 870	2 945 682	327 298	4 433 563	177 343	5 555 065	113 369
125	2.00	100	8.0	903 429	4 203 258	467 029	6 156 366	246 255	7 488 004	152 816
126	2.00	100	10.0	1 321 042	579 9458	644 384	8 227 293	329 092	9 851 581	201 053
127	2.25	10	0.5	38 575	321 559	35 729	858 699	34 348	1 597 695	32 606
128	2.25	10	2.0	49 718	388 936	43 215	967 464	38 699	1 727 354	35 252
129	2.25	10	4.0	63 597	468 822	52 091	1 090 847	43 634	1 890 767	38 587
130	2.25	10	6.0	89 872	622 134	69 126	1 336 866	53 475	2 202 569	44 950
131	2.25	10	8.0	118 116	790 132	87 792	1 591 117	63 645	2 508 063	51 185
132	2.25	10	10.0	145 962	965 958	107 329	1 854 448	74 178	2 823 071	57 614
133	2.25	25	0.5	39 149	325 871	36 208	865 397	34 616	1 605 147	32 758
134	2.25	25	2.0	59 268	439 365	48 818	1 042 172	41 687	1 815 935	37 060
135	2.25	25	4.0	111 044	738 138	82 015	1 502 021	60 081	2 368 989	48 347
136	2.25	25	6.0	172 082	1 077 585	119 732	2 002 617	80 105	2 949 827	60 201
137	2.25	25	8.0	222 367	1 394 822	154 980	2 474 358	98 974	3 511 400	71 661
138	2.25	25	10.0	284 899	1 736 038	192 893	2 974 637	118 985	4 115 694	83 994
139	2.25	40	0.5	39 443	327 280	36 364	867 712	34 708	1 608 314	32 823
140	2.25	40	2.0	69 443	497 285	55 254	1 126 996	45 080	1 917 099	39 124
141	2.25	40	4.0	157 466	952 389	105 821	1 800 460	72 018	2 693 934	54 978
142	2.25	40	6.0	223 880	1 356 523	150 725	2 388 798	95 552	3 375 206	68 882
143	2.25	40	8.0	290 444	1 783 717	198 191	3 022 362	120 894	4 128 387	84 253
144	2.25	40	10.0	380 392	2 239 391	248 821	3 678 344	147 134	4 919 763	100 403
145	2.25	55	0.5	40 255	333 527	37 059	876 573	35 063	1 617 914	33 019
146	2.25	55	2.0	83 713	572 737	63 637	1 239 113	49 565	2 043 314	41 700
147	2.25	55	4.0	181 177	1 072 559	119 173	1 964 305	78 572	2 869 210	58 555
148	2.25	55	6.0	260 465	1 520 920	168 991	2 626 263	105 051	3 647 110	74 431
149	2.25	55	8.0	343 127	2 045 554	227 284	3 387 363	135 495	4 548 764	92 832
150	2.25	55	10.0	431 199	2 518 128	279 792	4 088 581	163 543	5 421 518	110 643
151	2.25	70	0.5	40 920	338 073	3 7564	883 899	35 356	1 626 140	33 187
152	2.25	70	2.0	92 069	628 416	69 824	1 318 854	52 754	2 131 813	43 506
153	2.25	70	4.0	194 418	1 141 000	126 778	2 063 219	82 529	2 981 539	60 848
154	2.25	70	6.0	276 573	1 643 298	182 589	2 806 782	112 271	3 852 086	78 614
155	2.25	70	8.0	392 751	2 233 183	248131	3 639 739	145 590	4 837 652	98 728

续表

工况序号	厚度/m	高度/m	重量/t	1 m² 荷载/(N/Pa)	9 m² 集中力/N	9 m² 均布力/Pa	25 m² 集中力/N	25 m² 均布力/Pa	49 m² 集中力/N	49 m² 均布力/Pa
156	2.25	70	10.0	510 784	2 891 641	321 293	4 583 182	183 327	5 975 342	121 946
157	2.25	85	0.5	40 814	338 038	37 560	884 419	35 377	1 627 316	33 211
158	2.25	85	2.0	97 162	662 055	73 562	1 363 946	54 558	2 179 515	44 480
159	2.25	85	4.0	201 696	1 184 112	131 568	2 126 641	85 066	3052618	62 298
160	2.25	85	6.0	301 223	1 732 721	192 525	2 931 194	117 248	4 001 799	81 669
161	2.25	85	8.0	453 267	2 401 429	266 825	3 869 970	154799	5 104 601	104 176
162	2.25	85	10.0	577 619	3 220 569	357 841	5 054 597	202 184	6 502 655	132 707
163	2.25	100	0.5	41 723	339 395	37 711	886 695	35 468	1 629 874	33 263
164	2.25	100	2.0	108 182	693 435	77 048	1 406 901	56 276	2 225 494	45 418
165	2.25	100	4.0	210 941	1 250 817	138 980	2 222 846	88 914	3 164 308	64 578
166	2.25	100	6.0	326 728	1 885 770	209 530	3 121 632	124 865	4 212 807	85 976
167	2.25	100	8.0	444 744	2 585 674	287 297	4 140 220	165 609	5 421 987	110 653
168	2.25	100	10.0	644 930	3 539 663	393 296	5 482 866	219 315	6 989 961	142 652
169	2.50	10	0.5	45 029	362 971	40 330	967 158	38 686	1 750 784	35 730
170	2.50	10	2.0	58 586	433 496	48 166	1 080 581	43 223	1 886 626	38 503
171	2.50	10	4.0	76 851	527 003	58 556	1 232 845	49 314	2 074 609	42 339
172	2.50	10	6.0	92 667	621 468	69 052	1 377 189	55 088	2 254 888	46 018
173	2.50	10	8.0	118 339	737 779	81 975	1 555 958	62 238	2 481 308	50 639
174	2.50	10	10.0	141 809	843 831	93 759	1 714 673	68 587	2 684 736	54 791
175	2.50	25	0.5	47 984	372 761	41 418	981 388	39 256	1 766 999	36 061
176	2.50	25	2.0	71 133	501 696	55 744	1 185 392	47 416	2 007 933	40 978
177	2.50	25	4.0	112 799	708 221	78 691	1 491 212	59 648	2 371 194	48 392
178	2.50	25	6.0	162 378	937 580	104 176	1 841 719	73 669	2 794 234	57 025
179	2.50	25	8.0	197 772	1 148 220	127 580	2 184 180	87 367	3 221 666	65 748
180	2.50	25	10.0	256 319	1 409 481	156 609	2 586 276	103 451	3 714 078	75 798
181	2.50	40	0.5	47 516	374 660	41 629	983387	39 335	1 768 909	36 100
182	2.50	40	2.0	76 554	531 239	59 027	1 231 003	49 240	2 059 678	42 034
183	2.50	40	4.0	140 337	836 958	92 995	1 677 998	67 120	2 581 780	52 689
184	2.50	40	6.0	189 071	1 115 549	123 950	2 120 970	84 839	3 119 154	63 656
185	2.50	40	8.0	263 983	1 498 448	166 494	2 710 930	108 437	3 824 329	78 048
186	2.50	40	10.0	329 773	1 808 241	200 916	3183 995	127 360	4 411 269	90 026
187	2.50	55	0.5	48 451	378 600	42 067	988 979	39 559	1 775 623	36 237
188	2.50	55	2.0	84 303	566 483	62 943	1 279 759	51 190	2 114 415	43 151

续表

工况序号	厚度/m	高度/m	重量/t	1 m² 荷载/(N/Pa)	9 m² 集中力/N	9 m² 均布力/Pa	25 m² 集中力/N	25 m² 均布力/Pa	49 m² 集中力/N	49 m² 均布力/Pa
189	2.50	55	4.0	149 345	898 197	99 800	1 770 266	70 811	2 687 672	54 850
190	2.50	55	6.0	230 582	1 292 731	143 637	2 376 809	95 072	3 412 318	69 639
191	2.50	55	8.0	300 282	1 682 073	186 897	2 972 189	118 888	4 124 389	84 171
192	2.50	55	10.0	374 106	2 070 705	230 078	3 573 089	142 924	4 878 172	99 555
193	2.50	70	0.5	48 697	382 769	42 530	995 536	39 821	1783067	36 389
194	2.50	70	2.0	89 986	597 579	66 398	1 322 226	52 889	2 161 892	44 120
195	2.50	70	4.0	154 981	932 471	103 608	1 825 286	73 011	2 756 259	56 250
196	2.50	70	6.0	251 939	1 399 675	155 519	2 525 277	101 011	3 584 865	73 161
197	2.50	70	8.0	325 822	1 816 244	201 805	3 186 522	127 461	4 377 446	89 336
198	2.50	70	10.0	417 154	2 333 965	259 329	3 968 734	158 749	5 334 406	108 865
199	2.50	85	0.5	49 750	383 037	42 560	996 361	39 854	1 784 591	36 420
200	2.50	85	2.0	97 017	625 337	69 482	1 358 174	54 327	2 200 740	44 913
201	2.50	85	4.0	169 758	999 344	111 038	1 929 118	77 165	2 878 000	58 735
202	2.50	85	6.0	258 949	1 462 503	162 500	2 633 319	105 333	3 716 331	75 843
203	2.50	85	8.0	355 972	1 964 007	218 223	3 389 111	135 564	4 615 985	94 204
204	2.50	85	10.0	444 233	2 507 870	278 652	4 209 018	168 361	5 616 131	114 615
205	2.50	100	0.5	50 285	388 424	43 158	1 004 707	40 188	1 793 879	36 610
206	2.50	100	2.0	97 488	631 313	70 146	1 368 193	54 728	2 213 467	45 173
207	2.50	100	4.0	178 640	1 060 570	117 841	2 014 006	80 560	2 971 516	60 643
208	2.50	100	6.0	282 117	1 555 109	172 790	2 766 808	110 672	3 867 297	78 924
209	2.50	100	8.0	373 528	2 075 692	230 632	3 551 903	142 076	4 810 114	98 166
210	2.50	100	10.0	477 663	2 707 637	300 849	4 485 733	179 429	5 927 769	120 975

3.4 落石冲击荷载回归分析

通过模拟计算得出了不同落石条件和不同回填土厚度下的冲击荷载值，但关于落石冲击荷载和各影响因素之间的关系还不能确定，因此，有必要通过回归分析建立落石冲击荷载与各影响因素之间的关系，并以此来分析其变化规律。

3.4.1 多元线性回归分析的基本原理

假设影响因变量 Y 的自变量有 $x_1, x_2, \cdots, x_p$，且这些自变量与因变量 Y 之间存在线性关系，依据多元线性回归方法[63]，则有：

$$Y = \beta_0 + \beta_1 x_1 + \beta_2 x_2 + \cdots + \beta_p x_p + \varepsilon \tag{3-17}$$

式中 β_0——常数项；

$\beta_1, \beta_2, \cdots, \beta_p$——偏回归系数；

ε——服从正态分布的随机变量。

$\beta_1, \beta_2, \cdots, \beta_p$ 是与自变量 $x_1, x_2, \cdots, x_p$ 都无关的量，偏回归系数 $\beta_i(i=1,2,\cdots,p)$ 表示在除 x_i 外其余自变量保持不变的条件下，x_i 的变化引起 Y 变化的比率。

若回归分析的样本有 n 组，令：

$$Y = \begin{pmatrix} y_1 \\ y_2 \\ \vdots \\ y_n \end{pmatrix}, \quad X = \begin{pmatrix} 1 & x_{11} & x_{12} & \cdots & x_{1p} \\ 1 & x_{21} & x_{22} & \cdots & x_{2p} \\ \vdots & \vdots & \vdots & \ddots & \vdots \\ 1 & x_{n1} & x_{n2} & & x_{np} \end{pmatrix}, \quad \beta = \begin{pmatrix} \beta_0 \\ \beta_1 \\ \vdots \\ \beta_p \end{pmatrix}, \quad \varepsilon = \begin{pmatrix} \varepsilon_1 \\ \varepsilon_2 \\ \vdots \\ \varepsilon_n \end{pmatrix} \quad (3\text{-}18)$$

则多元线性回归方程可表示为 $Y = X\beta + \varepsilon$，其中，$\varepsilon_1, \varepsilon_2, \cdots, \varepsilon_n$ 为服从正态分布的随机变量，其均值为 0，且与自变量和因变量都是相互独立关系。

回归系数 $\beta_0, \beta_1, \beta_2, \cdots, \beta_p$ 可以通过最小二乘法计算确定，其基本思想是存在一组使得偏差平方和 $Q(\beta_0, \beta_1, \beta_2, \cdots, \beta_p) = \sum_{i=1}^{n}(y_i - \beta_0 - \beta_1 x_{i1} - \beta_2 x_{i2} - \cdots - \beta_p x_{ip})^2$ 达到最小的参数 $\hat{\beta} = (\hat{\beta}_0, \hat{\beta}_1, \hat{\beta}_2, \cdots, \hat{\beta}_p)^T$，该组参数即为回归公式的系数。

在建立了回归方程以后还须对其进行显著性检验，以验证公式是否成立，记：

$$SS_T = \sum_{i=1}^{n}(y_i - \bar{y})^2 = \sum_{i=1}^{n}(\hat{y}_i - \bar{y})^2 + \sum_{i=1}^{n}(y_i - \hat{y}_i)^2 = SS_R + SS_E \quad (3\text{-}19)$$

式中　SS_T——总体平方和，表示原始数据的总偏差；

SS_R——回归平方和，表示由自变量 x 引起的误差，该部分误差属于可解释误差；

SS_E——剩余平方和，表示由于试验误差或某些随机因素导致的误差，属于不可解释误差。

这 3 部分误差的自由度分别表示为：

$$df_T = n-1, \quad df_R = p, \quad df_E = n-p-1 \quad (3\text{-}20)$$

式中　p——自变量的个数；

n——观测样本数据的组数。

进一步可以得到回归方程均方和 MS_R 与残差均方和 MS_E，分别为：

$$MS_R = \frac{SS_R}{df_R}, \quad MS_E = \frac{SS_E}{df_E} \quad (3\text{-}21)$$

在回归分析之前和回归公式建立之后，还须进行一系列的数据分析或假设检验[58]。

1. 相关性分析

在回归分析之前，首先需要检测变量之间的相关性，可以通过 Pearson 简单相关系数和单侧显著性检验值来衡量。Pearson 简单相关系数的计算公式为[64]：

$$r = \frac{\sum_{i=1}^{n}(x_i - \bar{x})(y_i - \bar{y})}{\sqrt{\sum_{i=1}^{n}(x_i - \bar{x})^2 (y_i - \bar{y})^2}} \quad (3\text{-}22)$$

式中　x_i、y_i——两个不同的变量，其绝对值是一个 0~1 的数。

当因变量和各自变量的决定系数 r 不全为 0 时，说明因变量和某些自变量之间存在线性相关的关系，此时应剔除不相关的自变量；当自变量与其他自变量的决定系数 r 不为 0 时，说明两自变量之间存在线性相关的关系，此时会对回归公式的建立造成干扰，应该剔除不重要的自变量或对变量进行合理变换；当自变量与其他自变量的决定系数 r 为 0 时，说明两自变量之间不存在线性相关的关系，可用于线性回归公式的分析。关于 Pearson 简单相关系数检验的理想结果是因变量与自变量之间存在较高的相关性，决定系数 r 的绝对值越高说明预测效果越好。

单侧显著性检验值也是用于检验两变量相关性的指标之一，当该值小于 0.01 时可认为两变量显著相关；当该值小于 0.05 时可认为两变量相关；当该值大于 0.05 时说明两变量之间不相关。

2. 变量的标准化

考虑到自变量和因变量的单位和数量级可能不尽相同，回归系数会受自变量单位的影响，使其不具有直接的可比性，无法衡量自变量对因变量的影响作用。针对该问题，可以对变量进行标准化，将各个变量转化为无量纲的变量，即将所有的变量减去其平均值再除以其标准差[65]：

$$Y_i' = \frac{Y_i - \overline{Y}}{S_Y}, \quad X_i' = \frac{X_i - \overline{X}}{S_X} \tag{3-23}$$

式中　Y_i'、X_i'——标准化处理后的因变量和自变量数据；
　　　Y_i、X_i——因变量和自变量的原始数据；
　　　$\overline{Y}$、$\overline{X}$——因变量和自变量的均值；
　　　S_Y、S_X——因变量和自变量的标准差。

由此看来，标准化后的变量的均值为 0，标准差为 1。然后利用标准化后的变量进行回归分析，建立标准化后的回归模型。再经过标准化逆变换[66]，得出用实际变量表示的回归方程。

3. 决定系数检验（R2 检验）

决定系数 R^2 是回归公式中可解释误差 SS_R 与总误差 SS_T 之比，即有：

$$R^2 = \frac{SS_R}{SS_T} = 1 - \frac{SS_E}{SS_T} \tag{3-24}$$

该值是一个介于 0 和 1 之间的数，它表示回归公式中因变量与自变量的线性相关程度，可反映线性分析的拟合优度。决定系数 R^2 为 0 说明自变量完全不能解释因变量，决定系数 R^2 为 1 则说明自变量能完全解释因变量的变化。决定系数 R^2 越大，说明因变量与自变量的线性相关程度越高，线性回归的拟合优度较好；决定系数 R^2 越小，说明因变量与自变量的线性相关程度越低，线性回归的拟合优度较差。

调整决定系数 R^2 是指在回归公式中引入或剔除自变量后导致的 R^2 的变化量，该值的计算式为：

$$R_{调}^2 = R^2 - \left(\frac{p}{n-p-1}\right)(1-R^2) \tag{3-25}$$

调整决定系数 R^2 越大，说明该自变量对回归公式的影响越大，在回归公式中属于相关性较高的自变量。

4. 方差分析（F 检验）

方差分析即检验回归方程是否显著成立，其本质是检验回归系数 $\beta_0,\beta_1,\beta_2,\cdots,\beta_p$ 是否同时为零，作零假设 H_0 为回归系数 $\beta_0,\beta_1,\beta_2,\cdots,\beta_p$ 全部为 0，备择假设为回归系数 $\beta_0,\beta_1,\beta_2,\cdots,\beta_p$ 不全为 0。计算统计量 F 有：

$$F = \frac{MS_R}{MS_E} \tag{3-26}$$

当 $F > F_{0.05}$ 有显著意义时，表明回归系数 $\beta_0,\beta_1,\beta_2,\cdots,\beta_p$ 不同时为零，则拒零假设 H_0，该线性回归方程显著成立[64]。但即便回归方程显著成立，各自变量对方程的显著性仍不能确定，因此，还有必要对自变量的显著性进行检验。

5. 自变量显著性检验

对于自变量的显著性检验，可进行单侧或双侧显著性检验（可用 Sig.指标进行判断），当 Sig.值小于 0.01 时可认为变量对方程的影响特别显著；当该值小于 0.05 时可认为变量对方程的影响显著；当 Sig.值大于 0.05 时说明变量对方程的影响不显著。对于检验过程中不显著的变量应该逐个剔除。

6. 回归系数显著性检验（t 检验）

对回归方程和自变量的显著性检验之后，还须对方程中自变量的回归系数进行显著性检验，以便只保留对因变量有显著影响的自变量[67]。首先计算出统计量 t 的值，然后结合设定的显著水平 α（通常取 0.05）确定临界值 $t_{\alpha/2}$，通过二者的比较做出判断。当某个变量回归系数的 t 统计量的值大于临界值时，表明该变量的回归系数是显著的，可作为有效变量；当某个变量回归系数的 t 统计量的值小于或等于临界值时，表明该变量回归系数不显著，该变量为无效变量，应予以剔除。

7. 残差的独立性检验

残差的独立性检验通过 D-W（Durbin-Watson）检验统计量进行判断，它是用来检验回归分析结果中是否存在残差项自相关现象，该值的取值范围是 0~4。

8. 多重共线性检验

在建立多元线性回归公式时，当存在两个或两个以上线性相关的独立自变量时，线性回归公式就有可能出现共线的情况[63]。此时，通过容许度 Tol_i 或方差膨胀因子 VIF_i 即可对共线性进行检验，二者互为倒数，具体计算式为：

$$Tol_i = 1 - R_i^2, \quad VIF_i = \frac{1}{1 - R_i^2} \tag{3-27}$$

式中　R_i^2——用其他自变量预测第 i 个自变量的复决定系数。

Tol_i 的计算结果越小，即 VIF_i 的结果越大时，回归模型中自变量 x_i 存在与其他变量共线的可能性越大。通常情况下，VIF_i 值小于 5 时可认为回归方程中不存在共线性。

3.4.2 多元线性回归分析

根据已经计算出的落石冲击荷载,结合对应的工况条件,假设回填土厚度、落石高度、落石重量与冲击荷载之间呈线性关系,以底板不同方形板范围内的中心集中力 F 和均布压力 p_{ie} 为因变量,通过统计学软件 SPSS(Statistical Product and Service Solutions)分析并建立关于回填土厚度 h、落石高度 H 和落石重量 W 的多元线性回归模型。

1. 1 m×1 m 方形板中心集中力线性回归分析

假设以中心 1 m×1 m 方形板所受的中心集中力 F 为因变量,建立关于回填土厚度 h、落石高度 H 和落石重量 W 的多元线性回归模型。

在建立多元线性回归模型之前,首先需要通过相关分析来衡量变量之间的相关程度,通过 SPSS 的程序分析,得出变量间的相关性分析表(表 3-5)。

表 3-5　相关性分析表

相关性		厚度 h	高度 H	重量 W	1 m² 板集中力 F
厚度 h	Pearson 相关性	1	0.000	0.000	−0.487**
	显著性(单侧)	—	0.500	0.500	0.000
	N	210	210	210	210
高度 H	Pearson 相关性	0.000	1	0.000	0.337**
	显著性(单侧)	0.500	—	0.500	0.000
	N	210	210	210	210
重量 W	Pearson 相关性	0.000	0.000	1	0.611**
	显著性(单侧)	0.500	0.500	—	0.000
	N	210	210	210	210
1 m² 板集中力 F	Pearson 相关性	−0.487**	0.337**	0.611**	1
	显著性(单侧)	0.000	0.000	0.000	—
	N	210	210	210	210

注:**.在 0.01 水平(单侧)上显著相关。

由表 3-5 可以看出,自变量"厚度 h""高度 H"和"重量 W"与因变量"1 m² 板集中力 F"之间的 Pearson 相关系数分别为−0.487、0.337 和 0.611,均不为 0,说明因变量"1 m² 板集中力 F"与自变量"厚度 h""高度 H"和"重量 W"之间都存在线性相关的关系,并且在显著性概率 0.01 水平上显著相关。而自变量"厚度 h""高度 H"和"重量 W"三者之间的 Pearson 相关系数均为 0.000,说明这三个变量间不存在线性相关关系。

自变量"厚度 h""高度 H"和"重量 W"与因变量"1 m² 板集中力 F"的单侧显著性检验值均为 0.000,都小于 0.05,因此可认为自变量"厚度 h""高度 H"和"重量 W"与因变量"1 m² 板集中力 F"的相关关系极其显著。而自变量"厚度 h""高度 H"和"重量 W"三者之间的单侧显著性检验值均为 0.500,已达到单侧显著性检验值的上限,说明这三个自变量之间是完全不相关的。

综上可以判断,因变量"1 m² 板集中力 F"与自变量"厚度 h""高度 H"和"重量 W"

之间存在显著的线性相关关系。

由于因变量和各自变量的单位及数量级不尽相同，使得这些变量之间存在不可公度性，同时为了避免由于数据过大或过小对回归分析结果造成影响，应消除量纲效应，将其转化为无量纲的纯数值进行分析，因此，对因变量和各自变量作标准化处理[65]，得出标准化后的自变量"厚度h'""高度H'"和"重量W'"及因变量"$1\ m^2$板集中力F'"。

建立关于标准化后的自变量h'、H'和W'及因变量F'的回归关系，回归模型的拟合优度如表3-6所示。

表3-6 回归模型的拟合优度表

R	R^2	调整R^2	标准估计的误差	Durbin-Watson
0.851[a]	0.724	0.720	0.529 067 85	1.102

注：① 预测变量：(常量)，Zscore(重量)，Zscore(高度)，Zscore(厚度)。
② 因变量：Zscore($1\ m^2$板集中力F)

表3-6中决定系数R^2为0.724，调整决定系数R^2为0.720，说明常数项及自变量h'、H'和W'可以解释因变量F'变化的72.0%。Durbin-Watson残差独立性检验值为1.102，介于0~4的合理范围之内，说明模型中不存在残差自相关的现象。

回归方程的方差分析情况如表3-7所示。

表3-7 方差分析(Anova)表

模型	平方和	df	均方	F	Sig.
回归	151.338	3	50.446	180.220	0.000[b]
残差	57.662	206	0.280	—	—
总计	209.000	209	—	—	—

注：① 因变量：Zscore($1\ m^2$板集中力F)。
② 预测变量：(常量)，Zscore(重量)，Zscore(高度)，Zscore(厚度)。

表3-6中包含回归方程的回归平方和(SS_R)，残差平方和(SS_E)和剩余平方和(SS_T)及其对应的自由度和均方和。拟合的回归方程中F值为180.220，对应F分布的相伴概率为0.000，即拒绝原假设H_0："回归系数$\beta_0, \beta_1, \beta_2, \cdots, \beta_p$全部为0"，说明回归效果显著。数值结果表明，标准化后的因变量$1\ m^2$板集中力F'与标准化后的自变量厚度h'、高度H'和重量W'之间存在线性相关关系。

根据建立的回归方程得出对应的回归系数，并对其进行检验，如表3-8所示。

表3-8 系数检验表

模型	非标准化系数 B	标准 误差	标准系数 试用版	t	Sig.	共线性统计量 容差	VIF
(常量)	0	0.037	—	9.304	0.000	—	—
Zscore(厚度)	−0.487	0.037	−0.487	−13.311	0.000	1.000	1.000
Zscore(高度)	0.337	0.037	0.337	9.203	0.000	1.000	1.000
Zscore(重量)	0.611	0.037	0.611	16.697	0.000	1.000	1.000

注：因变量：Zscore($1\ m^2$板集中力F)。

由表 3-7 可以看出，四个回归系数的 t 值的显著性概率（Sig.）均为 0.000，都小于设置的显著性水平 0.05，表明各回归系数都是显著的，因此变量可作为有效变量。三个自变量的方差膨胀因子（VIF）均为 1.000（小于 5），所以回归方程中不存在共线性。

由此可得，关于标准化后的中心 1 m×1 m 方形板所受的中心集中力 F' 的回归方程为：

$$F' = -0.487h' + 0.337H' + 0.611W' \quad (3-28)$$

经过标准化逆变换以后，得出可用实际变量表示的中心集中力 F 的回归方程为：

$$F = 1\,008\,634.829 - 655\,796.505h + 5\,343.514H + 88\,220.523W \quad (3-29)$$

式中　F——中心 1 m×1 m 方形板所受的集中力（N）；
　　　h——回填土厚度（m）；
　　　H——落石高度（m）；
　　　W——落石重量（t）。

2. 1 m×1 m 方形板均布压力线性回归分析

由于底板墙单元的面积为 1 m²，故只考虑中心 1 m×1 m 正方形范围内的荷载时，运用中心集中力除以 1 m² 的底板面积所得的均布压力数值仍保持不变，所以，关于中心 1 m×1 m 方形板所受的均布压力 p_{ie} 的回归方程与集中力 F 的相同，为：

$$p_{ie} = 1\,008\,634.829 - 655\,796.505h + 5\,343.514H + 88\,220.523W \quad (3-30)$$

式中　p_{ie}——中心 1 m×1 m 方形板所受的均布压力（N/m²）；
　　　其余符号含义同前。

3. 3 m×3 m 方形板中心集中力线性回归分析

与 1 m×1 m 方形板集中力回归公式的建立过程相同，以中心 3 m×3 m 方形板所受的中心集中力 F 为因变量，建立关于回填土厚度 h、落石高度 H 和落石重量 W 的多元线性回归模型。首先，需要分析变量之间的相关性，通过 SPSS 的程序分析得自变量 h、H 和 W 与因变量 F 之间的 Pearson 相关系数分别为 -0.423、0.361 和 0.682，而三个自变量之间的 Pearson 相关系数均为 0.000，说明自变量 h、H 和 W 与因变量 F 显著相关；通过单侧显著性检验进一步说明了自变量 h、H 和 W 与因变量 F 的相关关系极其显著。因此，可以认为因变量"9 m² 板集中力 F"与自变量"厚度 h""高度 H"和"重量 W"之间存在显著的线性相关关系。

对因变量和自变量进行标准化处理，建立关于标准化后的中心 3 m×3 m 方形板所受的中心集中力 F' 的回归方程，其系数检验表如表 3-9 所示。

表 3-9　系数检验表

模型	非标准化系数 B	标准 误差	标准系数 试用版	t	Sig.	共线性统计量 容差	VIF
（常量）	0	0.033	—	8.721	0.000	—	—
Zscore（厚度）	-0.423	0.033	-0.423	-12.777	0.000	1.000	1.000
Zscore（高度）	0.361	0.033	0.361	10.898	0.000	1.000	1.000
Zscore（重量）	0.682	0.033	0.682	20.628	0.000	1.000	1.000

注：因变量：Zscore（9 m² 板集中力 F）。

由表 3-8 可以看出，回归系数的 t 值的显著性概率（Sig.）均为 0.000，都小于设置的显著性水平 0.05，表明各回归系数对应变量都可作为有效变量。方差分析的数值表明标准化后的因变量"9 m² 板集中力 F'"与标准化后的自变量"厚度 h'""高度 H'"和"重量 W'"之间存在线性相关关系，建立的回归方程的调整决定系数 R^2 为 0.771，其回归方程为：

$$F' = -0.423h' + 0.361H' + 0.682W' \tag{3-31}$$

经过标准化逆变换以后，可得出可用实际变量表示的中心集中力 F 的回归方程为：

$$F = 3\,221\,566.938 - 2\,144\,856.914h + 21\,560.508H + 371\,384.159W \tag{3-32}$$

式中　F——中心 3 m×3 m 方形板所受的集中力（N）；

其余符号含义同前。

4. 3 m×3 m 方形板均布压力线性回归分析

以中心 3 m×3 m 方形板所受的均布压力 p_{ie} 为因变量，建立关于回填土厚度 h、落石高度 H 和落石重量 W 的多元线性回归模型。通过对变量的相关性分析，得知因变量"9 m² 板均布压力 p_{ie}"与自变量"厚度 h""高度 H"和"重量 W"之间存在显著的线性相关关系；方差分析数值结果表明因变量 p_{ie} 与自变量 h、H 和 W 的回归关系显著；经回归系数的显著性检验知各变量均为有效变量，方程的调整决定系数 R^2 为 0.771，得出由实际变量表示的回归方程为：

$$p_{ie} = 357\,951.789 - 238\,317.400h + 2\,395.613H + 41\,264.899W \tag{3-33}$$

式中　p_{ie}——中心 3 m×3 m 方形板所受的均布压力（N/m²）；

其余符号含义同前。

5. 5 m×5 m 方形板中心集中力线性回归分析

以中心 5 m×5 m 方形板所受的中心集中力 F 为因变量，建立关于回填土厚度 h、落石高度 H 和落石重量 W 的多元线性回归模型。通过对变量的相关性分析，得知因变量"25 m² 板集中力 F"与自变量"厚度 h""高度 H"和"重量 W"之间存在显著的线性相关关系；方差分析数值结果表明因变量 F 与自变量 h、H 和 W 的回归关系显著；经回归系数的显著性检验知各变量均为有效变量，方程的调整决定系数 R^2 为 0.784，得出由实际变量表示的回归方程为：

$$F = 3\,721\,963.679 - 2\,383\,524.733h + 28\,393.661H + 507\,201.312W \tag{3-34}$$

式中　F——中心 5 m×5 m 方形板所受的集中力（N）；

其余符号含义同前。

6. 5 m×5 m 方形板均布压力线性回归分析

以中心 5 m×5 m 方形板所受的均布压力 p_{ie} 为因变量，建立关于回填土厚度 h、落石高度 H 和落石重量 W 的多元线性回归模型。通过对变量的相关性分析，得知因变量"25 m² 板均布压力 p_{ie}"与自变量"厚度 h""高度 H"和"重量 W"之间存在显著的线性相关关系；方差分析数值结果表明因变量 p_{ie} 与自变量 h、H 和 W 的回归关系显著；经回归系数的显著性检验知各变量均为有效变量，不存在共线性，方程的调整决定系数 R^2 为 0.784，得出由实际变量表示的回归方程为：

$$p_{ie} = 148\,878.538 - 95\,340.981h + 1\,135.746H + 20\,288.053W \tag{3-35}$$

式中　p_{ie}——中心 5 m×5 m 方形板所受的均布压力（N/m²）；

其余符号含义同前。

7. 7 m×7 m 方形板中心集中力线性回归分析

以中心 7 m×7 m 方形板所受的中心集中力 F 为因变量，建立关于回填土厚度 h、落石高度 H 和落石重量 W 的多元线性回归模型。通过对变量的相关性分析，得知因变量"49 m² 板集中力 F"与自变量"厚度 h""高度 H"和"重量 W"之间存在显著的线性相关关系；方差分析数值结果表明因变量 F 与自变量 h、H 和 W 的回归关系显著；经回归系数的显著性检验知各变量均为有效变量，不存在共线性，方程的调整决定系数 R^2 为 0.790，得出由实际变量表示的回归方程为：

$$F = 3\,774\,373.870 - 2\,192\,764.038h + 31\,196.350H + 571\,759.790W \quad (3\text{-}36)$$

式中　F——中心 7 m×7 m 方形板所受的集中力（N）；

其余符号含义同前。

8. 7 m×7 m 方形板均布压力线性回归分析

以中心 7 m×7 m 方形板所受的均布压力 p_{ie} 为因变量，建立关于回填土厚度 h、落石高度 H 和落石重量 W 的多元线性回归模型。通过对变量的相关性分析，得知因变量"49 m² 板均布压力 p_{ie}"与自变量"厚度 h""高度 H"和"重量 W"之间存在显著的线性相关关系；方差分析数值结果表明因变量 p_{ie} 与自变量 h、H 和 W 的回归关系显著；经回归系数的显著性检验知各变量均为有效变量，方程的调整决定系数 R^2 为 0.790，得出由实际变量表示的回归方程为：

$$p_{ie} = 77\,028.091 - 44\,750.324h + 636.660H + 11\,668.580W \quad (3\text{-}37)$$

式中　p_{ie}——中心 7 m×7 m 方形板所受的均布压力（N/m²）；

其余符号含义同前。

9. 不同范围方形板冲击荷载线性回归汇总

本节根据模拟计算得出的底板不同范围内的冲击荷载，结合设定的落石模拟条件，建立以不同方形板范围内的中心集中力 F 和均布压力 p_{ie} 为因变量，以回填土厚度 h 和落石高度 H 与重量 W 为自变量的多元线性回归模型，运用统计学软件 SPSS 计算得不同分析条件下的回归方程如式（3-29）、式（3-30）、式（3-32）～式（3-37），将其汇总为表 3-10。

表 3-10　不同范围方形板冲击荷载线性回归公式汇总表

序号	分析范围	荷载方式	荷载回归公式
1	1 m×1 m	中心集中力	$F = 1\,008\,634.829 - 655\,796.505h + 5\,343.514H + 88\,220.523W$
2	1 m×1 m	均布压力	$p_{ie} = 1\,008\,634.829 - 655\,796.505h + 5\,343.514H + 88\,220.523W$
3	3 m×3 m	中心集中力	$F = 3\,221\,566.938 - 2\,144\,856.914h + 21\,560.508H + 371\,384.159W$
4	3 m×3 m	均布压力	$p_{ie} = 357\,951.789 - 238\,317.400h + 2\,395.613H + 41\,264.899W$
5	5 m×5 m	中心集中力	$F = 3\,721\,963.679 - 2\,383\,524.733h + 28\,393.661H + 507\,201.312W$
6	5 m×5 m	均布压力	$p_{ie} = 148\,878.538 - 95\,340.981h + 1\,135.746H + 20\,288.053W$
7	7 m×7 m	中心集中力	$F = 3\,774\,373.870 - 2\,192\,764.038h + 31\,196.350H + 571\,759.790W$
8	7 m×7 m	均布压力	$p_{ie} = 77\,028.091 - 44\,750.324h + 636.660H + 11\,668.580W$

表 3-10 中，F 为不同范围方形板所受的中心集中力（N）；p_{ie} 为不同范围方形板所受的均布压力（N/m²）；h 为回填土厚度（m）；H 为落石高度（m）；W 为落石重量（t）。

考虑到回归分析采用的原始数据是基于落石下落高度 H 为 10~100 m，落石重量 W 为 0.5~10.0 t，回填土厚度 h 为 1.5~2.5 m 的工况条件，因此，所得的表 3-10 中的冲击荷载回归方程也应在该类条件下适用。

3.4.3 含交互项线性回归分析

通过多元线性回归分析得出的落石冲击荷载方程（如表 3-10）可以看出，回填土厚度 h 与冲击荷载之间呈负相关，即荷载随回填土厚度的增大而减小；而落石高度 H 和重量 W 与冲击荷载呈正相关，即荷载随落石高度 H 和重量 W 的增大而增大。但关于三个自变量间相互作用对荷载的影响程度还不能判定，如落石高度增大或落石重量增大，同时回填土厚度加厚时，冲击荷载的变化趋势还待确定，因此，有必要通过增加自变量的交互项来进一步分析落石冲击荷载的变化规律。

表 3-11 两种交互项与落石冲击荷载的 Pearson 相关系数对比表

	1 m×1 m 范围	3 m×3 m 范围	5 m×5 m 范围	7 m×7 m 范围
交互项 HWh	0.543	0.634	0.682	0.718
交互项 HW/h	0.875	0.917	0.934	0.944

通常情况下是通过两个或多个自变量的乘积项或比值项来设定交互项，用以说明某个自变量对因变量的影响是以另一个自变量的不同取值为条件的[68]。在本书中，通过对比各个工况下不同类型交互项与落石冲击荷载的 Pearson 相关系数，发现除两个自变量的乘积项 hH、hW 和 HW 外，用 HW/h 表示的交互作用明显比用 HWh 表示的交互作用对落石冲击荷载的影响更为显著（如表 3-11 所示），因此，本书考虑的交互项为 hH、hW、HW 和 HW/h。此外，再综合原有自变量 h、H 和 W 的影响，采用统计学软件 SPSS 的分步回归分析方法，剔除无效变量，对交互项的调节效应进行分析[69]，建立了关于落石冲击荷载的线性回归模型。

1. 1 m×1 m 方形板中心集中力回归分析

在进行含交互项线性回归分析时，以中心 1 m×1 m 方形板所受的中心集中力 F 为因变量，检验自变量（含交互项）和因变量之间的相关性。通过 SPSS 程序的相关性分析，得知变量 h、H、W、hH、hW、HW 和 HW/h 对因变量 F 的 Pearson 相关系数分别为 -0.487、0.337、0.611、0.133、0.398、0.729 和 0.875，说明除一次项变量 h、H、W 与 F 具有线性相关关系外，交互项 hH、hW、HW 和 HW/h 与因变量 F 之间也同样存在线性相关关系。

在相关性对应的单侧显著性检验中，交互项 hH 的单侧显著性检验值为 0.027，表示该变量在显著性概率 0.05 水平上显著相关，说明与因变量的相关关系显著；其余变量的单侧显著性检验值均为 0.000，表示这些变量在显著性概率 0.01 水平上显著相关，说明与因变量的相关关系极其显著。

综上可以判断，因变量"1 m² 板集中力 F"与各自变量（含交互项）之间存在显著的线性相关关系。

表 3-12　回归模型的拟合优度表

R	R^2	调整 R^2	标准估计的误差	Durbin-Watson
0.992[a]	0.985	0.984	60 208.748 41	0.731

注：① 预测变量：（常量），h、H、W、hH、hW、HW、HW/h。
② 因变量：1 m² 板集中力 F。

在 SPSS 中采用强制进入的方式，建立因变量 F 与自变量 h、H、W、hH、hW、HW 和 HW/h 之间的线性回归模型。回归模型的拟合优度如表 3-12 所示。

根据建立的回归方程得出对应的回归系数，并对其进行检验，如表 3-13 所示。

表 3-13　系数检验表

模型	非标准化系数 B	标准 误差	标准系数 试用版	t	Sig.
（常量）	158 528.207	85 304.895		1.858	0.065
厚度	−59 897.326	41 902.882	−0.044	−1.429	0.154
高度	−4 910.362	1 330.047	−0.309	−3.692	0.000
重量	52 616.545	13 618.197	0.364	3.864	0.000
Hh	2 020.873	652.724	0.272	3.096	0.002
hW	−15 806.814	6 681.043	−0.230	−2.366	0.019
HW	−3 161.790	205.197	−1.705	−15.409	0.000
HW/h	8 487.433	388.869	2.450	21.826	0.000

注：因变量：1 m² 板集中力 F。

由表 3-13 可以看出，自变量"厚度"回归系数的 t 值的显著性概率（Sig.）为 0.154，大于设置的显著性水平 0.05，表明该回归系数不是显著的，因此自变量"厚度"不可作为有效变量，应予以剔除。重新建立回归方程，得新的回归模型拟合优度表（如表 3-14）。

表 3-14　剔除无效变量的回归模型拟合优度表

R	R^2	调整 R^2	标准估计的误差	Durbin-Watson
0.992[b]	0.984	0.984	60 363.265 30	0.731

注：① 预测变量：（常量），H、W、hH、hW、HW、HW/h。
② 因变量：1 m² 板集中力 F。

表 3-14 中回归方程的调整决定系数 R^2 为 0.984，说明拟合优度极高。回归方程的方差分析情况如表 3-15 所示。

表 3-15　剔除无效变量回归方程的方差分析（Anova）表

模型	平方和	df	均方	F	Sig.
回归	46 834 377 805 639.730	6	7 805 729 634 273.287	2 142.240	0.000[b]
残差	739 675 930 885.275	203	3 643 723 797.464	—	—
总计	47 574 053 736 525.000	209	—	—	—

注：① 因变量：1 m² 板集中力 F。
② 预测变量：（常量），H、W、hH、hW、HW、HW/h。

由表 3-15 可以看出，拟合的回归方程中 F 值为 180.220，对应 F 分布的相伴概率为 0.000，说明回归效果显著，因变量与自变量之间存在线性相关关系。对应该方程的回归系数如表 3-16 所示。

表 3-16 剔除无效变量回归方程的系数检验表

模型	非标准化系数 B	标准 误差	标准系数 试用版	t	Sig.
（常量）	38 740.034	15 987.040	—	2.423	0.016
高度	−3 311.247	721.236	−0.209	−4.591	0.000
重量	68 097.523	8 277.272	0.472	8.227	0.000
Hh	1 221.327	337.287	0.164	3.621	0.000
hW	−23 547.673	3 922.898	−0.343	−6.003	0.000
HW	−2 964.964	152.528	−1.599	−19.439	0.000
HW/h	8 106.356	283.829	2.340	28.561	0.000

注：因变量：$1\ m^2$ 板集中力 F。

由表 3-16 可以看出，常数项的显著性概率（Sig.）为 0.016，小于设置的显著性水平 0.05；自变量回归系数的 t 值的显著性概率（Sig.）均为 0.000，也都小于设置的显著性水平 0.05，表明各回归系数都是显著的，因此，该回归方程中所分析的变量可作为有效变量。此时，关于中心 $1\ m \times 1\ m$ 方形板所受的中心集中力 F 的回归方程为：

$$F = 38\ 740.034 - 3\ 311.247H + 68\ 097.523W + 1\ 221.327Hh - \\ 23\ 547.673hW - 2\ 964.964HW + 8\ 106.356\ HW/h \tag{3-38}$$

式中 F——中心 $1\ m \times 1\ m$ 方形板所受的集中力（N）；

h——回填土厚度（m）；

H——落石高度（m）；

W——落石重量（t）。

2. $1\ m \times 1\ m$ 方形板均布压力回归分析

由于底板墙单元的面积为 $1\ m^2$，故只考虑中心 $1\ m \times 1\ m$ 正方形范围内的荷载时，运用中心集中力除以 $1\ m^2$ 的底板面积所得的均布压力数值仍保持不变，所以，关于中心 $1\ m \times 1\ m$ 方形板所受的均布压力 p_{ie} 的回归方程与集中力 F 的相同，为：

$$p_{ie} = 38\ 740.034 - 3\ 311.247H + 68\ 097.523W + 1\ 221.327Hh - \\ 23\ 547.673hW - 2\ 964.964HW + 8\ 106.356\ HW/h \tag{3-39}$$

式中 p_{ie}——中心 $1\ m \times 1\ m$ 方形板所受的均布压力（N/m^2）；

其余符号含义同前。

3. $3\ m \times 3\ m$ 方形板中心集中力回归分析

与 $1\ m \times 1\ m$ 方形板集中力回归公式的建立过程相同，以中心 $3\ m \times 3\ m$ 方形板所受的中心集中力 F 为因变量，建立包含交互项自变量的线性回归模型。通过对变量的相关性分析，得知因变量"$9\ m^2$ 板集中力 F"与自变量"厚度 h""高度 H""重量 W"及其交互项 hH、hW、HW 和 HW/h 之间存在显著的线性相关关系。

采用逐步回归的方法，剔除无效变量，得到关于中心集中力 F 的拟合优度最佳的回归方程，其系数检验表如表 3-17 所示。

表 3-17 剔除无效变量回归方程的系数检验表

模型	非标准化系数 B	标准 误差	标准系数 试用版	t	Sig.
（常量）	310 470.138	70 557.919	—	4.400	0.000
高度	-3 502.661	1 126.227	-0.059	-3.110	0.002
重量	333 713.367	36 472.524	0.613	9.150	0.000
hW	-116 763.207	17 282.472	-0.451	-6.756	0.000
HW	-6 193.939	564.810	-0.886	-10.966	0.000
HW/h	21 537.603	1 032.616	1.649	20.857	0.000

注：因变量：9 m² 板集中力 F。

由表 3-15 可以看出，各自变量回归系数的 t 值的显著性概率（Sig.）均小于设置的显著性水平 0.05，表明各回归系数都是显著的，因此，回归方程中的变量可作为有效变量。方差分析的数值结果表明因变量与自变量之间存在线性相关关系，建立的回归方程的调整决定系数 R^2 为 0.978，此时，关于中心 3 m×3 m 方形板所受的中心集中力 F 的回归方程为：

$$F = 310\,470.138 - 3\,502.661H + 333\,713.367W - 116\,763.207hW - 6\,193.939HW + 21\,537.603HW/h \tag{3-40}$$

式中 F——中心 3 m×3 m 方形板所受的集中力（N）；

其余符号含义同前。

4. 3 m×3 m 方形板均布压力回归分析

以中心 3 m×3 m 方形板所受的均布压力 p_{ie} 为因变量，建立包含交互项自变量的线性回归模型。通过对变量的相关性分析，得知因变量"9 m² 板均布压力 p_{ie}"与自变量"厚度 h""高度 H""重量 W"及其交互项 hH、hW、HW 和 HW/h 之间存在显著的线性相关关系。方差分析数值结果表明因变量与自变量的回归关系显著；采用逐步回归的方法，剔除无效变量，得到关于均布压力 p_{ie} 的拟合优度最佳的回归方程，经回归系数的显著性检验知各变量均为有效变量，方程的调整决定系数 R^2 为 0.978，回归方程式为：

$$p_{ie} = 34\,496.679 - 389.184H + 37\,079.235W - 12\,973.681hW - 688.216HW + 2\,393.068HW/h \tag{3-41}$$

式中 p_{ie}——中心 3 m×3 m 方形板所受的均布压力（N/m²）；

其余符号含义同前。

5. 5 m×5 m 方形板中心集中力回归分析

以中心 5 m×5 m 方形板所受的中心集中力 F 为因变量，建立包含交互项自变量的线性回归模型。通过对变量的相关性分析，得知因变量"25 m² 板中心集中力 F"与自变量"厚度 h""高度 H""重量 W"及其交互项 hH、hW、HW 和 HW/h 之间存在显著的线性相关关系。方差分析数值结果表明因变量与自变量的回归关系显著；采用逐步回归的方法，剔除无效变量，得到关于中心集中力 F 的拟合优度最佳的回归方程,经回归系数的显著性检验知各变量均为有效变量,方程的调整决定系数 R^2 为 0.975,回归方程式为:

$$F = 35\,744.504 - 4\,768.985H + 500\,795.498W + 371\,661.841h - 176\,217.181hW - 6\,483.144HW + 25\,182.338HW/h \tag{3-42}$$

式中　F——中心 5 m×5 m 方形板所受的集中力(N);
　　　其余符号含义同前。

6.5 m×5 m 方形板均布压力回归分析

以中心 5 m×5 m 方形板所受的均布压力 p_{ie} 为因变量,建立包含交互项自变量的线性回归模型。通过对变量的相关性分析,得知因变量"25 m² 板均布压力 p_{ie}"与自变量"厚度 h""高度 H""重量 W"及其交互项 hH、hW、HW 和 HW/h 之间存在显著的线性相关关系。方差分析数值结果表明因变量与自变量的回归关系显著;采用逐步回归的方法,剔除无效变量,得到关于均布压力 p_{ie} 的拟合优度最佳的回归方程,经回归系数的显著性检验知各变量均为有效变量,方程的调整决定系数 R^2 为 0.975,回归方程式为:

$$p_{ie} = 1\,430.003 - 190.760H + 20\,031.797W + 14\,866.373h - 7\,048.677hW - 259.325HW + 1\,007.293 HW/h \tag{3-43}$$

式中　p_{ie}——中心 5 m×5 m 方形板所受的均布压力(N/m²);
　　　其余符号含义同前。

7.7 m×7 m 方形板中心集中力回归分析

以中心 7 m×7 m 方形板所受的中心集中力 F 为因变量,建立包含交互项自变量的线性回归模型。通过对变量的相关性分析,得知因变量"49 m² 板中心集中力 F"与自变量"厚度 h""高度 H""重量 W"及其交互项 hH、hW、HW 和 HW/h 之间存在显著的线性相关关系。方差分析数值结果表明因变量与自变量的回归关系显著;采用逐步回归的方法,剔除无效变量,得到关于中心集中力 F 的拟合优度最佳的回归方程,经回归系数的显著性检验知各变量均为有效变量,方程的调整决定系数 R^2 为 0.977,回归方程式为:

$$F = -280\,752.598 + 583\,400.032W + 853\,871.363h - 2\,928.235hH - 205\,865.871hW - 5\,591.065HW + 24\,907.165HW/h \tag{3-44}$$

式中　F——中心 7 m×7 m 方形板所受的集中力(N);
　　　其余符号含义同前。

8.7 m×7 m 方形板均布压力回归分析

以中心 7 m×7 m 方形板所受的均布压力 p_{ie} 为因变量,建立包含交互项自变量的线性回归模型。通过对变量的相关性分析,得知因变量"49 m² 板均布压力 p_{ie}"与自变量"厚度 h""高度 H""重量 W"及其交互项 hH、hW、HW 和 HW/h 之间存在显著的线性相关关系。方差分析数值结果表明因变量与自变量的回归关系显著;采用逐步回归的方法,剔除无效变量,得到关于均布压力 p_{ie} 的拟合优度最佳的回归方程,经回归系数的显著性检验知各变量均为有效变量,方程的调整决定系数 R^2 为 0.977,回归方程式为:

$$p_{ie} = -5\,729.556 + 11\,906.155W + 17\,425.859h - 59.760hH - 4\,201.347hW - 114.103HW + 508.309HW/h \tag{3-45}$$

式中 p_{ie}——中心 7 m×7 m 方形板所受的均布压力（N/m²）；

其余符号含义同前。

9. 不同范围方形板冲击荷载回归方程汇总

根据 3.3.2 模拟计算得出的底板不同范围内的冲击荷载，结合设定的落石模拟条件，建立以不同方形板范围内的中心集中力 F 和均布压力 p_{ie} 为因变量，以回填土厚度 h、落石高度 H、重量 W 及其交互项 hH、hW、HW 和 HW/h 为自变量的线性回归模型，运用统计学软件 SPSS 逐步回归得不同分析条件下的回归方程如式（3-35）~式（3-42），将其汇总为表 3-18。

表 3-18　不同范围方形板冲击荷载线性回归（含交互项）公式汇总表

序号	分析范围	荷载方式	荷载回归公式
1	1 m×1 m	中心集中力	$F = 38\,740.034 - 3\,311.247H + 68\,097.523W + 1\,221.327Hh - 23\,547.673hW - 2\,964.964HW + 8\,106.356\,HW/h$
2	1 m×1 m	均布压力	$p_{ie} = 38\,740.034 - 3\,311.247H + 68\,097.523W + 1\,221.327Hh - 2\,3547.673hW - 2\,964.964HW + 8\,106.356\,HW/h$
3	3 m×3 m	中心集中力	$F = 310\,470.138 - 3\,502.661H + 333\,713.367W - 116\,763.207hW - 6\,193.939HW + 21\,537.603\,HW/h$
4	3 m×3 m	均布压力	$p_{ie} = 34\,496.679 - 389.184H + 37\,079.235W - 12\,973.681hW - 688.216HW + 2\,393.068\,HW/h$
5	5 m×5 m	中心集中力	$F = 35\,744.504 - 4\,768.985H + 500\,795.498W + 371\,661.841h - 176\,217.181hW - 6\,483.144HW + 25\,182.338\,HW/h$
6	5 m×5 m	均布压力	$p_{ie} = 1\,430.003 - 190.760H + 20\,031.797W + 14\,866.373h - 7\,048.677hW - 259.325HW + 1\,007.293\,HW/h$
7	7 m×7 m	中心集中力	$F = -280\,752.598 + 583\,400.032W + 853\,871.363h - 2\,928.235hH - 205\,865.871hW - 5\,591.065HW + 24\,907.165\,HW/h$
8	7 m×7 m	均布压力	$p_{ie} = -5\,729.556 + 11\,906.155W + 17\,425.859h - 59.760hH - 4\,201.347hW - 114.103HW + 508.309\,HW/h$

表 3-18 中，F 为不同范围方形板所受的中心集中力（N）；p_{ie} 为不同范围方形板所受的均布压力（N/m²）；h 为回填土厚度（m）；H 为落石高度（m）；W 为落石重量（t）。

考虑到回归分析采用的原始数据是基于落石下落高度 H 为 10~100 m，落石重量 W 为 0.5~10.0 t，回填土厚度 h 为 1.5~2.5 m 的工况条件，因此，所得的表 3-18 中的含交互项的冲击荷载回归公式也应在该类条件下适用。

以表 3-18 中的荷载回归公式为依据，得出各个工况下的落石冲击荷载回归分析结果，结合表 3-4 所示的颗粒流落石冲击模拟计算结果，以同一工况的这两种结果为坐标值，作出不同分析范围下的落石冲击荷载对比图，如图 3-13 所示。

由图 3-13 可以看出，根据落石冲击荷载模拟计算结果和回归分析结果拟合的趋势线基本贴近于 1∶1 正比例直线，不同分析条件下决定系数 R^2 均大于 0.97，说明回归公式的预测效果较为理想，能显著地反映冲击荷载的变化规律。

（a）1 m×1 m 中心集中力

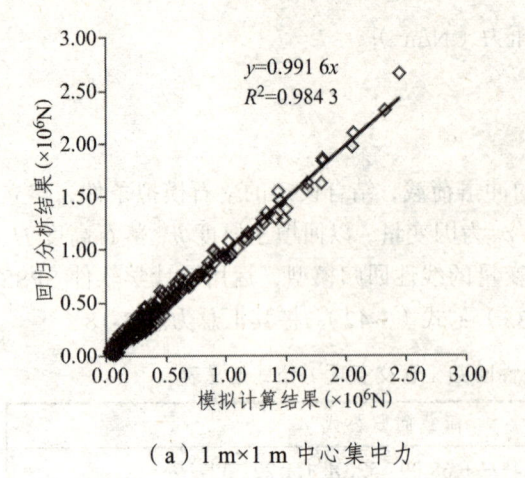

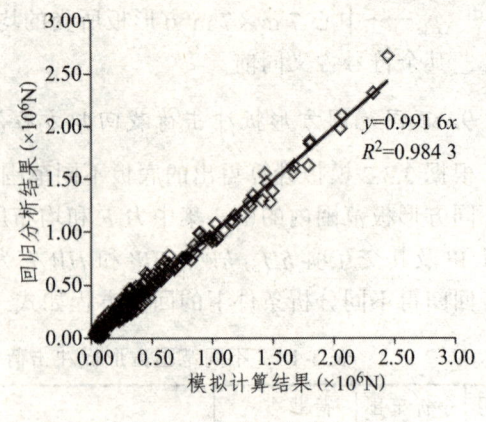

（b）1 m×1 m 均布压力

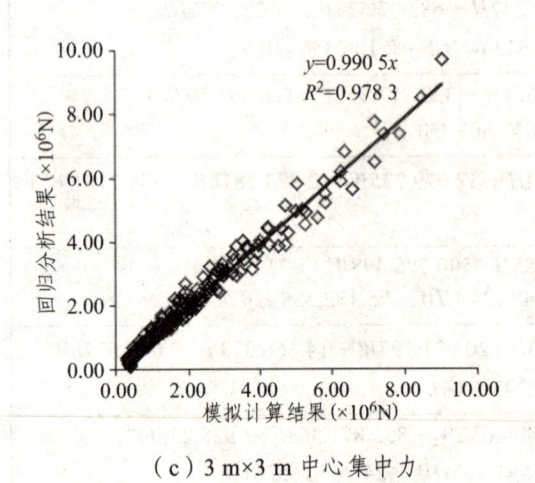

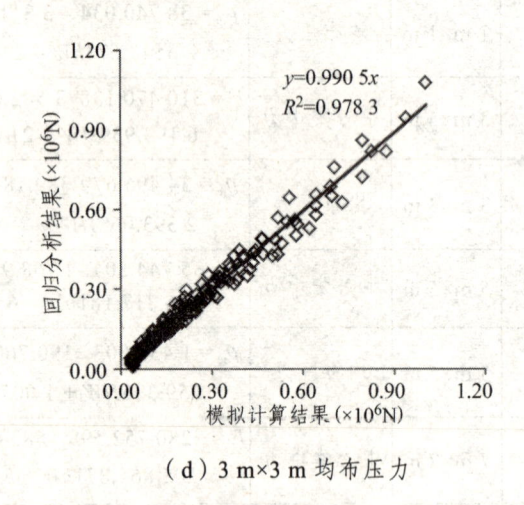

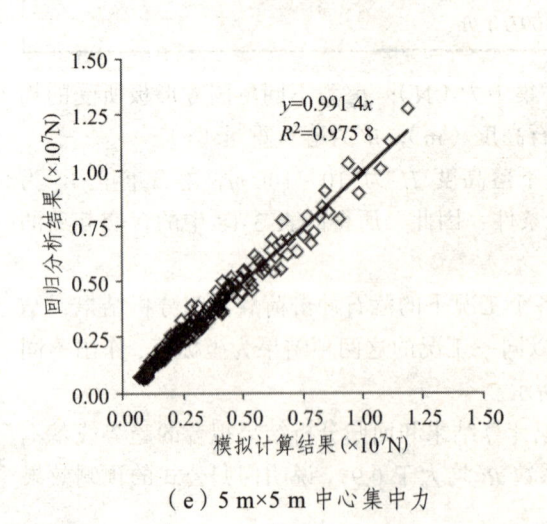

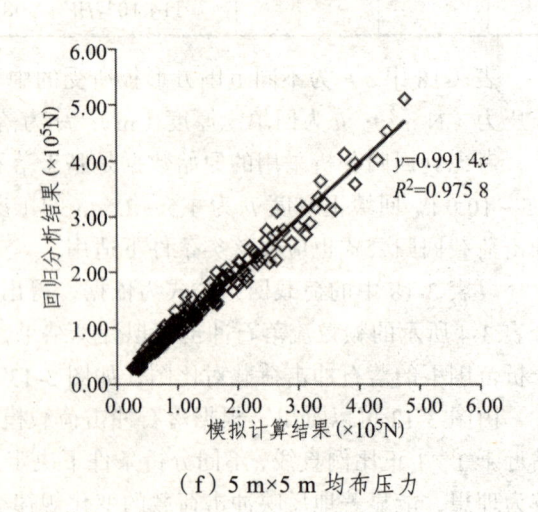

（c）3 m×3 m 中心集中力

（d）3 m×3 m 均布压力

（e）5 m×5 m 中心集中力

（f）5 m×5 m 均布压力

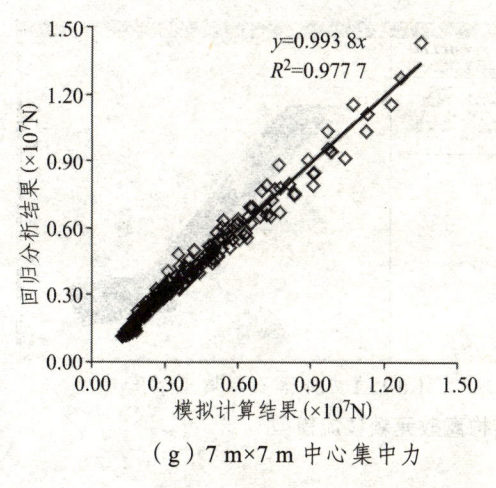

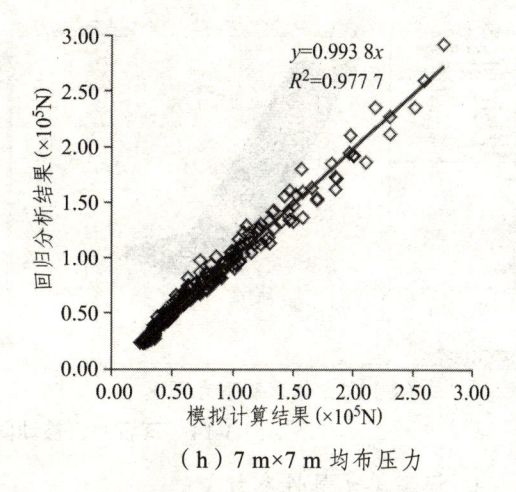

(g) 7 m×7 m 中心集中力　　　　（h）7 m×7 m 均布压力

图 3-13　不同分析范围下落石冲击荷载对比图

3.5　落石冲击力模拟分析

应用颗粒流离散元方法（PFC^{3D}）模拟落石分别在垂直下落和从不同坡度的山体斜坡上下落的条件下对有回填土的明洞的冲击过程。

3.5.1　落石冲击模型试验

山体斜坡和结构都采用墙体单元 wall 来模拟，通过设置墙体的法向刚度和切向刚度以及摩擦系数来反映山体斜坡的坡面性质；立方体落石采用 n^3 个（如 4×4×4=64 个），本次模拟采用一个球体颗粒单元模拟落石；回填土选用球体颗粒单元构成的颗粒集合体来模拟；回填土尺寸 10 m×10 m×0.6 m 用 1 070 个球体颗粒单元模拟，10 m×10 m×1 m 用 1 781 个球体颗粒单元模拟，10 m×10 m×2 m 用 3 564 个球体颗粒单元模拟，10 m×10 m×3 m 用 5 347 个球体颗粒单元模拟，10 m×10 m×4 m 用 7 129 个球体颗粒单元模拟，10 m×10 m×5 m 用 8 621 个球体颗粒单元模拟。模型见图 3-14（a）~（d）。

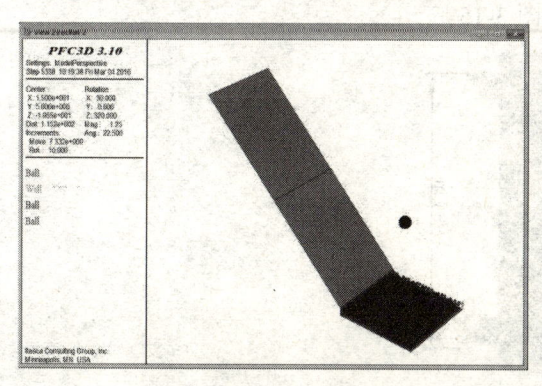

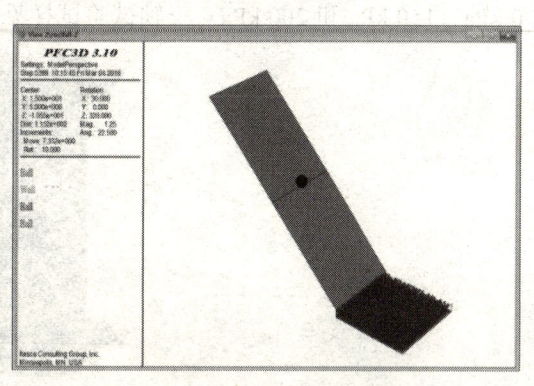

（a）球形落石垂直下落　　　　（b）球形落石斜坡上下落

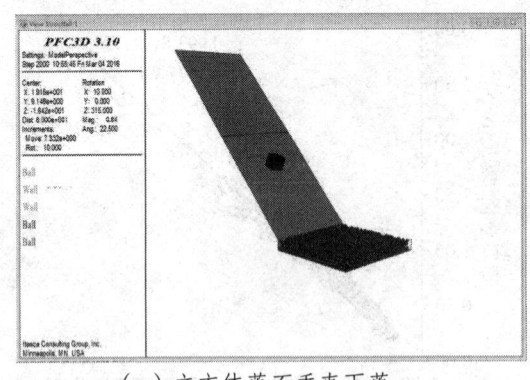

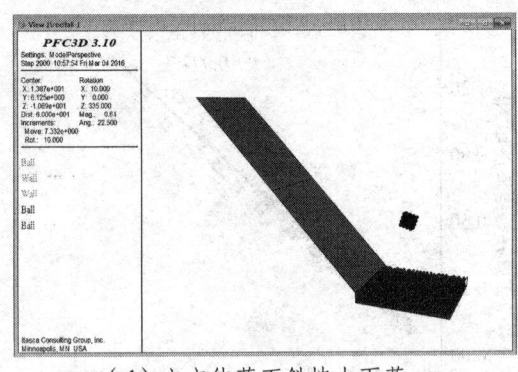

（c）立方体落石垂直下落　　　　　　（d）立方体落石斜坡上下落

图 3-14　落石冲击被动防护结构离散元颗粒流模型

1. 模型单元属性参数

落石冲击被动防护结构的离散元颗粒流模型中所选用的单元（ball，wall）需要设置对应的微观参数。根据颗粒流理论及相关资料，对落石冲击模型的微观参数设置如表 3-19。

表 3-19　模型材料单元微观参数

项目	单元类型	密度 dens/（kg/m³）	摩擦系数 fric	法向刚度 kn/（N/m）	切向刚度 ks/（N/m）	法向黏结强度 n_bond/MN	切向黏结强度 s_bond/MN
落石	ball	2600	0.5	1e8	1e8	—	—
回填土	ball	2000	0.5	1e8	1e8	0.05	0.05
结构	wall	—	0.1	1e8	1e8		

2. 回填土微观参数校准

由于 PFC 模型中，颗粒单元间的微观力学参数并不是所模拟材料的实际宏观力学参数，故需要对所采用的单元颗粒的微观力学参数进行校准，使模型材料的微观力学与实际工程材料的力学参数一致或者相接近。

采用 PFC^{3D} 模拟回填土的三轴试验。试验样本采取与回填土模型相同的微观特性参数及排列方式，单元半径为 0.200 3 m。试验尺寸高 4 m，直径 2 m，围压分别取 25 kPa，50 kPa，100 kPa，150 kPa 和 200 kPa。三轴试验试样见图 3-15。

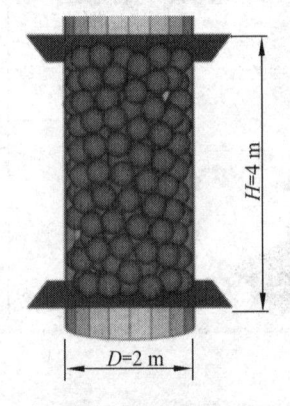

图 3-15　PFC^{3D} 三轴数值模拟试验

落石冲击下拱形明洞结构概率可靠度分析

由 PFC^{3D} 三轴数值模型试验可得到相应的应力-应变体积应变-轴向应变曲线。图 3-16 和图 3-17 分别是三轴数值压缩试验中，围压为 25 kPa 时的应力-应变曲线和体积应变-轴向应变曲线。由图 3-16 可以看出，试件峰值强度为 0.219 5 MPa，最大轴向应变为 2.524×10^{-2}，由图 3-17 知，最大体应变为 2.968×10^{-2}。

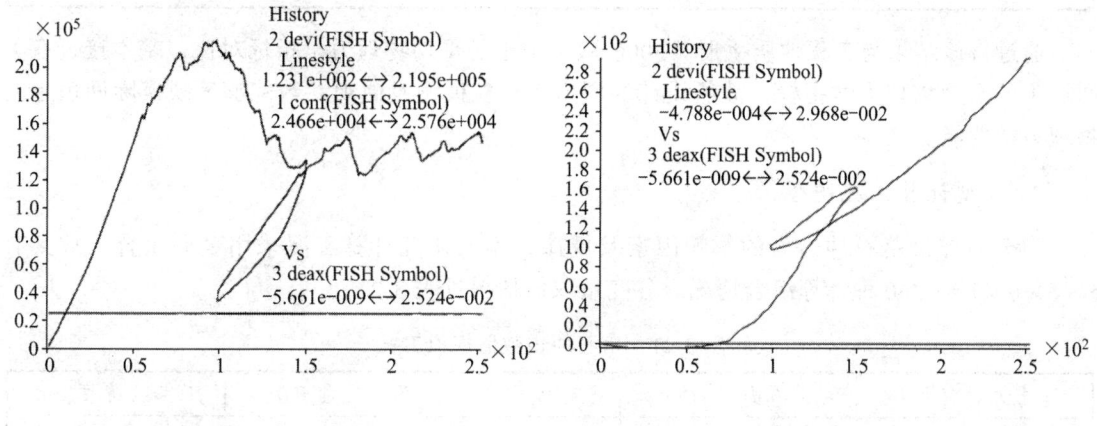

图 3-16　应力-应变曲线图

图 3-17　体积应变-轴向应变曲线

根据弹性理论，推导出来弹性模量与压缩模量之间的换算关系，用应力为 100~200 kPa 段割线计算 E_{12}，视为压缩模量 E_s 来表示土的压缩性。从图 3-16 和图 3-17 可分别得出回填土模型材料的压缩模量 E_s 及泊松比 v，计算公式见式（3-46）~式（3-47）：

$$E_S = E_{12} = \frac{\sigma_{200} - \sigma_{100}}{\varepsilon_{200} - \varepsilon_{100}} = 38.1 \text{ MPa} \tag{3-46}$$

$$v = \frac{1}{2}\left(1 - \frac{\varepsilon_{v200} - \varepsilon_{v100}}{\varepsilon_{200} - \varepsilon_{100}}\right) = 0.366 \tag{3-47}$$

同时，根据不同围压下的试验结果，可绘出回填土模型材料的莫尔圆（见图 3-18），进而得出回填土模型材料的抗剪强度的指标黏聚力 c 及内摩擦角 φ。

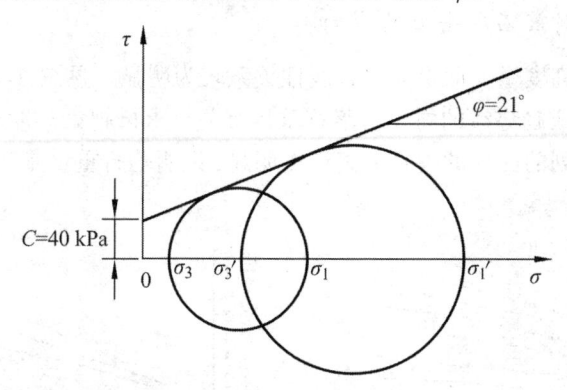

图 3-18　库伦莫尔圆

根据土的弹性模量 E_0 与压缩模量之间的关系如式（2-8），可得到弹性模量 E_0：

$$E_0 = E_s \times \left(1 - \frac{2v^2}{1-v}\right) \tag{3-48}$$

由此，得出回填土模型材料的宏观力学参数见表3-20。

表3-20　三轴试验数值模拟宏观参数结果

弹性模量 E_0/MPa	压缩模量 E_s/MPa	泊松比 v	黏聚力 c/kPa	内摩擦角 φ/(°)
22.0	38.1	0.366	40	21

通过将该结果与工程地质手册（2006版）中土的平均物理力学指标对比，基本接近有关回填土的宏观物理力学指标，故所设计的回填土颗粒模型及微观参数能够反映实际回填土的物理力学性能。

3. 模型计算工况组合

为全面评价落石冲击力的影响因素及规律，本次研究计算工况采用全面组合，故共有 5×6×6×7＝1 260 种计算组合情况。各变量取值情况见表3-21。

表3-21　落石冲击数值模拟工况

冲击力影响因素	落石高度 H/m	坡度 θ/(°)	落石重量 W/t	回填土厚度 t/m
取值	10	10	5	0
	30	30	10	0.6
	50	45	20	1
	70	60	30	2
	90	75	40	3
		90	50	4
				5

注：H—落石下落高度，单位（m）；θ—山体坡度，单位（°）；W—落石重量，单位（t）；t—回填土厚度，单位（m）。

3.5.2　落石冲击力计算结果汇总及分析

1. 落石下落高度对落石冲击力的影响

落石冲击力随落石高度增大而增大，且线性关系较为明显，见图3-19，当回填土厚度一定时，冲击力增大的幅度或趋势线的斜率与落石重量有关，重量越大，冲击力变化幅度也越大；从图3-19可看出，各系列的曲线的垂直分离程度明显，说明落石重量是影响冲击力的重要因素。

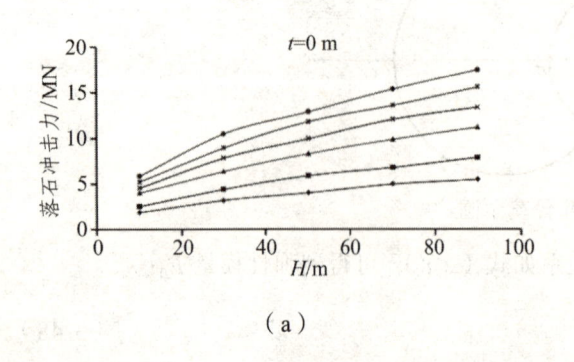

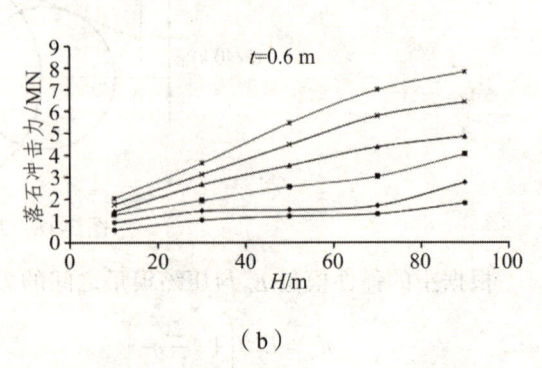

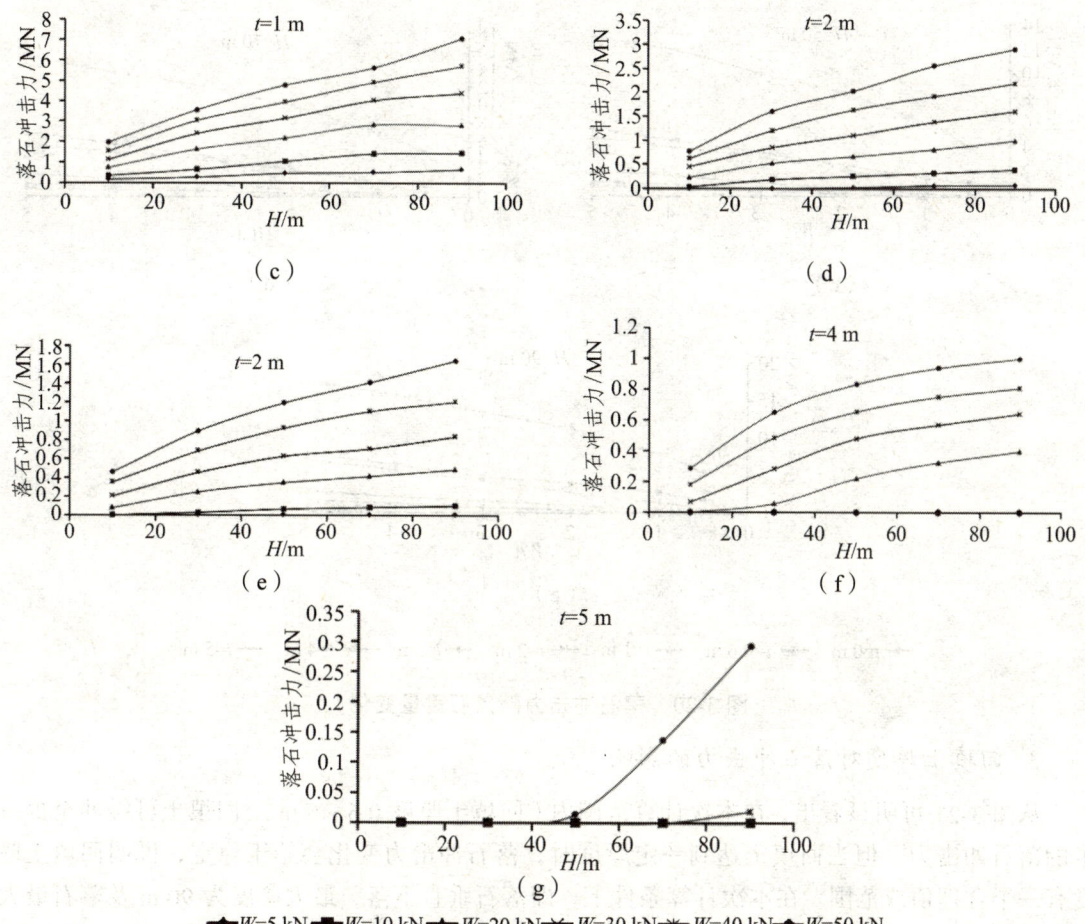

图 3-19　落石冲击力随下落高度 H（m）变化

2. 落石重量对落石冲击力的影响

落石冲击力随落石重量增大而增大，且线性关系较为明显，而无回填土时，结构受到的落石冲击力明显大于有回填土情况（图 3-20），落石高度一定时，回填土厚度会影响落石冲击力随重量增加而增大的程度，厚度越小，冲击力变化幅度越大；从图 3-20 曲线的上下分离看，无回填土趋势线明显高于有回填土的各趋势线，说明回填土缓冲作用明显，即使厚度为 0.6 m 也可缓冲至少 50% 以上的冲击力；同时从图 3-20 看出，回填土厚度越大，冲击力随落石重量的变化趋势越不明显。

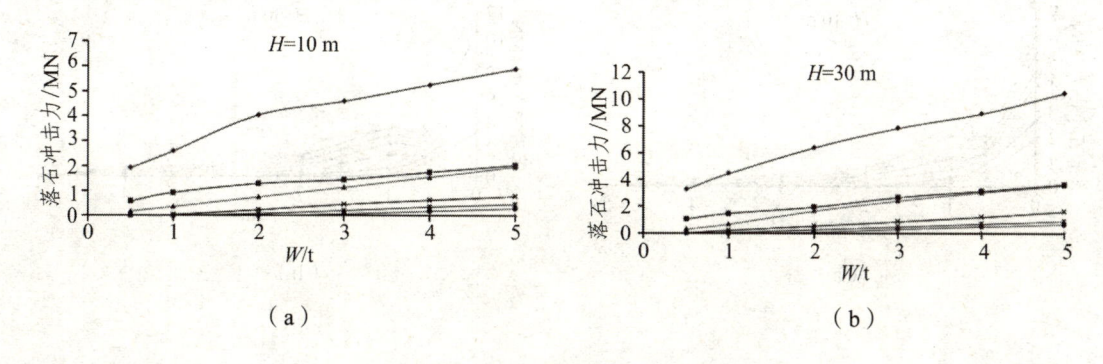

(c)   (d)

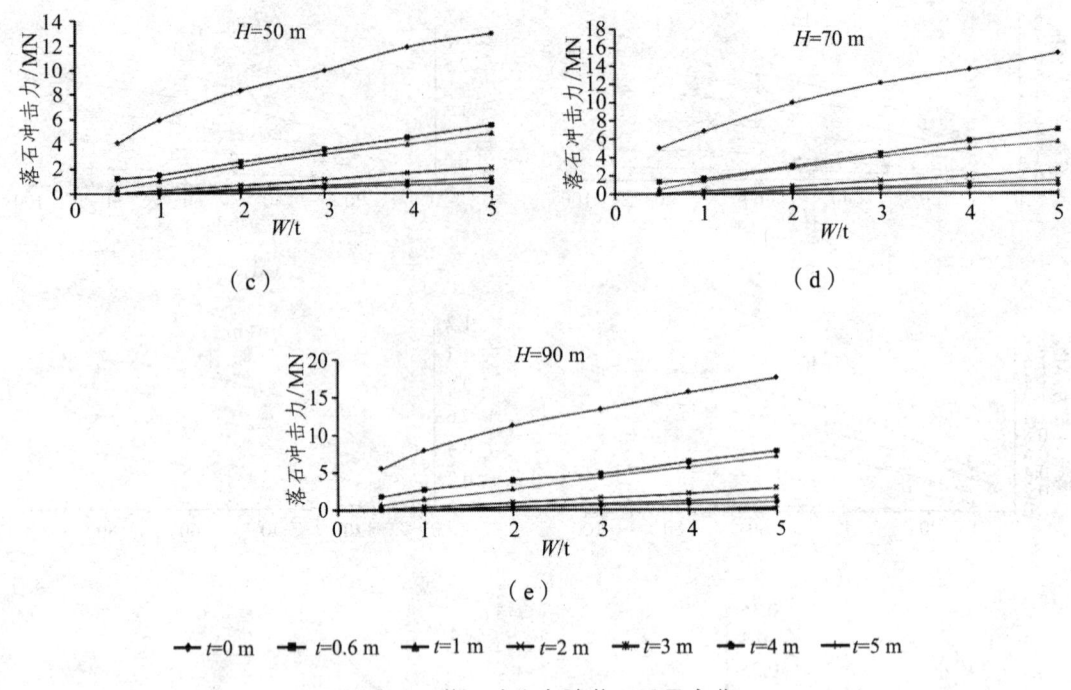

(e)

→ $t=0$ m   → $t=0.6$ m   → $t=1$ m   → $t=2$ m   → $t=3$ m   → $t=4$ m   → $t=5$ m

图 3-20   落石冲击力随落石重量变化

3. 回填土厚度对落石冲击力的影响

从图 3-21 可明显看出，在本次计算范围内（回填土厚度 0.6~5 m），回填土可缓冲至少一半的落石冲击力。但当回填土达到一定厚度时，落石冲击力变化会趋于稳定，说明回填土厚度有一个合理值或范围。在本次计算条件下，即落石垂直下落、最大高度为 90 m 及落石最大重量为 50 kN（5 t，体积大约为 2.5 m³）条件下，回填土厚度 2~3 m 为合理厚度，如再增大，则会使结构所受的总荷载效应（冲击力+回填土自重）增大。

4. 坡度对落石冲击力的影响

从图 3-22 可以看出，落石下落高度 H 和回填土厚度 t 一定时，落石冲击力随坡度增大而增大，而且不同重量的落石冲击力曲线[如图 3-22（e）]之间的间隔在增大，表明落石冲击力随着坡度增大而增大的幅度与落石重力有关，说明坡度对落石冲击力的影响与重力有关；无回填土时冲击力明显大于有回填土时的冲击力，说明回填土的缓冲效果明显。

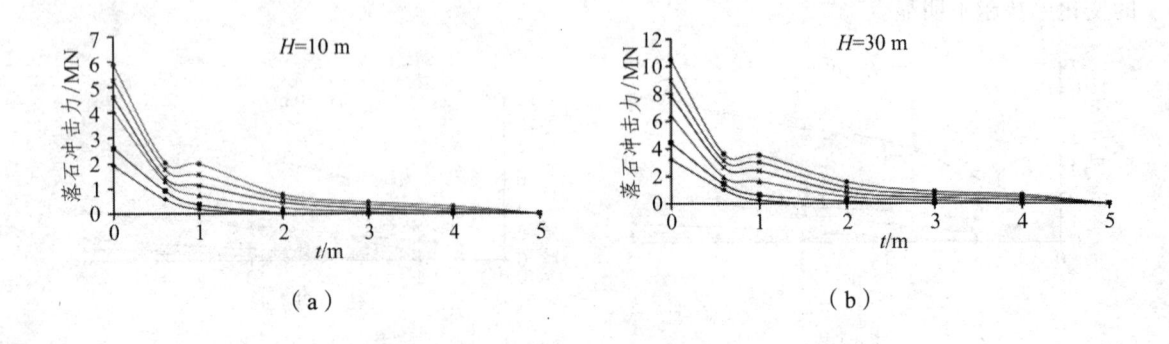

(a)   (b)

(c)

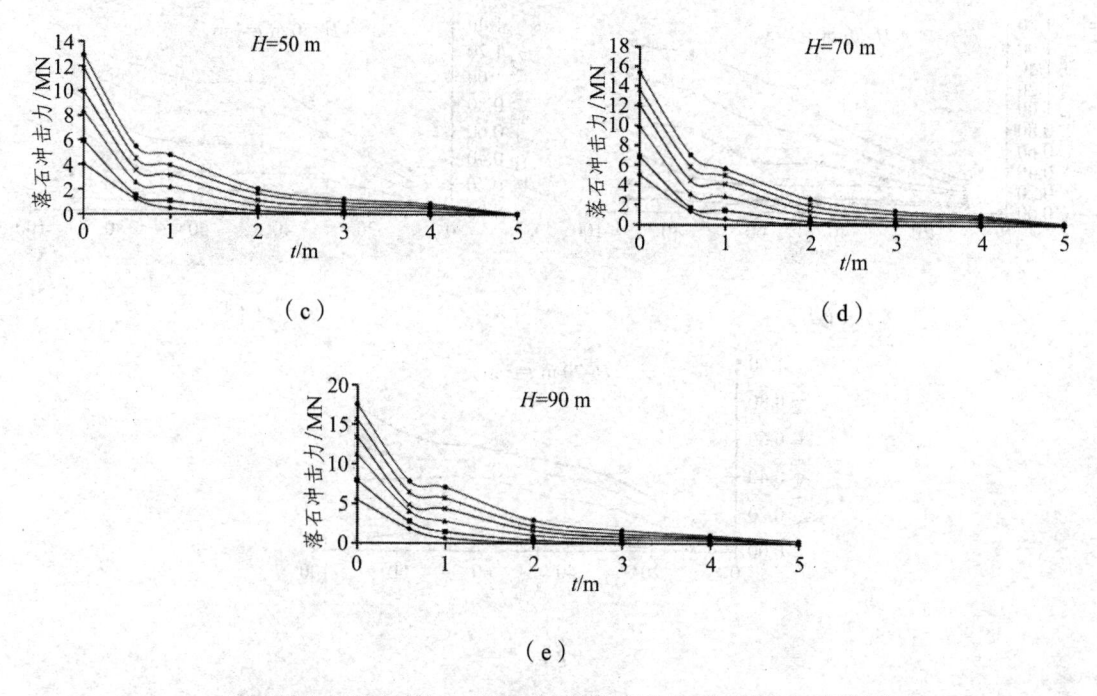

(d)

(e)

♦ W=5 kN ■ W=10 kN ▲ W=20 kN ✕ W=30 kN ✳ W=40 kN ● W=50 kN

图 3-21 落石冲击力随回填土厚度变化

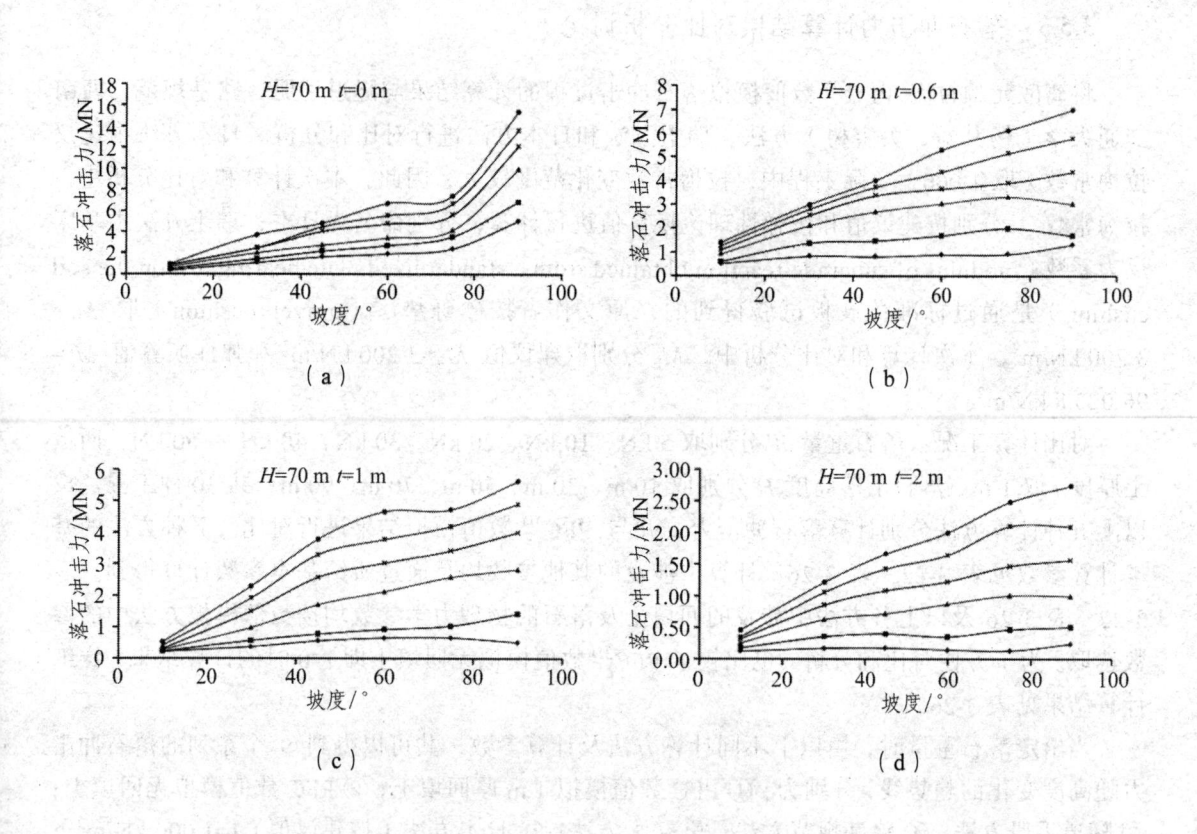

(a)

(b)

(c)

(d)

(e) $H=70$ m $t=3$ m

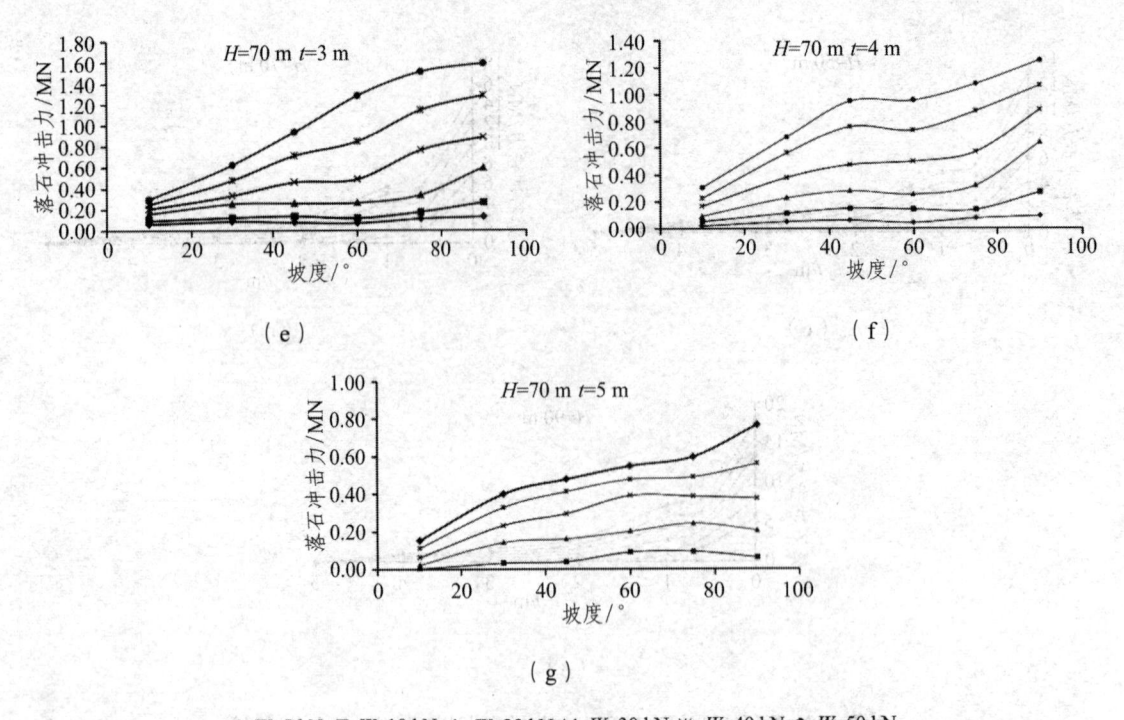

(f) $H=70$ m $t=4$ m

(g) $H=70$ m $t=5$ m

$W=5$ kN ■ $W=10$ kN ▲ $W=20$ kN ✕ $W=30$ kN ✱ $W=40$ kN ● $W=50$ kN

图 3-22 落石冲击力随坡度变化

3.5.3 落石冲击力计算结果对比分析讨论

将离散元颗粒流 PFC^{3D} 数值模拟落石冲击过程的计算结果与隧道手册、路基规范、西南交通大学（杨其新、关宝树）方法、瑞士方法和日本方法进行对比和分析。日本方法中建议拉梅常数 λ 取 1 000，实际工程中，拉梅常数变化范围较大，因此，本次计算和对比分析中，拉梅常数 λ 分别按建议值和按弹性理论换算值进行计算，分别命名为日本；瑞士方法中基床反力系数（modulus of subgrade reaction obtained from a standarized plate bearing test on the soil cushion）是通过标准荷载板试验得到的，原文作者按砂砾垫层（gravel cushion）取 M_E=3 200 kN/m^2，本次计算和对比分析中，M_E 分别取建议值 M_E=3 200 kN/m^2 和弹性换算值 M_E=96 023.8 kN/m^2。

对比计算工况：落石重量 W 分别取 5 kN、10 kN、20 kN、30 kN、40 kN 和 50 kN，回填土厚度 t 取 1 m，落石下落高度 H 分别取 10 m、30 m、50 m、70 m、90 m，共 30 种工况。按以上五种计算方法分别计算落石冲击力，并与 PFC^{3D} 数值模拟结果进行对比。五种方法的基本计算参数见表 3-22 ~ 表 3-26，计算中涉及的其他参数均是通过所给基本参数计算得到。表 3-22 ~ 表 3-26 及以上各方法中涉及的回填土及落石的物理力学参数均按数值模拟方法中的参数选取。为了方便对比和分析，也比较了 PFC^{3D} 数值模拟无回填土即 $t=0$ 时的计算结果，详细计算结果见表 3-26。

当给定落石重量时，由以上不同计算方法及计算参数，共可以得到 9 个系列的落石冲击力随高度变化的趋势线，分别为：① PFC 数值模拟 1 m 厚回填土；② PFC 数值模拟无回填土；③ 隧道手册方法；④ 路基规范方法；⑤ 交大方法；⑥ 日本方法 1 按建议值（λ=1 000 kN/m^2）；

⑦日本方法 2 按弹性换算值（λ=21 994.7 kN/m²）；⑧瑞士方法 1 按建议值（M_E=3 200 kN/m²）；⑨瑞士方法 2，按弹性换算值（M_E=96 023.8 kN/m²）。

表 3-22 路基规范计算参数

计算方法	落石重量 W/kN	回填土重度 γ/（kN/m³）	内摩擦角 φ/（°）
路基规范	5，10，20，30，40，50	20	21

表 3-23 隧道手册计算参数

计算方法	落石重量 W/kN	回填土密度 ρ/（kg/m³）	弹性模量 E_0/Pa	泊松比 υ
隧道手册	5，10，20，30，40，50	2 000	22 000 000	0.366

表 3-24 西南交通大学计算参数

计算方法	落石质量 m/t	α	g/（m/s²）
西南交通大学	0.5，1，2，3，4，5	1	9.8

表 3-25 日本方法计算参数

计算方法	落石质量 m/t	拉梅系数 λ/（kN/m²）	g/（m/s²）
日本	0.5，1，2，3，4，5	1 000，21 994.7	9.8

表 3-26 瑞士方法计算参数

计算方法	落石重量 W/kN	M_E/（kN/m²）	接触半径 R/m
瑞士	5，10，20，30，40，50	3200，96 023.8	0.360 5，0.455 1，0.572 2，0.655 1，0.721 0，0.776 7

落石冲击力比较情况见图 3-23~图 3-28，为便于比较分析，图中的趋势线对应的系列名称总体上从上到下按落石冲击力数据由大到小排列，例如图 3-23 中，PFC 数值模拟无回填土（h=0）对应落石冲击力最大，瑞士方法（M_E=96 023 kN/m²）次之，以此类推，而 PFC³ᴰ 数值模拟（回填土厚 t=1 m）计算结果结果最小。

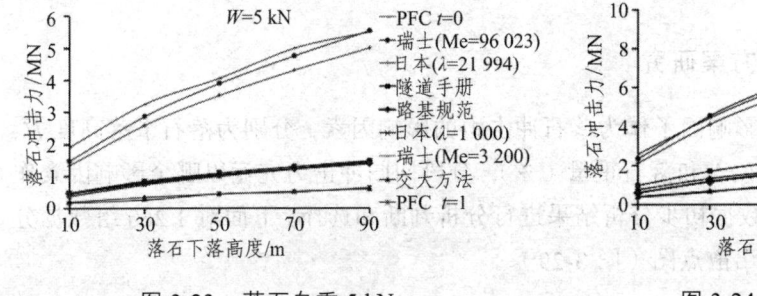

图 3-23 落石自重 5 kN

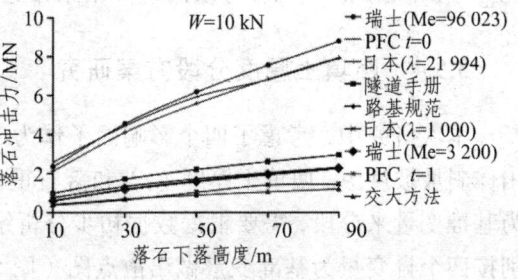

图 3-24 落石自重 10 kN

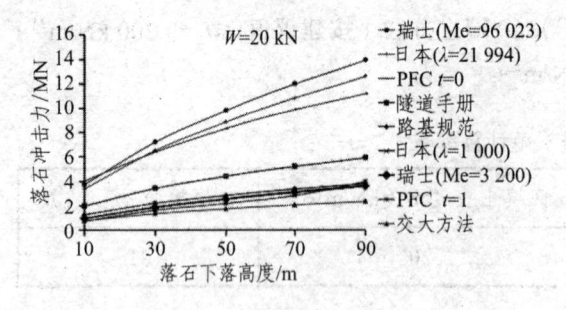

图 3-25　落石自重 20 kN

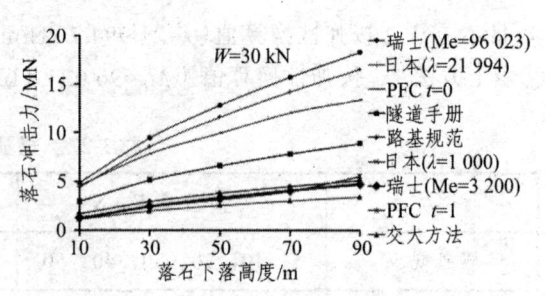

图 3-26　落石自重 30 kN

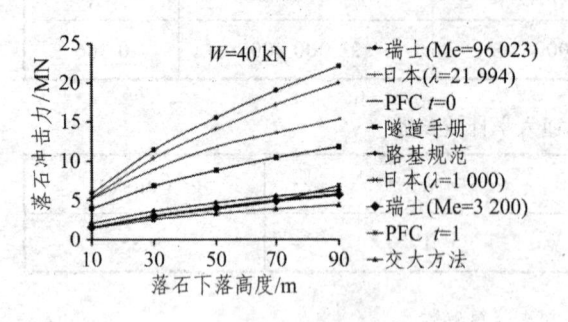

图 3-27　落石自重 40 kN

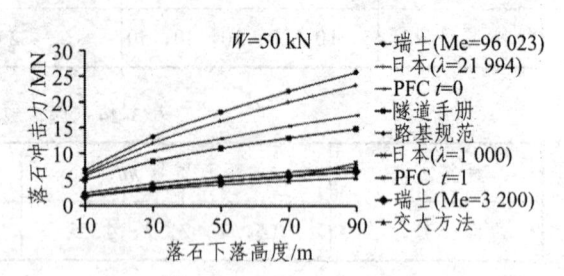

图 3-28　落石自重 50 kN

图 3-23～图 3-28 中 9 个数据系列的趋势线特征分析介绍如下：

（1）PFC^{3D} 数值模拟无回填土、瑞士方法（M_E 取 96 023 kN/m^2）和日本方法（λ=21 994）三者的计算结果较为接近，所得的落石冲击力计算结果最大；随着落石重量和下落高度增大，PFC^{3D} 数值模拟计算结果与其他两种方法的结果之间的差距越来越显著。

（2）当落石重量较小（5 kN）时，隧道手册方法的落石冲击力计算结果与日本方法（λ=1 000）、路基方法、瑞士方法（M_E=3 200 kN/m^2）较为接近；随着落石重量和下落高度增大，计算结果越来越大，同时接近 PFC^{3D} 无回填土时的计算结果。

（3）日本方法（λ=1 000）、路基方法、瑞士方法（M_E=3 200 kN/m^2）落石冲击力计算结果较为接近，其中路基方法的计算结果偏大。

（4）当落石重量较小（如 W=5～10 kN）时，PFC^{3D} 颗粒流模拟有回填土即"PFC t=1 m"结果与交大方法接近，而当落石重量较大时，则与日本方法（λ=1 000）、路基方法、瑞士方法（M_E=3 200 kN/m^2）三种方法的计算结果接近，稍大于西南交通大学方法的结果。

3.5.4　回填土厚度分段方案研究

本次研究中，考虑了四个影响因子作为落石冲击力的影响因素，分别为落石下落高度 H、山体斜坡坡度 θ、回填土厚度（t）和落石重量（W），分段回归冲击力究竟以哪个影响因素作为基准变量来分段，需要根据数据初步分析结果进行分析判断和选择。下面对 1 260 组数据分别按四个自变量为基准变量做出散点图（图 3-29）。

(a)

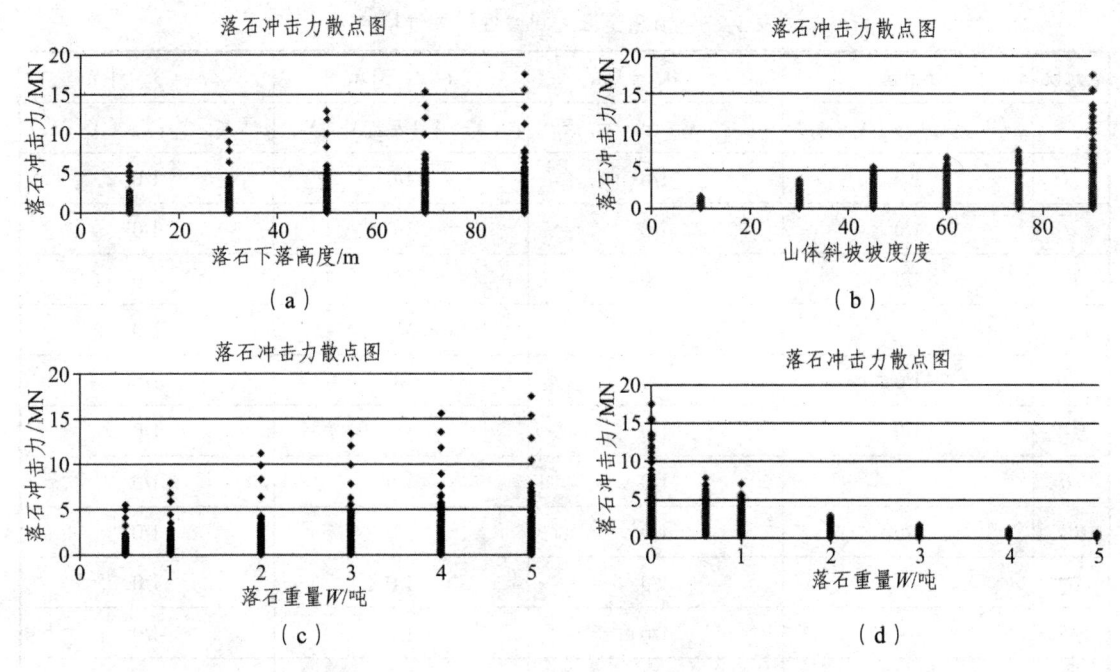

(b)

(c)

(d)

图 3-29　落石冲击力数据散点图

从图 3-29 可以看出,落石冲击力与落石下落高度 H、落石重量 W 以及山体坡度成正相关,而且线性关系比较明显。从图 3-29(d)中可以看出,$t=0$ m 有一部分数据比较离散,考虑 $t=0$ m 的数据单独进行回归处理;根据第 2 章得出的关于回填土合理厚度范围是 2~3 m 以及回填土厚度超过合理范围后冲击力降低幅度减小的结论,考虑将 $t=[2,3]$m 和 $(3,5]$m 各自作为一个分段,$(0,2)$m 作为一个分段。因此,在本次计算结果数据的处理过程中,以回填土厚度作为基准变量进行分段采用数据拟合和多元线性回归等数据处理手段,通过 SPSS 数据处理分析软件回归拟合落石冲击力的计算公式,即将回填土厚度分为四个段落分别为 $t=0$ m、$t=(0,2)$m、$t=[2,3]$m、$t=(3,5]$m 四个段落进行分段多元线性回归。

3.5.5　落石冲击力分段多元线性回归

如 3.5.1 所述,将回填土厚度分为四个段落,分别是 $t=0$ m、$t=(0,2)$m、$t=[2,3]$m、$t=(3,5]$m,回填土厚度 $t=0$ m 单独拟合回归。用数据分析软件 SPSS 分别对每个段落的落石冲击力进行多元线性回归。

1. 相关性检验

相关性检验包括三方面的内容:因变量与自变量之间的线性相关关系检验(Pearson 相关性检验);自变量的单侧显著性检验(单侧 P 值 sig 检验);自变量之间的线性相关关系检验(相关矩阵)。

回填土厚度 $t=0$ m,$t=(0,2)$m,$t=[2,3]$m,$t=(3,5]$m 各个回归模型的各预测变量之间相关性检验结果见表 3-27,pearson 相关系数以及预测变量的单侧检验 P 值汇总数据见表 3-28。从表中数据可知,所有多元线性回归模型中引入的预测变量之间,不存在线性相关关系,满足多元线性回归对回归模型中预测变量之间互不相关的要求。

表 3-27 预测变量之间线性相关性检验

t 分段	$t=0$ m $p(X_i, X_i)/p(X_i, X_j)$	$t=(0, 2)$ m $p(X_i, X_i)/p(X_i, X_j)$	$t=[2, 3]$ m $p(X_i, X_i)/p(X_i, X_j)$	$t=(3, 5)$ m $p(X_i, X_i)/p(X_i, X_j)$
H	1/0	1/0	1/0	1/0
θ	1/0	1/0	1/0	1/0
W	1/0	1/0	1/0	1/0
t	—	1/0	1/0	1/0
$H\theta$	1/0	1/0	1/0	1/0
HW	1/0	1/0	1/0	1/0
Ht	—	1/0	1/0	1/0
θW	1/0	1/0	1/0	1/0
θt	—	1/0	1/0	1/0
Wt	—	1/0	1/0	1/0
$H\theta W$	1/0	1/0	1/0	1/0
$H\theta t$	—	1/0	1/0	1/0
HWt	—	1/0	1/0	1/0
θWt	—	1/0	1/0	1/0
$H\theta Wt$	—	1/0	1/0	1/0

表 3-28 多元线性回归模型 pearson 相关性以及变量单侧检验 P 值

项目	t 分段 变量	$t=0$ m 冲击力/kN	$t=(0, 2)$ m 冲击力/kN	$t=[2, 3]$ m 冲击力/kN	$t=(3, 5)$ m 冲击力/kN
Pearson 相关性	P	1.000	1.000	1.000	1.000
	H	0.338	0.451	0.287	0.252
	θ	0.687	0.489	0.352	0.352
	W	0.361	0.572	0.632	0.720
	t	—	−0.159	−0.316	−0.274
	$H\theta$	0.220	0.223	0.157	0.137
	HW	0.117	0.211	0.193	0.189
	Ht	—	−0.049	−0.097	−0.097
	θW	0.243	0.265	0.267	0.242
	θt	—	0.002	−0.094	−0.112
	Wt	—	−0.010	−0.180	−0.153
	$H\theta W$	0.079	0.106	0.113	0.067
	$H\theta t$	—	0.011	−0.032	−0.033

续表

项目	t 分段 变量	t=0 m 冲击力/kN	t=(0, 2) m 冲击力/kN	t=[2, 3] m 冲击力/kN	t=(3, 5] m 冲击力/kN
	HWt	—	0.000	-0.033	-0.067
	θWt	—	0.015	-0.063	-0.066
	$H\theta Wt$	—	-0.005	-0.026	-0.001
Sig. （单侧）	H	0	0.000	0.000	0.000
	θ	0	0.000	0.000	0.000
	W	0	0.000	0.000	0.000
	t	—	0.001	0.000	0.000
	$H\theta$	0.001	0.000	0.001	0.005
	HW	0.059	0.000	0.000	0.000
	Ht	—	0.178	0.033	0.032
	θW	0.001	0.000	0.000	0.000
	θt	—	0.484	0.038	0.017
	Wt	—	0.422	0.000	0.002
	$H\theta W$	0.145	0.023	0.016	0.102
	$H\theta t$	—	0.419	0.272	0.269
	HWt	—	0.497	0.269	0.102
	θWt	—	0.385	0.117	0.107
	$H\theta Wt$	—	0.463	0.313	0.489

表 3-27 ~ 3-28 中相关数据分析：

$t=0$ m：自变量一次项 H、θ、W 与因变量 P（冲击力）的 Pearson 相关系数分别是 0.338、0.687 和 0.361，说明 H、θ、W 与 P 都具有线性相关关系，而且坡度 θ 与 P 的线性关系最明显，另外，H、θ、W 与 P 的相关系数为正值，说明其与 P 成正相关，这与第二章中落石高度越大、重量越大、坡度越大，落石冲击力随之越大的结论一致；二次交互项 $H\theta$、HW、θW 与 P 的 Pearson 相关系数分别是 0.222、0.117、0.243，说明二次交互项与 P 也具有线性相关关系；三次交互项 $H\theta W$ 与 P 的 Pearson 相关系数是 0.079，说明三次交互项与落石冲击力也具有相关关系，但是线性相关关系不是很大，后续进一步检验其显著性，视对落石冲击力 P 影响程度的大小再做取舍。

自变量一次项 H、θ、W 单侧检验 P 值 sig 分别是 0、0、0，均小于 0.001，说明 H、θ、W 对 P 而言都是极显著性预测变量；二次交互项 $H\theta$、θW 单侧检验 P 值 sig 分别是 0.001、0.001，均小于显著性水平临界值 0.05，说明二次交互项 $H\theta$、θW 对 P 而言是显著性预测变量，但是 HW 单侧检验 P 值 sig 是 0.059，大于显著性水平临界值 0.05，说明二次交互项 HW 不是 P 的显著性预测变量；三次交互项 $H\theta W$ 单侧检验 P 值 sig 是 0.079，同样说明三次交互项不是 P 的显著性预测变量。对于非显著性预测变量，在回归模型中予以剔除。

$t=(0, 2)$ m：自变量一次项 H、θ、W、t 与因变量 P（冲击力）的 Pearson 相关系数分别是 0.451、0.489、0.572 和 -0.159，说明 H、θ、W、t 与 P 都具有线性相关关系；t 与 P 相关

系数为负值，说明回填土厚度与落石冲击力成负相关，这与第二章中回填土厚度越大，落石冲击力越小的结论也是相一致的；二次交互项 $H\theta$、HW、Ht、θW、θt、Wt 与 P 的 Pearson 相关系数分别是 0.223、0.211、-0.049、0.265、0.002、-0.010，说明二次交互项与 P 也具有线性相关关系，只是 Ht、θt、Wt 与 P 的线性关系不是特别明显；三次交互项 $H\theta W$、$H\theta t$、HWt、θWt 与 P 的 Pearson 相关系数分别是 0.106、0.011、0、0.015，说明三次交互项与落石冲击力也具有相关关系，但是线性关系不是特别明显；四次交互项 $H\theta Wt$ 与 P 的 Pearson 相关系数是 -0.005，线性关系不是很明显。对于线性关系不明显的预测变量，后续分析中进一步验证其显著性，视其对落石冲击力 P 影响程度的大小再做取舍。

自变量一次项 H、θ、W、t 单侧检验 P 值 sig 分别是 0、0、0 和 0.001，均小于 0.05，说明 H、θ、W、t 对 P 而言都是显著性预测变量；二次交互项 $H\theta$、HW、θW 单侧检验 P 值 sig 分别是 0、0、0，均小于 0.05，说明二次交互项 $H\theta$、HW、θW 都是 P 的显著性预测变量，但是 Ht、θt、Wt 单侧检验 P 值 sig 分别是 0.178、0.484、0.422，均大于 0.05，说明二次交互项 Ht、θt、Wt 不是 P 的显著性预测变量；三次交互项 $H\theta W$、$H\theta t$、HWt、θWt 单侧检验 P 值 sig 分别是 0.023、0.419、0.497、0.385，说明三次交互项中只有 $H\theta W$ 是 P 的显著性预测变量，其余都不是显著性变量；四次交互项 $H\theta Wt$ 单侧检验 P 值 sig 是 0.463，大于 0.05，也不是显著性变量。对于非显著性预测变量，在回归模型中予以剔除。

$t=[2,3]$m：自变量一次项 H、θ、W、t 与因变量 P（冲击力）的 Pearson 相关系数分别是 0.287、0.352、0.632、和 -0.316，说明 H、θ、W、t 与 P 都具有线性相关关系；二次交互项 $H\theta$、HW、Ht、θW、θt、Wt 与 P 的 Pearson 相关系数分别是 0.157、0.193、-0.097、0.267、-0.094、-0.180，说明二次交互项与 P 也具有线性相关关系；三次交互项 $H\theta W$、$H\theta t$、HWt、θWt 的 Pearson 相关系数分别是 0.113、-0.032、-0.033、-0.063，说明三次交互项与落石冲击力也具有相关关系，但是线性关系不是特别明显；四次交互项 $H\theta Wt$ 与 P 的 Pearson 相关系数是 -0.026，与 P 的线性关系不是很明显。对于线性关系不明显的预测变量，后续分析中进一步验证其显著性，视其对落石冲击力 P 影响程度的大小再做取舍。

自变量一次项 H、θ、W、t 单侧检验 P 值 sig 分别是 0、0、0 和 0，均小于 0.001，说明 H、θ、W、t 对 P 而言都是极显著性预测变量；二次交互项 $H\theta$、HW、Ht、θW、θt、Wt 单侧检验 P 值 sig 分别是 0.001、0、0.033、0、0.038、0，均小于 0.05，说明二次交互项对 P 而言是显著性预测变量；三次交互项 $H\theta W$、$H\theta t$、HWt、θWt 单侧检验 P 值 sig 分别是 0.016、0.272、0.269、0.117，说明三次交互项只有 $H\theta W$ 是 P 的显著性预测变量，其余都不是显著性变量；四次交互项 $H\theta Wt$ 单侧检验 P 值 sig 是 0.313，大于 0.05，也不是显著性变量。对于非显著性预测变量，在回归模型中予以剔除。

$t=(3,5]$m：自变量一次项 H、θ、W、t 与因变量 P（冲击力）的 Pearson 相关系数分别是 0.252、0.352、0.720、-0.274，说明 H、θ、W、t 与 P 都具有线性相关关系；二次交互项 $H\theta$、HW、Ht、θW、θt、Wt 与 P 的 Pearson 相关系数分别是 0.137、0.189、-0.097、0.242、-0.112、-0.153，说明二次交互项与 P 也具有线性相关关系；三次交互项 $H\theta W$、$H\theta t$、HWt、θWt 与 P 的 Pearson 相关系数分别是 0.067、-0.033、-0.067、-0.066，说明三次交互项与落石冲击力也具有相关关系，但是线性关系不是特别明显；四次交互项 $H\theta Wt$ 与 P 的 Pearson 相关系数是 -0.001，与 P 的线性关系不是特别明显。对于线性关系不明显的预测变量，后续分析中进一步验证其显著性，视其对落石冲击力 P

影响程度的大小再做取舍。

自变量一次项 H、θ、W、t 单侧检验 P 值 sig 分别是 0、0、0、0，均小于 0.001，说明 H、θ、W、t 对 P 而言都是极显著性预测变量；二次交互项 $H\theta$、HW、Ht、θW、θt、Wt 单侧检验 P 值 sig 分别是 0.005、0、0.032、0、0.017、0.002，均小于 0.05，说明二次交互项对 P 而言是显著性预测变量；三次交互项 $H\theta W$、$H\theta t$、HWt、θWt 单侧检验 P 值 sig 分别是 0.102、0.269、0.102、0.107，说明三次交互项只有 $H\theta t$、HWt 是 P 的显著性预测变量，其余都不是显著性变量；四次交互项 $H\theta Wt$ 单侧检验 P 值 sig 是 0.489，大于 0.05，也不是显著性变量。对于非显著性预测变量，在回归模型中予以剔除。

2. 模型汇总（Model Summary）

模型汇总表（表3-29）数据分析介绍如下：

$t=0$ m：模型汇总表中可以看出，模型1（只考虑常数项和自变量一次项）的调整 R^2 为 0.711，说明常数项、自变量高度、坡度和重量可以解释因变量落石冲击力变化的 71.1%；模型 2 是在模型 1 的基础之上，引入了自变量的二次交互项，调整 R^2 是 0.832，较模型 1 增加了 0.121（R^2 更改），说明加入自变量的二次交互项后，对落石冲击力变化解释的百分比增加了 12.1%，二次交互项对落石冲击力的影响也是非常显著的，在回归方程中应当保留；同理，模型 3 在模型 2 的基础上增加了自变量的三次交互项，调整 R^2 较模型 2 增大了 0.006，即可解释落石冲击力的百分比增加了 0.6%，增加幅度不是很大，后续分析中应进一步分析三次交互项回归系数的显著性。

$t=(0,2)$ m：模型汇总表中可以看出，模型 1（只考虑常数项和自变量一次项）的调整 R^2 为 0.793，说明常数项、自变量高度、坡度和重量可以解释因变量落石冲击力变化的 79.3%；模型 2 是在模型 1 的基础之上，新加入了自变量的二次交互影响项，调整 R^2 是 0.961，较模型 1 增加了 0.167（R^2 更改），说明加入自变量二次交互项后，对落石冲击力变化解释的百分比增加了 16.7%，二次交互项对落石冲击力的影响也是非常显著的，在回归方程中应当保留；同理，模型 3 在模型 2 的基础上增加了自变量的三次交互项，调整 R^2 是 0.972，较模型 2 增大了 0.012，即可解释落石冲击力的百分比增加了 1.2%，增加幅度不是很大；模型 4 中加入四次交互项，调整 R^2 是 0.972，和模型三相同，说明引入四次交互项对落石冲击力解释百分比没有增加，没有必要保留。后续分析中进一步分析三次交互项和四次交互项回归系数显著性。

表 3-29　模型汇总

t 分段	模型	R	R^2	调整 R^2	R^2 更改	Durbin-Watson
$t=0$ m	1	0.846	0.716	0.711	0.716	0.413
	2	0.915	0.838	0.832	0.121	
	3	0.919	0.844	0.837	0.006	
$t=(0,2)$ m	1	0.892	0.795	0.793	0.795	0.925
	2	0.981	0.962	0.961	0.167	
	3	0.987	0.973	0.972	0.012	
	4	0.987	0.973	0.972	0.000	

续表

t分段	模型	R	R^2	调整R^2	R^2更改	Durbin-Watson
$t=[2,3]$m	1	0.840	0.706	0.703	0.706	1.719
	2	0.943	0.890	0.886	0.184	
	3	0.953	0.908	0.905	0.019	
	4	0.953	0.909	0.905	0.001	
$t=(3,5]$m	1	0.884	0.781	0.778	0.781	0.737
	2	0.969	0.940	0.938	0.159	
	3	0.977	0.954	0.952	0.014	
	4	0.977	0.954	0.952	0.000	

$t=[2,3]$m 模型汇总表中可以看出，模型 1（只考虑常数项和自变量一次项）的调整 R^2 为 0.703，说明常数项、自变量高度、坡度和重量可以解释因变量落石冲击力变化的 70.3%；模型 2 是在模型 1 的基础之上，新加入了自变量的二次交互影响项，调整 R^2 是 0.886，较模型 1 增加了 0.184（R^2更改），说明加入自变量二次交互影响后，对落石冲击力变化解释的百分比增加了 18.4%，二次交互项对落石冲击力的影响也是非常显著的，在回归方程中应当保留；同理，模型 3 在模型 2 的基础上增加了自变量的三次交互项，调整 R^2 是 0.905，较模型 2 增大了 0.019，即可解释落石冲击力的百分比增加了 1.9%，增加幅度不是很大；模型 4 中加入四次交互项，调整 R^2 是 0.905，与模型 3 相同，说明引入四次交互项对落石冲击力解释百分比增加幅度非常小。后续分析中进一步分析三次交互项和四次交互项回归系数显著性。

$t=(3,5]$m 模型汇总表中可以看出，模型 1（只考虑常数项和自变量一次项）的调整 R^2 为 0.778，说明常数项、自变量高度、坡度和重量可以解释因变量落石冲击力变化的 77.8%；模型 2 是在模型 1 的基础之上，新加入了自变量的二次交互影响项，调整 R^2 是 0.938，较模型 1 增加了 0.159（R^2更改），说明加入自变量二次交互影响后，对落石冲击力变化解释的百分比增加了 15.9%，二次交互项对落石冲击力的影响也是非常显著的，在回归方程中应当保留；同理，模型 3 在模型 2 的基础上增加了自变量的三次交互项，调整 R^2 是 0.952，较模型 2 增大了 0.014，即可解释落石冲击力的百分比增加了 1.4%；模型 4 中加入四次交互项，调整 R^2 是 0.952，与模型 3 相同，说明引入四次交互项对落石冲击力解释百分比增加幅度非常小。后续分析中进一步分析三次交互项和四次交互项回归系数显著性。

3. 方差分析（ANOVA）

多元线性回归模型方差分析结果见表（3-30）。

方差分析结果表格中，可以得出每个模型的总平方和 SST、回归平方和 SSR、残差平方和 SSE、回归均方和 MSR、残差均方和 MSE、F 值以及回归方程的检验 F 值。

$t=0$ m 方差分析结果解析如下：

模型 1：总平方和 SST=1 888 797 927.330、回归平方和 SSR=1 352 958 936.855、残差平方和 SSE=535 838 990.474、回归均方和 MSR=450 986 312.285、残差均方和 MSE=3 044 539.719、F 值=148.130，回归方程的检验 P 值 sig=0.000；模型显著。

模型 2：总平方和 SST=1 888 797 927.330、回归平方和 SSR=1 581 887 083.921、残差平方和 SSE=306 910 843.409、回归均方和 MSR=263 647 847.320、残差均方和 MSE=1 774 051.118，F 值=148.613，回归方程的检验 P 值 sig=0.000；模型显著。

模型 3：总平方和 SST=1 888 797 927.330、回归平方和 SSR=1 593 753 664.204、残差平方和 SSE=295 044 263.126、回归均方和 MSR=227 679 094.886、残差均方和 MSE=1 715 373.623，F 值=132.729，回归方程的检验 P 值 sig=0.000；模型显著。

由以上数据结果可以看出，t=0 m 三个回归模型都是显著的，但是模型 2 的检验 F 值=148.613 为最大，说明模型 2 拟合度最好。

t=（0，2）m 方差分析结果解析如下：

模型 1：总平方和 SST=929 861 009.556、回归平方和 SSR=739 101 802.041、残差平方和 SSE=190 759 207.514、回归均方和 MSR=184 775 450.510、残差均方和 MSE=537 349.880、F 值=343.864，回归方程的检验 P 值 sig=0.000；模型显著。

表 3-30　方差分析

t 分段	模型		平方和	df	均方和	F	Sig.
t=0m	1	回归	1 352 958 936.855	3	450 986 312.285	148.130	0.000
		残差	535 838 990.474	176	3 044 539.719		
		总计	1 888 797 927.330	179			
	2	回归	1 581 887 083.921	6	263 647 847.320	148.613	0.000
		残差	306 910 843.409	173	1 774 051.118		
		总计	1 888 797 927.330	179			
	3	回归	1 593 753 664.204	7	227 679 094.886	132.729	0.000
		残差	295 044 263.126	172	1 715 373.623		
		总计	1 888 797 927.330	179			
t=（0，2）m	1	回归	739 101 802.041	4	184 775 450.510	343.864	0.000
		残差	190 759 207.514	355	537 349.880		
		总计	929 861 009.556	359			
	2	回归	894 456 267.488	10	89 445 626.749	881.705	0.000
		残差	35 404 742.067	349	101 446.252		
		总计	929 861 009.556	359			
	3	回归	905 171 328.022	14	64 655 094.859	903.455	0.000
		残差	24 689 681.534	345	71 564.294		
		总计	929 861 009.556	359			
	4	回归	905 193 583.665	15	60 346 238.911	841.559	0.000
		残差	24 667 425.891	344	71 707.633		
		总计	929 861 009.556	359			

续表

t 分段	模型		平方和	df	均方和	F	Sig.
$t=[2, 3]$m	1	回归	88 454 470.353	4	22 113 617.588	212.963	0.000
		残差	36 862 361.203	355	103 837.637		
		总计	125 316 831.556	359			
	2	回归	111 472 742.682	10	11 147 274.268	281.015	0.000
		残差	13 844 088.873	349	39 667.876		
		总计	125 316 831.556	359			
	3	回归	113 841 514.484	14	8 131 536.749	244.471	0.000
		残差	11 475 317.071	345	33 261.789		
		总计	125 316 831.556	359			
	4	回归	113 924 355.618	15	7 594 957.041	229.333	0.000
		残差	11 392 475.938	344	33 117.663		
		总计	125 316 831.556	359			
$t=(3, 5]$m	1	回归	19 879 157.408	4	4 969 789.352	316.320	0.000
		残差	5 577 499.772	355	15 711.267		
		总计	25 456 657.180	359			
	2	回归	23 920 126.451	10	2 392 012.645	543.310	0.000
		残差	1 536 530.729	349	4 402.667		
		总计	25 456 657.180	359			
	3	回归	24 285 948.193	14	1 734 710.585	511.207	0.000
		残差	1 170 708.987	345	3 393.359		
		总计	2 5456 657.180	359			
	4	回归	24 286 002.351	15	1 619 066.823	475.767	0.000
		残差	1 170 654.829	344	3 403.066		
		总计	25 456 657.180	359			

模型 2：总平方和 SST=92 9861 009.556、回归平方和 SSR=894 456 267.488、残差平方和 SSE=35 404 742.067、回归均方和 MSR=89 445 626.749、残差均方和 MSE=101 446.252、F 值 =881.705，回归方程的检验 P 值 sig=0.000；模型显著。

模型 3：总平方和 SST=929 861 009.6、回归平方和 SSR=905 171 328.022、残差平方和 SSE=24 689 681.534、回归均方和 MSR=64 655 094.859、残差均方和 MSE=71 564.294、F 值 =903.455，回归方程的检验 P 值 sig=0.000；模型显著。

模型 4：总平方和 SST=929 861 009.556、回归平方和 SSR=905 193 583.665、残差平方和 SSE=24 667 425.891、回归均方和 MSR=60 346 238.911、残差均方和 MSE=71 707.633、F 值 =841.559，回归方程的检验 P 值 sig=0.000；模型显著。

由以上数据结果可以看出，$t=(0, 2)$m 四个回归模型都是显著的，但是模型 3 的检验 F

值=903.455 为最大，说明模型 3 拟合度最好。

$t=[2,3]$m 方差分析结果解析如下：

模型 1：总平方和 SST=125 316 831.556、回归平方和 SSR=88 454 470.353、残差平方和 SSE=36 862 361.203、回归均方和 MSR=22 113 617.588、残差均方和 MSE=103 837.637、F 值=212.963，回归方程的检验 P 值 sig=0.000；模型显著。

模型 2：总平方和 SST=125 316 831.556、回归平方和 SSR=111 472 742.682、残差平方和 SSE=13 844 088.873、回归均方和 MSR=11 147 274.268、残差均方和 MSE=39 667.876、F 值=281.015，回归方程的检验 P 值 sig=0.000；模型显著。

模型 3：总平方和 SST=125 316 831.556、回归平方和 SSR=113 841 514.484、残差平方和 SSE=11 475 317.071、回归均方和 MSR=8 131 536.749、残差均方和 MSE=33261.789、F 值=244.471，回归方程的检验 P 值 sig=0.000；模型显著。

模型 4：总平方和 SST=125 316 831.556、回归平方和 SSR=113 924 355.618、残差平方和 SSE=11 392 475.938、回归均方和 MSR=7 594 957.041、残差均方和 MSE=33 117.663、F 值=229.333，回归方程的检验 P 值 sig=0.000；模型显著。

由以上数据结果可以看出，$t=[2,3]$m 四个回归模型都是显著的，但是模型 2 的检验 F 值=281.015 为最大，说明模型 2 拟合度最好。

$t=(3,5]$m 方差分析结果解析如下：

模型 1：总平方和 SST=25 456 657.180、回归平方和 SSR=19 879 157.408、残差平方和 SSE=5 577 499.772、回归均方和 MSR=4 969 789.352、残差均方和 MSE=15 711.267、F 值=316.320，回归方程的检验 P 值 sig=0.000；模型显著。

模型 2：总平方和 SST=25 456 657.180、回归平方和 SSR=23 920 126.451、残差平方和 SSE=1 536 530.729、回归均方和 MSR=2 392 012.645、残差均方和 MSE=4 402.667、F 值=543.310，回归方程的检验 P 值 sig=0.000；模型显著。

模型 3：总平方和 SST=25 456 657.180、回归平方和 SSR=24 285 948.193、残差平方和 SSE=1 170 708.987、回归均方和 MSR=1 734 710.585、残差均方和 MSE=3 393.359、F 值=511.207，回归方程的检验 P 值 sig=0.000；模型显著。

模型 4：总平方和 SST=25 456 657.180、回归平方和 SSR=24 286 002.351、残差平方和 SSE=1 170 654.829、回归均方和 MSR=1 619 066.823、残差均方和 MSE=3 403.066、F 值=475.767，回归方程的检验 P 值 sig=0.000；模型显著。

由以上数据结果可以看出，四个模型都是显著的，但是模型 2 的检验 F 值=543.310 为最大，说明模型 2 拟合度最好。

4. 回归系数以及显著性分析

多元线性回归系数表（表 3-31～3-34）中给出了各个模型中因变量对应于各个预测变量的回归系数、每个回归系数的 t 检验 P 值、常数项在置信区间为 95%的上下限两个值和两个共线性统计量（容差和膨胀因子）。

表格中预测变量检验 P 值 sig 超出显著性临界值（0.05）的相关数据都作加粗处理，说明相应的预测变量的回归系数在回归模型中是不显著的，其对应的预测变量在回归模型中剔除。

容差和膨胀因子都是 1，说明各个预测变量的回归系数之间相互检验的 R^2 是 0，表明这些回归系数之间不存在相关关系，说明回归模型中回归系数是有效的。

表 3-31　$t=0$ m 回归系数表

t 分段	模型	回归系数	非标准化系数	t	Sig.	B 的 95.0%置信区间 下限	B 的 95.0%置信区间 上限	共线性统计量 Tol	共线性统计量 VIF
$t=0$ m	1	常量 B	−4761.415	−11.323	0.000	−5591.287	−3931.543		
		H	38.725	8.422	0.000	29.650	47.799	1	1
		θ	82.766	17.103	0.000	73.215	92.317	1	1
		W	735.016	8.998	0.000	573.802	896.231	1	1
	2	常量 B	−4 761.373	−14.833	0.000	−5 394.929	−4 127.816		
		H	38.724	11.033	0.000	31.796	45.652	1	1
		θ	82.765	22.405	0.000	75.474	90.057	1	1
		W	735.017	11.787	0.000	611.940	858.095	1	1
		$H\theta$	0.938	7.185	0.000	0.681	1.196	1	1
		HW	8.414	3.816	0.000	4.062	12.765	1	1
		θW	18.395	7.928	0.000	13.816	22.975	1	1
	3	常量 B	−4 761.373	−15.085	0.000	−5 384.389	−4 138.356		
		H	38.724	11.220	0.000	31.912	45.537	1	1
		θ	82.765	22.785	0.000	75.595	89.936	1	1
		W	735.017	11.987	0.000	613.987	856.047	1	1
		$H\theta$	0.938	7.307	0.000	0.685	1.192	1	1
		HW	8.414	3.881	0.000	4.135	12.693	1	1
		θW	18.395	8.062	0.000	13.892	22.899	1	1
		$H\theta W$	0.212	2.630	0.009	0.053	0.371	1	1

表 3-32　$t=(0,2)$ m 回归系数表

t 分段	模型	回归系数	非标准化系数	t	Sig.	B 的 95.0%置信区间 下限	B 的 95.0%置信区间 上限	共线性统计量 Tol	共线性统计量 VIF
$t=(0,2)$ m	1	（常量）B	−1 345.267	−6.770	0.000	−1 736.066	−954.467		
		H	25.606	18.746	0.000	22.919	28.292	1	1
		θ	29.255	20.350	0.000	26.427	32.082	1	1
		W	577.452	23.796	0.000	529.727	625.176	1	1
		t	−1 277.056	−6.611	0.000	−1656.964	−897.147	1	1

续表

t 分段	模型	回归系数	非标准化系数	t	Sig.	\multicolumn{2}{c|}{B 的 95.0%置信区间}	\multicolumn{2}{c|}{共线性统计量}
						下限	上限	Tol	VIF
$t=$(0, 2) m	2	（常量）B	-1 345.240	-15.581	0.000	-1 515.052	-1 175.427		
		H	25.605	43.143	0.000	24.438	26.773	1	1
		θ	29.254	46.834	0.000	28.026	30.483	1	1
		W	577.452	54.766	0.000	556.714	598.190	1	1
		t	-1 277.054	-15.215	0.000	-1 442.133	-1 111.974	1	1
		$H\theta$	0.471	21.344	0.000	0.428	0.515	1	1
		HW	7.533	20.206	0.000	6.799	8.266	1	1
		Ht	-13.849	-4.667	0.000	-19.686	-8.013	1	1
		θW	9.962	25.392	0.000	9.191	10.734	1	1
		θt	0.649	0.208	0.835	-5.494	6.792	1	1
		Wt	-52.716	-1.000	0.318	-156.404	50.972	1	1
	3	（常量）B	-1 345.240	-18.551	0.000	-1487.872	-1 202.608		
		H	25.605	51.366	0.000	24.625	26.586	1	1
		θ	29.254	55.761	0.000	28.222	30.286	1	1
		W	577.452	65.205	0.000	560.034	594.870	1	1
		t	-1 277.054	-18.115	0.000	-1415.711	-1 138.397	1	1
		$H\theta$	0.471	25.412	0.000	0.435	0.508	1	1
		HW	7.533	24.058	0.000	6.917	8.148	1	1
		Ht	-13.849	-5.557	0.000	-18.752	-8.947	1	1
		θW	9.962	30.232	0.000	9.314	10.610	1	1
		θt	0.649	0.247	0.805	-4.511	5.808	1	1
		Wt	-52.716	-1.191	0.235	-139.807	34.376	1	1
		$H\theta W$	0.140	12.045	0.000	0.117	0.163	1	1
		$H\theta t$	0.115	1.237	0.217	-0.068	0.297	1	1
		HWt	-0.069	-0.044	0.965	-3.148	3.011	1	1
		θWt	2.907	1.764	0.079	-0.334	6.148	1	1
	4	（常量）B	-1 345.240	-18.532	0.000	-1 488.016	-1 202.464	1	1
		H	25.605	51.315	0.000	24.624	26.587	1	1
		θ	29.254	55.705	0.000	28.221	30.287	1	1
		W	577.452	65.140	0.000	560.016	594.888	1	1
		t	-1 277.054	-18.097	0.000	-1 415.851	-1 138.257	1	1
		$H\theta$	0.471	25.386	0.000	0.435	0.508	1	1
		HW	7.533	24.034	0.000	6.916	8.149	1	1
		Ht	-13.849	-5.551	0.000	-18.757	-8.942	1	1

续表

t分段	模型	回归系数	非标准化系数	t	Sig.	\$B\$的95.0%置信区间 下限	\$B\$的95.0%置信区间 上限	共线性统计量 Tol	共线性统计量 VIF
$t=$(0，2)m	4	θW	9.962	30.201	0.000	9.313	10.611	1	1
		θt	0.649	0.247	0.805	-4.516	5.814	1	1
		Wt	-52.716	-1.189	0.235	-139.896	34.464	1	1
		$H\theta W$	0.140	12.033	0.000	0.117	0.163	1	1
		$H\theta t$	0.115	1.236	0.217	-0.068	0.297	1	1
		HWt	-0.069	-0.044	0.965	-3.151	3.014	1	1
		θWt	2.907	1.762	0.079	-0.337	6.151	1	1
		$H\theta Wt$	-0.032	-0.557	0.578	-0.147	0.082	1	1

表3-33 $t=[2，3]$m回归系数表

t分段	模型	回归系数	非标准化系数	t	Sig.	\$B\$的95.0%置信区间 下限	\$B\$的95.0%置信区间 上限	共线性统计量 Tol	共线性统计量 VIF
$t=$[2，3]m	1	（常量）	211.652	2.093	0.037	12.772	410.532		
		H	5.983	9.964	0.000	4.802	7.164	1	1
		θ	7.725	12.224	0.000	6.482	8.968	1	1
		W	234.285	21.963	0.000	213.306	255.265	1	1
		t	-373.311	-10.990	0.000	-440.113	-306.509	1	1
$t=[2，3]$m	2	（常量）	211.651	3.386	0.001	88.721	334.581		
		H	5.983	16.121	0.000	5.253	6.713	1	1
		θ	7.725	19.777	0.000	6.957	8.493	1	1
		W	234.285	35.534	0.000	221.318	247.253	1	1
		t	-373.307	-17.781	0.000	-414.598	-332.016	1	1
		$H\theta$	0.122	8.843	0.000	0.095	0.149	1	1
		HW	2.526	10.835	0.000	2.067	2.984	1	1
		Ht	-4.052	-5.459	0.000	-5.512	-2.592	1	1
		θW	3.677	14.988	0.000	3.195	4.160	1	1
		θt	-4.117	-5.270	0.000	-5.653	-2.580	1	1
		Wt	-133.480	-10.122	0.000	-159.415	-107.545	1	1
	3	（常量）	211.651	3.698	0.000	99.080	324.223		
		H	5.983	17.605	0.000	5.314	6.651	1	1
		θ	7.725	21.598	0.000	7.021	8.428	1	1
		W	234.285	38.805	0.000	222.410	246.160	1	1
		t	-373.307	-19.418	0.000	-411.118	-335.495	1	1
		$H\theta$	0.122	9.657	0.000	0.097	0.147	1	1

续表

t分段	模型	回归系数	非标准化系数	t	Sig.	B的95.0%置信区间 下限	上限	共线性统计量 Tol	VIF
t=[2, 3]m	3	HW	2.526	11.833	0.000	2.106	2.946	1	1
		Ht	−4.052	−5.962	0.000	−5.389	−2.715	1	1
		θW	3.677	16.368	0.000	3.235	4.119	1	1
		θt	−4.117	−5.755	0.000	−5.524	−2.710	1	1
		Wt	−133.480	−11.054	0.000	−157.230	−109.730	1	1
		$H\theta W$	0.055	6.957	0.000	0.040	0.071	1	1
		$H\theta t$	−0.050	−1.971	0.050	−0.100	0.000	1	1
		HWt	−0.853	−1.999	0.046	−1.693	−0.014	1	1
		θWt	−1.737	−3.865	0.000	−2.620	−0.853	1	1
	4	（常量）	211.651	3.706	0.000	99.323	323.980		
		H	5.983	17.643	0.000	5.316	6.650	1	1
		θ	7.725	21.645	0.000	7.023	8.427	1	1
		W	234.285	38.889	0.000	222.436	246.135	1	1
		t	−373.307	−19.461	0.000	−411.037	−335.577	1	1
		$H\theta$	0.122	9.678	0.000	0.097	0.147	1	1
		HW	2.526	11.858	0.000	2.107	2.945	1	1
t=[2, 3]m	4	Ht	−4.052	−5.975	0.000	−5.386	−2.718	1	1
		θW	3.677	16.404	0.000	3.236	4.118	1	1
		θt	−4.117	−5.767	0.000	−5.521	−2.713	1	1
		Wt	−133.480	−11.078	0.000	−157.179	−109.782	1	1
		$H\theta W$	0.055	6.972	0.000	0.040	0.071	1	1
		$H\theta t$	−0.050	−1.975	0.049	−0.099	0.000	1	1
		HWt	−0.853	−2.003	0.046	−1.691	−0.015	1	1
		θWt	−1.737	−3.873	0.000	−2.618	−0.855	1	1
		$H\theta Wt$	−0.025	−1.582	**0.115**	−0.056	0.006	1	1

表3-34 t=（3, 5]m回归系数表

t分段	模型	回归系数	非标准化系数	t	Sig.	B的95.0%置信区间 下限	上限	共线性统计量 Tol	VIF
t=（3, 5]m	1	（常量）	321.093	5.082	0.000	196.845	445.340		
		H	2.366	10.128	0.000	1.906	2.825	1	1
		θ	3.485	14.176	0.000	3.001	3.968	1	1

续表

t分段	模型	回归系数	非标准化系数	t	Sig.	B的95.0%置信区间 下限	B的95.0%置信区间 上限	共线性统计量 Tol	共线性统计量 VIF
$t=$ (3，5]m	1	W	120.283	28.988	0.000	112.122	128.443	1	1
		t	-145.615	-11.021	0.000	-171.599	-119.630	1	1
	2	（常量）	321.090	9.601	0.000	255.314	386.865		
		H	2.366	19.132	0.000	2.122	2.609	1	1
		θ	3.485	26.779	0.000	3.229	3.741	1	1
		W	120.283	54.760	0.000	115.963	124.603	1	1
		t	-145.613	-20.819	0.000	-159.369	-131.857	1	1
		$H\theta$	0.048	10.394	0.000	0.039	0.057	1	1
		HW	1.118	14.402	0.000	0.966	1.271	1	1
		Ht	-1.833	-7.412	0.000	-2.319	-1.346	1	1
		θW	1.506	18.430	0.000	1.346	1.667	1	1
		θt	-2.222	-8.537	0.000	-2.734	-1.710	1	1
		Wt	-51.026	-11.615	0.000	-59.666	-42.386	1	1
$t=$ (3，5]m	3	（常量）	321.090	10.936	0.000	263.341	378.838		
		H	2.366	21.793	0.000	2.152	2.579	1	1
		θ	3.485	30.502	0.000	3.260	3.709	1	1
		W	120.283	62.374	0.000	116.490	124.076	1	1
		t	-145.613	-23.714	0.000	-157.690	-133.536	1	1
		$H\theta$	0.048	11.839	0.000	0.040	0.056	1	1
		HW	1.118	16.405	0.000	0.984	1.253	1	1
		Ht	-1.833	-8.442	0.000	-2.260	-1.406	1	1
		θW	1.506	20.992	0.000	1.365	1.647	1	1
		θt	-2.222	-9.724	0.000	-2.671	-1.772	1	1
		Wt	-51.026	-13.230	0.000	-58.612	-43.440	1	1
		$H\theta W$	0.015	5.809	0.000	0.010	0.020	1	1
		$H\theta t$	-0.023	-2.815	0.005	-.039	-.007	1	1
		HWt	-.791	-5.804	0.000	-1.060	-0.523	1	1
		θWt	-.817	-5.696	0.000	-1.100	-0.535	1	1
	4	（常量）	321.090	10.920	0.000	263.258	378.921		
		H	2.366	21.762	0.000	2.152	2.579	1	1
		θ	3.485	30.459	0.000	3.260	3.710	1	1
		W	120.283	62.285	0.000	116.484	124.081	1	1
		t	-145.613	-23.680	0.000	-157.708	-133.518	1	1
		$H\theta$	0.048	11.822	0.000	0.040	0.056	1	1
		HW	1.118	16.382	0.000	0.984	1.253	1	1
		Ht	-1.833	-8.430	0.000	-2.260	-1.405	1	1

续表

t 分段	模型	回归系数	非标准化系数	t	Sig.	B 的 95.0%置信区间 下限	上限	共线性统计量 Tol	VIF
$t=$ (3, 5]m	4	θW	1.506	20.962	0.000	1.365	1.648	1	1
		θt	−2.222	−9.710	0.000	−2.672	−1.772	1	1
		Wt	−51.026	−13.211	0.000	−58.623	−43.429	1	1
		$H\theta W$	0.015	5.801	0.000	0.010	0.020	1	1
		$H\theta t$	−0.023	−2.811	0.005	−0.039	−0.007	1	1
		HWt	−0.791	−5.796	0.000	−1.060	−0.523	1	1
		θWt	−0.817	−5.687	0.000	−1.100	−0.535	1	1
		$H\theta Wt$	−0.001	−0.126	0.900	−0.011	0.009	1	1

5. 回归系数相关性检验（表 3-35）

表 3-35 回归系数相关性检验结果

模型	项目	变量	$t=0$	$t=$ (0, 2)	$t=$ [2, 3]	$t=$ (3, 5]
1	相关性	H	1/0	1/0	1/0	1/0
		θ	1/0	1/0	1/0	1/0
		W	1/0	1/0	1/0	1/0
		t	—	1/0	1/0	1/0
	协方差	W	6672.964/0	588.877/0	113.795/0	17.48/0
		θ	23.420/0	2.067/0	0.399/0	0.06/0
		H	21.143/0	1.866/0	0.361/0	0.055/0
		t	—	37 315.964/0	1 153.752/0	174.570/0
2	相关性	W	1/0	1/0	1/0	1/0
		θ	1/0	1/0	1/0	1/0
		H	1/0	1/0	1/0	1/0
		t	—	1/0	1/0	1/0
		$H\theta$	1/0	1/0	1/0	1/0
		HW	1/0	1/0	1/0	1/0
		Ht	—	1/0	1/0	1/0
		θW	1/0	1/0	1/0	1/0
		θt	—	1/0	1/0	1/0
		Wt	—	1/0	1/0	1/0
	协方差	W	3 888.331/0	111.174/0	43.472/0	4.825/0
		θ	13.647/0	0.390/0	0.153/0	0.017/0
		H	12.32/0	0.352/0	0.138/0	0.015/0
		t	—	7 044.879/0	440.754/0	48.919/0
		$H\theta$	0.17/0	0	0	0

续表

模型	项目	变量	$t=0$	$t=(0, 2)$	$t=[2, 3]$	$t=(3, 5)$
2	协方差	HW	4.86/0	0.139/0	0.054/0	0.006/0
		Ht	—	8.806/0	0.551/0	0.061/0
		θW	5.384/0	0.154/0	0.060/0	0.007/0
		θt	—	9.745/0	0.610/0	0.068/0
		Wt	—	2 779.349/0	173.887/0	19.299/0
3	相关性	W	1/0	1/0	1/0	1/0
		θ	1/0	1/0	1/0	1/0
		H	1/0	1/0	1/0	1/0
		t	1/0	1/0	1/0	1/0
		$H\theta$	1/0	1/0	1/0	1/0
		HW	1/0	1/0	1/0	1/0
		Ht	—	1/0	1/0	1/0
		θW	1/0	1/0	1/0	1/0
		θt	—	1/0	1/0	1/0
		Wt	—	1/0	1/0	1/0
		$H\theta W$	1/0	1/0	1/0	1/0
		$H\theta t$	—	1/0	1/0	1/0
		HWt	—	1/0	1/0	1/0
		θWt	—	1/0	1/0	1/0
	协方差	W	3 759.723/0	78.427/0	36.451/0	3.719/0
		θ	13.195/0	0.275/0	0.128/0	0.013/0
		H	11.912/0	0.248/0	0.115/0	0.012/0
		t	—	4 969.743/0	39.575/0	37.704/0
		$H\theta$	0.016/0	0/0	0/0	0/0
		HW	4.7/0	0/0	0.046/0	0.005/0
		Ht	—	6.612/0	0.462/0	0.047/0
		θW	5.206/0	0.109/0	0.050/0	0.005/0
		θt	—	6.681/0	0.512/0	0.052/0
		Wt	—	1 960.666/0	145.805/0	14.875/0
		$H\theta W$	0.007/0	0/0	0/0	0/0
		$H\theta t$	—	0.009/0	0.001/0	0/0
		HWt	—	2.451/0	0.182/0	0.019/0
		θWt	—	2.715/0	0/0	0/0
4	相关性	H	—	1/0	1/0	1/0
		θ	—	1/0	1/0	1/0
		W	—	1/0	1/0	1/0

续表

模型	项目	变量	$t=0$	$t=(0, 2)$	$t=[2, 3]$	$t=(3, 5)$
4	相关性	t	—	1/0	1/0	1/0
		$H\theta$	—	1/0	1/0	1/0
		HW	—	1/0	1/0	1/0
		Ht	—	1/0	1/0	1/0
		θW	—	1/0	1/0	1/0
		θt	—	1/0	1/0	1/0
		Wt	—	1/0	1/0	1/0
		$H\theta W$	—	1/0	1/0	1/0
		$H\theta t$	—	1/0	1/0	1/0
		HWt	—	1/0	1/0	1/0
		θWt	—	1/0	1/0	1/0
		$H\theta Wt$	—	1/0	1/0	1/0
	协方差	H	—	0.249/0	0.155/0	0.012/0
		θ	—	0.276/0	0.127/0	0.013/0
		W	—	78.584/0	36.293/0	3.729/0
		t	—	4 979.697/0	367.974/0	37.812/0
		$H\theta$	—	0/0	0/0	0/0
		HW	—	0.098/0	0.045/0	0.005/0
		Ht	—	6.225/0	0.460/0	0.047/0
		θW	—	0.109/0	0.050/0	0.005/0
		θt	—	6.895/0	0.510/0	0.052/0
		Wt	—	1 964.593/0	145.173/0	14.918/0
		$H\theta W$	—	0/0	0/0	0/0
		$H\theta t$	—	0.009/0	0.001/0	0/0
		HWt	—	2.456/0	0.181/0	0.019/0
		θWt	—	2.720/0	0.201/0	0.021/0
		$H\theta Wt$	—	0.003/0	0/0	0/0

系数相关性表格（表 3-35），列出了各个模型中各个预测变量的系数相关系数和协方差，都是用来检验回归模型中所加入的预测变量是否独立。理论上相互独立的变量之间相关性系数和协方差都是 0。因此可以得出结论，各个分段内的各个模型内的所有预测变量之间是相互独立的，多元线性回归方程是有效的。

6. 落石冲击力计算公式拟合结果

1）$t=0$ m 落石冲击力计算公式回归

结合 1.~5.分析结果可知，$t=0$ m 的三个多元线性回归模型都是显著的，三个自变量 H、θ、W 都是冲击力 P 的显著性变量。由于三次交互项 $H\theta W$ 不显著，同时方差分析结果可知模型 2

的 F 值最大，线性回归拟合度最好，因此，对于回填土厚度 $t=0$ m 区段的多元线性回归分析，最终选择的最优方案是模型 2，$R^2=0.832$。模型 2 中剔除不显著预测变量后的回归方程是：

$$P=38.724H+82.765\theta+735.017W+0.938H\theta+18.395W\theta-4761.373$$

式中　P——落石冲击力（kN）；

　　　H——高度（m）；

　　　θ——山体坡度（°）；

　　　W——落石重量（t）。

2）$t=(0,2)$ m 落石冲击力计算公式

结合 1.~5.分析结果可知，$t=(0,2)$ m 的四个多元线性回归模型都是显著的，四个自变量 H、θ、W、t 都是冲击力 P 的显著性变量，自变量一次项 H、θ、W、t 均是显著性变量，二次交互项只有 $H\theta$、HW、θW 是显著性变量，三次交互项只有 $H\theta W$ 是显著性变量，四次交互项不是显著性变量；模型 3 的 R^2 达到最大值 0.972；方差分析结果可知模型 3 的 F 值最大，回归拟合度最好。因此，对于回填土厚度 $t=(0,2)$ m 区段的多元线性回归分析，最终选择最优方案是模型 3，调整 $R^2=0.972$。剔除不显著预测变量后的回归方程是：

$$P=25.605H+29.254\theta+577.452W-1277.054t+0.471H\theta+7.533HW+9.962\theta W+$$
$$0.14H\theta W-1345.24$$

式中：t 是回填土厚度，单位（m），其他符号意义同前。

3）$t=[2,3]$m 落石冲击力计算公式

结合 1.~5.分析结果可知，$t=[2,3]$m 的四个多元线性回归模型都是显著的，四个自变量 H、θ、W、t 都是冲击力 P 冲显著性变量，自变量一次项 H、θ、W、t 均是显著性变量，二次交互项全部是 P 的显著性变量，三次交互项只有 $H\theta W$ 是显著性变量，四次交互项不是显著性变量；模型 3 的 R^2 达到最大值 0.905；方差分析结果可知模型 2 的 F 值最大，回归拟合度最好。考虑到三次交互项 $H\theta W$ 显著，引入三次交互项 R^2 增大 0.19，保留 $H\theta W$。对于回填土厚度 $t=[2,3]$m 区段的多元线性回归分析，最终选择方案是模型 3，调整 $R^2=0.905$。剔除不显著预测变量后的回归方程是：

$$P=5.983H+7.725\theta+234.285W-373.307t+0.122H+2.526HW-4.052Ht+$$
$$3.67\theta W-74.117\theta t-133.48Wt+0.055H\theta W+211.651$$

式中各变量符号意义及单位同前。

4）$t=(3,5]$m 落石冲击力计算公式

结合 1.~5.分析结果可知，$t=(3,5]$m 的四个多元线性回归模型都是显著的，四个自变量 H、θ、W、t 都是冲击力 P 的显著性变量，其中自变量一次项 H、θ、W、t 全部是 P 的显著性变量，二次交互项全部是显著性变量，三次交互项和四次交互项不是显著性变量；方差分析结果可知模型 2 的 F 值最大，回归拟合度最好。因此，对于回填土厚度 $t=(3,5]$m 区段的多元线性回归分析，最终选择最优方案是模型 2，调整 $R^2=0.938$。剔除不显著预测变量后的回归方程是：

$$P=2.366H+3.485\theta+120.283W-146.163t+0.048H\theta+1.118HW$$

式中，各变量符号意义及单位同前。

表 3-36 落石冲击力计算公式汇总表

回填土厚度 t	落石冲击力计算公式
$t=0$ m	$P=38.724H+82.765\theta+735.017W+0.938H\theta+18.395W\theta-4\ 761.373$
$t=(0,2)$ m	$P=25.605H+29.254\theta+577.452W-1277.054t+0.471H\theta+7.533HW+9.962\theta W+0.14H\theta W-1345.24$
$t=[2,3]$ m	$P=5.983H+7.725\theta+234.285W-373.307t+0.122H+2.526HW-4.052Ht+3.67\theta W-74.117\theta t-133.48Wt+0.055H\theta W+211.651$
$t=(3,5]$ m	$P=2.366H+3.485\theta+120.283W-146.163t+0.048H\theta+1.118HW-1.833Ht+1.506\theta W-2.222\theta t-51.026Wt+321.090$

3.6 本章小结

本章运用三维离散元颗粒流方法（PFC^{3D}），根据设定的工况组合条件，按照校准后的细观物理力学参数，对不同落石高度、不同落石重量及不同回填土厚度下，落石冲击上覆回填土方形板试验进行了模拟计算，并依此分析了底板不同范围内落石冲击中心集中力 F 和均布压力 p_{ie} 的变化情况，结合落石的工况组合条件，对冲击荷载进行了回归分析，得出了用于可靠性分析的冲击荷载计算表达式，具体研究成果如下：

（1）作用在回填土表面的落石冲击力与回填土厚度无关。通过记录不同工况下落石冲击过程中的落石竖向接触力，得知作用在回填土表面的落石冲击力会随落石的重量或下落高度的增大而增大，但基本不受回填土厚度的影响。

（2）落石冲击荷载变化值随着到冲击点距离的增大而减小。通过记录落石冲击过程中底板各个墙单元的竖向荷载，可知在落石冲击过程中，冲击点正下方的竖向荷载值变化最大，而随着到冲击点距离的增大，竖向荷载值的变化逐渐减小。

（3）确定了底板不同范围内的落石冲击荷载。通过提取作用在底板各个墙单元上的落石冲击峰值荷载，在中心不同范围内进行叠加便可得到对应的落石冲击中心集中力 F，除以相应单元的总面积，即可确定对应范围内的均布压力 p_{ie}，以此作为最不利荷载可进行可靠度分析。

（4）建立了不同范围方形板所受中心集中力和均布压力的多元线性回归方程。通过对回填土厚度、落石高度、落石重量与冲击荷载的相关性分析，依托多元线性回归分析的基本原理，通过决定系数检验，方差分析和回归系数显著项检验等检验分析方法，建立了关于不同范围方形板所受中心集中力 F 和均布压力 p_{ie} 的多元线性回归方程。

（5）建立了含交互项的落石冲击荷载回归方程。考虑到自变量回填土厚度、落石高度、落石重量相互之间的影响作用，通过设置自变量的乘积项或比值项表示变量间的交互作用，并以此得出了含交互项的落石冲击荷载回归方程，通过决定系数检验表明：该类方程比多元一次线性回归方程拟合优度更好，能更显著地反映冲击荷载的变化规律。

（6）落石高度 H、重量 W、山体坡度 θ 和回填土厚度 t 都是落石冲击力 P 的显著性影响变量，四个影响因素的交互项（交互作用）对落石冲击力的影响也是显著的，再次说明这四个影响因素不是单独影响落石冲击力的，某一个因素对落石冲击力的影响程度要受到其他几个因素的影响。

第4章 落石冲击下拱形明洞结构概率可靠性分析

由于工程结构在设计、施工及使用过程中存在着种种的不确定性，这使得采用概率方法来指导结构设计已成为必然趋势。目前，关于工程结构的可靠性分析已经得到了广泛的认同，我国在铁路、公路、建筑结构、水利水电及港口工程等方面都已颁布了相关的可靠度设计统一标准[70-74]，结合具体专业工程结构的特点，给出了以可靠性理论为基础的概率极限状态设计方法。防落石隧道拱形明洞结构由于所处环境条件更加复杂，受参数不确定性的影响更大，因此，运用概率方法来描述其可靠性更加合理。

本章先简要阐述结构概率可靠性的相关概念和基本原理，包括结构功能的极限状态，结构可靠度及可靠指标的定义等，选用适用于非正态随机变量可靠性分析的计算方法。根据已经得出的拱形明洞极限承载力和冲击荷载的计算表达式，给出不同条件下的极限状态方程，结合各随机变量的分布类型和概率统计特征，对结构的可靠指标和失效概率进行求解，依此对客运专线双线隧道拱形明洞受落石冲击的可靠性进行分析。

4.1 结构概率可靠性分析的原理

在对拱形明洞结构的可靠性分析之前，有必要明确概率可靠性分析的相关概念及原理，同时针对本书存在的部分非正态分布随机变量，提出结构可靠指标的合理计算方法。

4.1.1 结构可靠度

在结构的施工和使用过程中，结构是以安全可靠和失效破坏两种状态存在的，因此，在结构设计过程中就必须明确这两种工作状态的界限，该界限被认为是结构功能的极限状态。本质上，极限状态就是结构工作状态的一个临界值，当超过这一临界值时，结构即处于不安全不适用的状态，如结构因失去平衡发生倾覆、因材料强度过低出现过度的塑性变形、结构或构件变成机动体系等[75]。

而影响结构功能状态的因素有很多，如环境条件、材料性能及几何参数等。假设用 X_1，X_2，$\cdots$，X_n 表示结构的基本随机变量，将结构的功能函数表示为：

$$Z = g(X_1, X_2, \cdots, X_n) \tag{4-1}$$

则结构的工作状态可描述为：

当 $Z > 0$ 时，结构处于可靠状态；
当 $Z = 0$ 时，结构处于极限状态；
当 $Z < 0$ 时，结构处于失效状态。

通常情况下，结构的可靠性是用可靠度来衡量的，在我国《工程结构可靠性设计统一标准》（GB 50153—2008）[76]中对可靠度的定义为：结构在规定时间内，在规定的条件下，完成预定功能的概率，用 p_s 表示。与之相反，结构不能完成预定功能的概率被称为失效概率，用 p_f 表示。即有：

$$p_s + p_f = 1 \tag{4-2}$$

依据概率论与数理统计的基本原理[77]，若 X_1，X_2，…，X_n 为结构的基本随机变量，其对应的概率密度函数可以表示为 $f_X(x_1, x_2, \cdots, x_n)$，结合功能函数[式（4-1）]，则结构的失效概率可表示为：

$$p_f = P(Z < 0) = \iint_{Z<0} \cdots \int f_X(x_1, x_2, \cdots, x_n) \mathrm{d}x_1 \mathrm{d}x_2 \cdots \mathrm{d}x_n \tag{4-3}$$

假设结构的抗力为 R，荷载效应为 S，其对应的概率密度函数分别为 $f_R(r)$ 和 $f_S(s)$，且 R 和 S 为两个相互独立的随机变量，则结构的功能函数为：

$$Z = g(R, S) = R - S \tag{4-4}$$

结构的失效概率为：

$$p_f = P(Z < 0) = \iint_{r<s} f_R(r) f_S(s) \mathrm{d}r \mathrm{d}s \tag{4-5}$$

4.1.2 结构可靠指标

考虑到在实际工程中结构的功能函数往往是非线性的，同时影响结构可靠度的随机变量又有很多，所以直接采用数值积分的方法计算失效概率是很难实现的，因此还需要引入新的指标来度量结构的可靠度。

结合式（4-4）表示的结构功能函数，假设抗力 R 和荷载 S 均服从正态分布，对应的均值和标准差分别表示为 μ_R，μ_S 和 σ_R，σ_S，则功能函数 $Z = R-S$ 也应服从正态分布，其均值和标准差可分别表示为：

$$\mu_Z = \mu_R - \mu_S \tag{4-6}$$

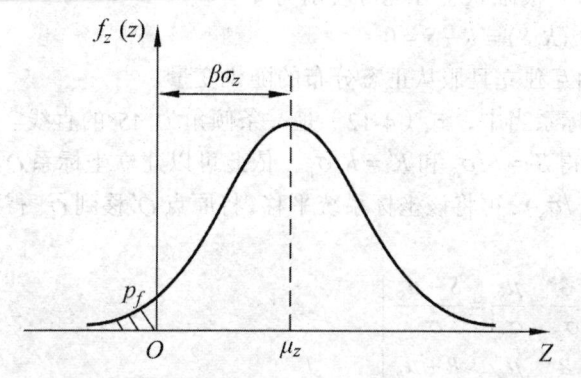

$$\sigma_Z = \sqrt{\sigma_R^2 + \sigma_S^2} \tag{4-7}$$

图 4-1 正态分布功能函数概率密度曲线图

作出变量 Z 的概率密度分布曲线如图 4-1 所示，μ_Z 和 σ_Z 分别为变量的均值和标准差，当 $Z<0$ 时结构处于失效状态，则失效概率可表示为：

$$p_f = P(Z<0) = F_Z(0) = \int_{-\infty}^{0} \frac{1}{\sqrt{2\pi}\sigma_Z} e^{-\frac{(z-\mu_Z)^2}{2\sigma_Z^2}} dz \tag{4-8}$$

不难看出，图中的阴影面积即表示结构的失效概率 p_f，若令 $t = \frac{z-\mu_Z}{\sigma_Z}$，将变量 Z 转化为标准正态分布（即 $\mu_T=0$，$\sigma_T=1$），则式（4-8）可简化为：

$$p_f = \int_{-\infty}^{\frac{\mu_Z}{\sigma_Z}} \frac{1}{\sqrt{2\pi}} e^{-\frac{t^2}{2}} dt = \Phi\left(-\frac{\mu_Z}{\sigma_Z}\right) \tag{4-9}$$

式中，$\Phi(\ )$ 为标准正态分布函数值。

此时若引入符号 β，并使得

$$\beta = \frac{\mu_Z}{\sigma_Z} \tag{4-10}$$

则式（4-9）可化为：

$$p_f = \Phi(-\beta) = 1 - \Phi(\beta) \tag{4-11}$$

由此可以看出，β 与失效概率 p_f 之间存在着对应关系，可以作为衡量结构可靠度的一个指标，通常称其为结构可靠指标[75]。

4.1.3 当量正态化法

上一节以随机变量和功能函数都服从正态分布为基础引出了结构可靠指标，但在实际工程中，有些随机变量并不服从正态分布，对于包含非正态分布随机变量的极限状态方程的可靠度分析，通常是将非正态随机变量当量化或转化为正态随机变量[75]。当量正态化法正是其中的方法之一，它是由 Rudiger Rackwitz 和 Bernd Fiessler 于 1978 年提出的[78]，后来，该法被国际结构安全度联合委员会（JCSS）所采用，故简称为 JC 法。

考虑到 JC 法的本质是计算当量正态化后服从正态分布的随机变量的可靠指标，因此，本书先从随机变量服从正态分布的情况进行说明。

1. 两个正态随机变量的情况

当变量只有两个时，极限状态方程可表示为：

$$Z = g(R,S) = R - S = 0 \tag{4-12}$$

式中 R 和 S 为两个相互独立且服从正态分布的随机变量。

则在 OSR 直角坐标系当中，式（4-12）是一条倾角为 45° 的直线。将 R 和 S 分别除以对应的标准差 σ_R 和 σ_S 可得 $S' = S/\sigma_S$ 和 $R' = R/\sigma_R$，依此可以建立坐标系 $O'S'R'$，此时极限状态方程的倾角变为 $\arctan(\sigma_R/\sigma_S)$，再将该坐标系统平移，将原点 O' 移到 $\overline{O}$，得到新的坐标系 $\overline{OSR}$（图 4-2）。则有：

$$\left. \begin{array}{l} \overline{S} = \dfrac{S}{\sigma_S} - \dfrac{\mu_S}{\sigma_S} = \dfrac{S-\mu_S}{\sigma_S} \\ \overline{R} = \dfrac{R}{\sigma_R} - \dfrac{\mu_R}{\sigma_R} = \dfrac{R-\mu_R}{\sigma_R} \end{array} \right\} \tag{4-13}$$

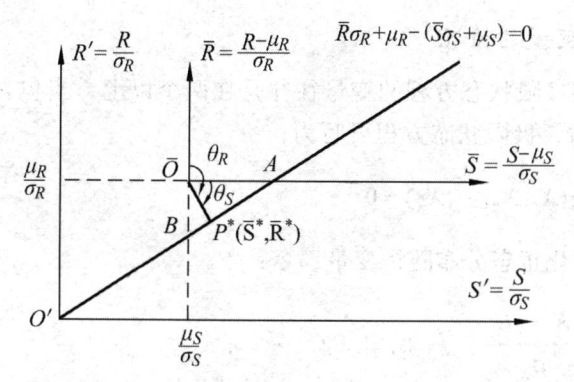

图 4-2 两个正态随机变量的极限状态方程和设计验算点

该变换的本质其实是将正态分布 $N(\mu_i,\sigma_i)$ 化为标准正态分布 $N(0,1)$，代入式（4-12）得到新的极限状态方程为：

$$\bar{R}\sigma_R + \mu_R - (\bar{S}\sigma_S + \mu_S) = 0 \tag{4-14}$$

即：

$$\bar{R}\sigma_R - \bar{S}\sigma_S + \mu_R - \mu_S = 0 \tag{4-15}$$

将等式两端同时除以 $-\sqrt{\sigma_R^2 + \sigma_S^2}$，并与解析几何中法线式直线方程相比较，得：

$$\bar{S}\cos\theta_S + \bar{R}\cos\theta_R - \beta = 0 \tag{4-16}$$

式中

$$\left.\begin{array}{l}\cos\theta_S = \dfrac{\sigma_S}{\sqrt{\sigma_R^2+\sigma_S^2}} \\ \cos\theta_R = -\dfrac{\sigma_R}{\sqrt{\sigma_R^2+\sigma_S^2}}\end{array}\right\} \tag{4-17}$$

$$\beta = \frac{\mu_R - \mu_S}{\sqrt{\sigma_R^2 + \sigma_S^2}} \tag{4-18}$$

由此可知，β 即为原点 $\bar{O}$ 到极限状态方程直线的最短距离 $\overline{OP^*}$（P^* 为垂足），而 $\cos\theta_S$ 和 $\cos\theta_R$ 为法线 $\overline{OP^*}$ 的方向余弦，从 4.1.2 节可知式（4-18）中的 β 正是可靠指标，因此，关于可靠指标 β 的计算就转化为求 $\overline{OP^*}$ 的长度。而垂足点 P^* 被称为设计验算点，其对应坐标为：

$$\left.\begin{array}{l}\bar{S}^* = \overline{OP^*}\cos\theta_S = \beta\cos\theta_S \\ \bar{R}^* = \overline{OP^*}\cos\theta_R = \beta\cos\theta_R\end{array}\right\} \tag{4-19}$$

代入式（4-13）便可得到设计验算点 P^* 在原坐标系统 OSR 中的坐标为：

$$\left.\begin{array}{l}S^* = \bar{S}^*\sigma_S + \mu_S = \beta\cos\theta_S\sigma_S + \mu_S \\ R^* = \beta\cos\theta_R\sigma_R + \mu_R\end{array}\right\} \tag{4-20}$$

因此，在已知两个随机变量的均值和标准差的情况下，便可运用式（4-18）和（4-20）求得对应的可靠指标 β 和验算点设计值 R^* 和 S^*。

2. 多个正态随机变量的情况

一般情况下，结构极限状态方程的变量往往是在两个以上，当包含多个相互独立的随机变量 X_1，X_2，$\cdots$，X_n 时，极限状态方程可写为：

$$Z = g(X_1, X_2, \cdots, X_n) = 0 \tag{4-21}$$

将变量转化为标准化正态分布随机变量，令：

$$\overline{X_i} = \frac{X_i - \mu_{X_i}}{\sigma_{X_i}}, \quad i = 0, 1, 2, \cdots, n \tag{4-22}$$

此时，极限状态方程（4-21）在 n 维坐标系 $\overline{OX_1X_2\cdots X_n}$ 中为：

$$Z = g\left(\overline{X_1}\sigma_{X_1} + \mu_{X_1}, \overline{X_2}\sigma_{X_2} + \mu_{X_2}, \cdots, \overline{X_n}\sigma_{X_n} + \mu_{X_n}\right) = 0 \tag{4-23}$$

与两个正态随机变量的情况类似，可靠指标 β 是 n 维坐标系 $\overline{OX_1X_2\cdots X_n}$ 中原点 $\overline{O}$ 到极限状态方程曲面的最短距离，此时，垂足 P^* 点的法线 $\overline{OP^*}$ 的方向余弦为：

$$\cos\theta_{X_i} = \frac{-\left.\frac{\partial g}{\partial X_i}\right|_{P^*}\sigma_{X_i}}{\left[\sum_{i=1}^n\left(\left.\frac{\partial g}{\partial X_i}\right|_{P^*}\sigma_{X_i}\right)^2\right]^{1/2}} \tag{4-24}$$

式中 $\left.\frac{\partial g}{\partial X_i}\right|_{P^*}\sigma_{X_i}$ ——函数 $g(X_1, X_2, \cdots, X_n)$ 对 X_i 的偏导数在 P^* 点处的值。

与式（4-20）类似，此时设计验算点 P^* 在原坐标系统 $OX_1X_2\cdots X_n$ 中的坐标为：

$$X_i^* = \mu_{X_i} + \beta\sigma_{X_i}\cos\theta_{X_i} \tag{4-25}$$

式中 μ_{X_i} ——随机变量 X_i 的均值；

σ_{X_i} ——随机变量 X_i 的标准差。

由于验算点 P^* 为极限状态方程上的一点，因此其自然满足方程式（4-21），即：

$$Z = g(X_1^*, X_2^*, \cdots, X_n^*) = 0 \tag{4-26}$$

由式（4-24）~（4-26）联立便可解得可靠指标 β 和验算点设计值 X_i^*。

3. 非正态随机变量的情况

通常情况下，在实际工程中有部分变量是不服从正态分布的，因此，就需要将非正态随机变量当量化为正态随机变量，"当量正态化"需要满足两个条件[79]：

（1）在设计验算点 x_i^* 处，当量正态化后的随机变量 X_i' 的概率分布函数值 $F_{X_i'}(x_i^*)$ 与原非正态随机变量 X_i 的概率分布函数值 $F_{X_i}(x_i^*)$ 相等；

（2）在设计验算点 x_i^* 处，当量正态化后的随机变量 X_i' 的概率密度函数值 $F_{X_i'}(x_i^*)$ 与原非正态随机变量 X_i 的概率密度函数值 $f_{X_i}(x_i^*)$ 相等（图 4-3）。

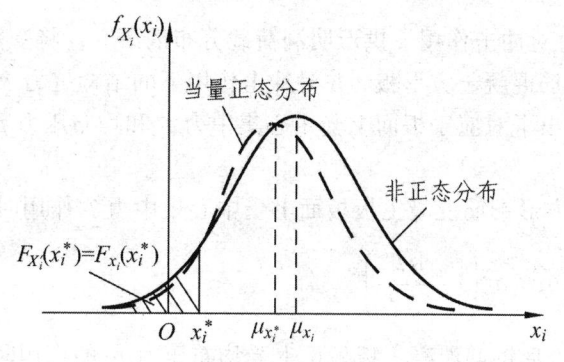

图 4-3 非正态随机变量的当量正态化

条件（1）中的 $F_{X_i'}(x_i^*) = F_{X_i}(x_i^*)$ 可写为：

$$\Phi\left(\frac{x_i^* - \mu_{X_i'}}{\sigma_{X_i'}}\right) = F_{X_i}(x_i^*) \tag{4-27}$$

式中　$\Phi()$——标准正态分布函数。

由此可得当量正态化后的随机变量 X_i' 的均值 $\mu_{X_i'}$ 为：

$$\mu_{X_i'} = x_i^* - \Phi^{-1}\left[F_{X_i}(x_i^*)\right]\sigma_{X_i'} \tag{4-28}$$

式中　$\Phi^{-1}()$——标准正态分布函数的反函数。

条件（2）中的 $f_{X_i'}(x_i^*) = f_{X_i}(x_i^*)$ 还可写成：

$$\frac{\varphi\left(\dfrac{x_i^* - \mu_{X_i'}}{\sigma_{X_i'}}\right)}{\sigma_{X_i'}} = f_{X_i}(x_i^*) \tag{4-29}$$

式中　$\varphi()$——标准正态分布函数的概率密度函数。

由此可得当量正态化后的随机变量 X_i' 的标准差 $\sigma_{X_i'}$ 为：

$$\sigma_{X_i'} = \frac{\varphi\left\{\Phi^{-1}\left[F_{X_i}(x_i^*)\right]\right\}}{f_{X_i}(x_i^*)} \tag{4-30}$$

由式（4-28）和（4-30）可以确定当量正态化后的随机变量 X_i' 的均值 $\mu_{X_i'}$ 和标准差 $\sigma_{X_i'}$，代入式（4-24）～（4-26）迭代计算便可解得可靠指标 β。

根据结构的可靠指标 β 便可确定结构的失效概率，即可对结构的可靠性作出评价。

4.2 极限状态方程的建立

为了更直观地描述结构的工作状态，通常把影响结构功能的因素归结为两大类：结构抗力 R 和荷载效应 S，通过联立二者得出对应的极限状态方程：

$$g(R, S) = R - S = 0 \tag{4-31}$$

本书第 2 章中通过对冲击作用下拱形明洞荷载分布的研究，将受落石冲击部位拱形明洞合理简化为四边固支钢筋混凝土方形板，并对冲击作用下的结构抗力 R（即极限承载力）的计算进行了具体研究，给出了对应于板面上受中心集中力 F 和均布压力 p_{ie} 的结构极限承载力的计算表达式：

（1）当四边固支正方形钢筋混凝土板板面上受中心集中力 F 作用时，其极限承载力 F_s 为：

$$F_s = 16\rho f_y d^2 \left(1 - \frac{\rho f_y}{1.7 f_c}\right) \tag{4-32}$$

（2）当四边固支正方形钢筋混凝土板板面上受均布压力 p_{ie} 的作用时，其极限承载力 p_s 为：

$$p_s = \frac{12}{a^2} \cdot \rho f_y d^2 \left(1 - \frac{\rho f_y}{1.7 f_c}\right) \tag{4-33}$$

式中　ρ——钢筋混凝土板受拉钢筋的配筋率；

　　　f_y——钢筋的屈服强度标准值；

　　　d——钢筋混凝土矩形板的有效厚度；

　　　f_c——混凝土的轴心抗压强度设计值；

　　　a——正方形钢筋混凝土板边长的一半。

而在本书第 3 章中又运用三维离散元颗粒流方法（PFC^{3D}），计算得出落石冲击作用下的中心集中力 F 和均布压力 p_{ie}，结合落石下落的条件，建立了不同范围内方形板所受冲击荷载 F 和 p_{ie} 的多元线性回归荷载方程（表 3-10），此外，考虑到落石冲击过程中落石高度、重量及回填土厚度的相互影响关系，又建立了含交互项的线性回归荷载方程（表 3-18）。

通过联立极限承载力表达式和冲击荷载多元线性回归方程，得到对应的极限状态方程如表 4-1 所示，通过联立极限承载力表达式和冲击荷载含交互项线性回归方程，得到对应的极限状态方程如表 4-2 所示。

4.3　结构可靠指标的计算

在建立了关于拱形明洞受落石冲击作用的极限状态方程之后，结合随机变量的概率统计特征，再充分考虑变量的分布类型，运用当量正态化的方法即可求出结构的可靠指标，由此便可对结构的可靠性做出判断。

4.3.1　基本变量的分布类型及概率统计特征

对结构的可靠指标计算之前，需要对极限状态方程中基本变量的分布类型及概率统计特征进行统计分析，根据表 4-1 和表 4-2 中不同条件下的极限状态方程，可以看出文中共涉及了七个基本变量：钢筋混凝土板受拉区钢筋的配筋率（ρ），钢筋的屈服强度标准值（f_y），钢筋混凝土矩形板的有效厚度（d），混凝土的轴心抗压强度设计值（f_c），回填土厚度（h），落石下落高度（H）和落石重量（W）。其中，前四个变量为与极限承载力相关的变量，后三个变量为与冲击荷载相关的变量。

表 4-1 落石冲击拱形明洞极限状态方程（荷载表达式为多元线性回归方程）

序号	分析范围	荷载方式	极限状态方程
1	1 m×1 m	中心集中力	$16\rho f_y d^2 \left(1-\dfrac{\rho f_y}{1.7 f_c}\right) - (1\,008\,634.829 - 655\,796.505h + 5\,343.514H + 88\,220.523W) = 0$
2	1 m×1 m	均布压力	$48\rho f_y d^2 \left(1-\dfrac{\rho f_y}{1.7 f_c}\right) - (1\,008\,634.829 - 655\,796.505h + 5\,343.514H + 88\,220.523W) = 0$
3	3 m×3 m	中心集中力	$16\rho f_y d^2 \left(1-\dfrac{\rho f_y}{1.7 f_c}\right) - (3\,221\,566.938 - 2\,144\,856.914h + 21\,560.508H + 371\,384.159W) = 0$
4	3 m×3 m	均布压力	$\dfrac{16}{3}\rho f_y d^2 \left(1-\dfrac{\rho f_y}{1.7 f_c}\right) - (357\,951.789 - 238\,317.400h + 2\,395.613H + 41\,264.899W) = 0$
5	5 m×5 m	中心集中力	$16\rho f_y d^2 \left(1-\dfrac{\rho f_y}{1.7 f_c}\right) - (3\,721\,963.679 - 2\,383\,524.733h + 28\,393.661H + 507\,201.312W) = 0$
6	5 m×5 m	均布压力	$\dfrac{48}{25}\rho f_y d^2 \left(1-\dfrac{\rho f_y}{1.7 f_c}\right) - (148\,878.538 - 95\,340.981h + 1\,135.746H + 20\,288.053W) = 0$
7	7 m×7 m	中心集中力	$16\rho f_y d^2 \left(1-\dfrac{\rho f_y}{1.7 f_c}\right) - (3\,774\,373.870 - 2\,192\,764.038h + 31\,196.350H + 571\,759.790W) = 0$
8	7 m×7 m	均布压力	$\dfrac{48}{49}\rho f_y d^2 \left(1-\dfrac{\rho f_y}{1.7 f_c}\right) - (77\,028.091 - 44\,750.324h + 636.660H + 11\,668.580W) = 0$

表 4-2 落石冲击拱形明洞极限状态方程（荷载表达式为交互含交互项线性回归方程）

序号	分析范围	荷载方式	极限状态方程
1	1 m×1 m	中心集中力	$16\rho f_y d^2\left(1-\dfrac{\rho f_y}{1.7 f_c}\right)-(38\,740.034-3\,311.247H+68\,097.523W+1\,221.327Hh-23\,547.673hW-2\,964.964HW+8\,106.356\,HW/h)=0$
2	1 m×1 m	均布压力	$48\rho f_y d^2\left(1-\dfrac{\rho f_y}{1.7 f_c}\right)-(38\,740.034-3\,311.247H+68\,097.523W+1\,221.327Hh-23547.673hW-2\,964.964HW+8\,106.356\,HW/h)=0$
3	3 m×3 m	中心集中力	$16\rho f_y d^2\left(1-\dfrac{\rho f_y}{1.7 f_c}\right)-(310\,470.138-3\,502.661H+333\,713.367W-116\,763.207hH+333\,713.367hW-6\,193.939HW+21\,537.603\,HW/h)=0$
4	3 m×3 m	均布压力	$\dfrac{16}{3}\rho f_y d^2\left(1-\dfrac{\rho f_y}{1.7 f_c}\right)-(34\,496.679-389.184H+37\,079.235W-12\,973.681hW-688.216HW+2\,393.068HW/h)=0$
5	5 m×5 m	中心集中力	$16\rho f_y d^2\left(1-\dfrac{\rho f_y}{1.7 f_c}\right)-(35\,744.504-4768.985H+500\,795.498W+371\,661.841h-176\,217.181hW-6\,483.144HW+25\,182.338\,HW/h)=0$
6	5 m×5 m	均布压力	$\dfrac{48}{25}\rho f_y d^2\left(1-\dfrac{\rho f_y}{1.7 f_c}\right)-(1\,430.003-190.760H+20\,031.797W+14\,866.373h-7\,048.677hW-259.325HW+1\,007.293\,HW/h)=0$
7	7 m×7 m	中心集中力	$16\rho f_y d^2\left(1-\dfrac{\rho f_y}{1.7 f_c}\right)-(-280\,752.598+583\,400.032W+853\,871.363h-2\,928.235hH-205\,865.871hW-5\,591.065HW+24\,907.165\,HW/h)=0$
8	7 m×7 m	均布压力	$\dfrac{48}{49}\rho f_y d^2\left(1-\dfrac{\rho f_y}{1.7 f_c}\right)-(-5\,729.556+11\,906.155W+17\,425.859h-59.760hH-4\,201.347hW-114.103HW+508.309HW/h)=0$

本书以客运专线双线隧道拱形明洞为研究对象，依托新建铁路长沙至昆明客运专线玉屏至昆明段隧道明洞施工图[80]，拱形明洞衬砌结构拱部采用C35钢筋混凝土，厚度为85.0 cm，结合图纸中钢筋的尺寸及配筋方式，可以确定单位长度受拉区钢筋的配筋率ρ为0.639%，钢筋混凝土板的有效厚度d为76.8 cm。其中，钢筋和混凝土的材料分别采用C35混凝土和HRB335钢筋，根据我国《混凝土结构设计规范》（GB 50010—2010）规定[81]，C35混凝土的标准抗压强度f_c为16.7 MPa，HRB335钢筋的屈服强度f_y为335 MPa。

结合目前的相关研究成果[82-85]，将钢筋混凝土板的配筋率ρ认为是常数，其值不作为随机变量进行分析；而关于材料强度的变量（钢筋的屈服强度f_y，混凝土的轴心抗压强度f_c）通常认为服从正态分布，均值采用规范建议值；关于几何尺寸（有效厚度d）的相关变量，均值通常采用标准图设计值，变异系数取0.05，分布类型为正态分布。由此得出与极限承载力相关的变量的概率统计特征，如表4-3所示。

表4-3　极限承载力相关变量的概率特征

基本随机变量	均值μ_{Xi}	标准差σ_{Xi}	变异系数δ_{Xi}	分布类型
受拉钢筋的配筋率ρ	0.639%	—	—	常数
受拉钢筋的屈服强度f_y	335 MPa	11.39 MPa	0.034	正态分布
混凝土的标准抗压强度f_c	16.7 MPa	2.17 MPa	0.13	正态分布
钢筋混凝土板的有效厚度d	76.8cm	3.84cm	0.05	正态分布

在本书中，与冲击荷载相关的随机变量包括回填土厚度h，落石下落高度H和落石重量W，依据前述冲击荷载的工况组合依据，认为成灾的落石下落高度H基本在10～100 m的范围内，落石重量W在0.5～10.0 t范围内。按照我国现行的多部规范或设计手册的建议[11-13]，回填土的厚度h在1.5～2.5 m范围内。考虑到落石在不同的地质条件下发生的偶然性和不可预测性，将上述三个变量认为是在取值范围内呈均匀分布，由此得出对应的均值和标准差，如表4-4所示。

表4-4　冲击荷载相关变量的概率特征

基本随机变量	下限值	上限值	均值μ_{Xi}	标准差σ_{Xi}	变异系数δ_{Xi}	分布类型
落石下落高度H/m	10	100	55	25.98	0.47	均匀分布
落石重量W/t	0.5	10	5.25	2.74	0.52	均匀分布
回填土厚度h/m	1.5	2.5	2	0.29	0.14	均匀分布

4.3.2　当量正态化法求解结构可靠指标

由于文中考虑的基本随机变量并不是都服从正态分布，因此，应对非正态随机变量先行当量正态化，然后再求解结构的可靠指标[85]。

首先，假设6个基本随机变量（f_y，d，f_c，h，H和W）的设计验算点P^*的坐标值x_i^*（$i=1, 2, \cdots, 6$）为其均值μ_{x_i}。再按照当量正态化法的两个基本条件（即当量化后随机变量的分布函数值与原随机变量的相等，当量化后的随机变量的概率密度函数值也与原随机变量的相等），求得非正态随机变量 h，H 和 W 当量正态化后的均值 $\mu_{X_i'}$ 和标准差 $\sigma_{X_i'}$：

$$\mu_{X_i'} = x_i^* - \Phi^{-1}\left[F_{X_i}(x_i^*)\right]\sigma_{X_i'} \tag{4-34}$$

$$\sigma_{X_i'} = \frac{\varphi\left\{\Phi^{-1}\left[F_{X_i}(x_i^*)\right]\right\}}{f_{X_i}(x_i^*)} \tag{4-35}$$

式中　$\Phi^{-1}(\cdot)$——标准正态分布函数的反函数；

$F_{X_i}(x_i^*)$——非正态随机变量 X_i 的概率分布函数值，（$i = 4$，5，6）；

$\varphi(\cdot)$——标准正态分布函数的概率密度函数；

$f_{X_i}(x_i^*)$——非正态随机变量 X_i 的概率密度函数值，（$i = 4$，5，6）。

其次，运用求出的当量正态化后的均值 $\mu_{X_i'}$ 和标准差 $\sigma_{X_i'}$ 替换原均值 μ_{X_i} 和标准差 σ_{X_i}，求得验算点 P^* 的方向余弦为：

$$\cos\theta_{X_i} = \frac{-\left.\frac{\partial g}{\partial X_i}\right|_{P^*}\sigma_{X_i}}{\left[\sum_{i=1}^{n}\left(\left.\frac{\partial g}{\partial X_i}\right|_{P^*}\sigma_{X_i}\right)^2\right]^{1/2}} \tag{4-36}$$

式中　$\left.\frac{\partial g}{\partial X_i}\right|_{P^*}\sigma_{X_i}$——函数 $g(X_1, X_2, \cdots, X_6)$ 对 X_i（$i = 1$，2，$\cdots$，6）的偏导数在验算点 P^* 处的值。

将式（4-34）~（4-36）所得的均值 μ_{X_i}、标准差 σ_{X_i} 和方向余弦 $\cos\theta_{X_i}$ 代入以下两式便可求得 β 值。

$$X_i^* = \mu_{X_i} + \beta\sigma_{X_i}\cos\theta_{X_i} \tag{4-37}$$

$$Z = g(X_1^*, X_2^*, \cdots, X_n^*) = 0 \tag{4-38}$$

最后，再根据求得的 β 值代入式（4-37）得出新的设计验算点 P^* 的坐标值 x_i^*，依次按照上述式（4-34）~（4-38）迭代，直到使得相邻两次计算的 β 值相差小于 1.0×10^{-6} 即可，此时的 β 值即为所求的结构可靠指标。

具体求解可靠指标的计算流程[75]如图 4-4 所示。

在求出结构的可靠指标 β 之后，按照 β 与失效概率 p_f 之间存在的对应关系，即可求得结构的失效概率：

$$p_f = \Phi(-\beta) = 1 - \Phi(\beta) \tag{4-39}$$

式中　$\Phi(\ )$——标准正态分布函数值。

由于运用当量正态化法迭代计算可靠指标的步骤比较繁复，因此，本书通过编写 MATLAB 程序执行上述计算步骤[87,88]，荷载表达式包含多元线性回归方程和含交互项回归方程两种类型，分别计算不同条件下的结构可靠指标和失效概率如表 4-5 所示。

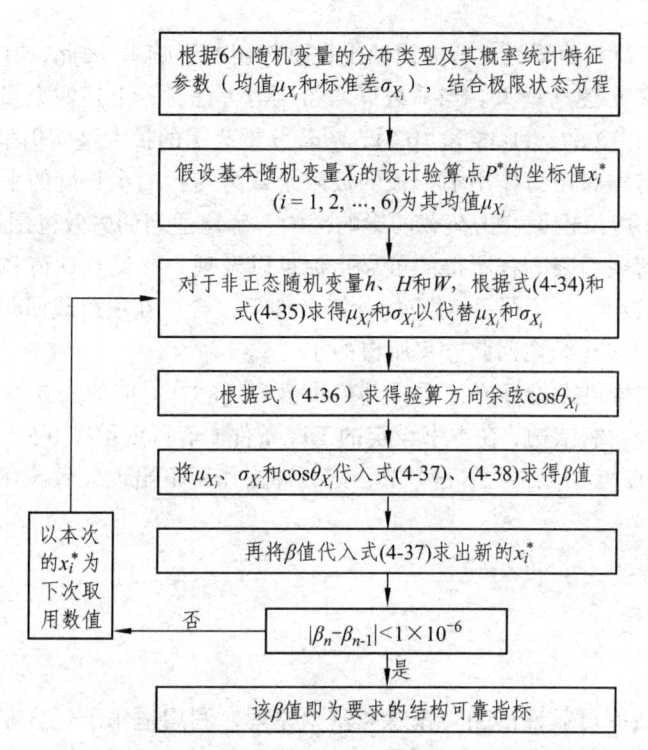

图 4-4　当量正态化法迭代求解可靠指标流程图

表 4-5　落石冲击拱形明洞结构可靠指标和失效概率

序号	分析范围	荷载方式	荷载为多元线性回归方程		荷载为含交互项回归方程	
			结构可靠指标 β	失效概率 p_f	结构可靠指标 β	失效概率 p_f
1	1 m×1 m	中心集中力	14.25	<1.00×10^{-15}	9.82	<1.00×10^{-15}
2	1 m×1 m	均布压力	16.62	<1.00×10^{-15}	14.84	<1.00×10^{-15}
3	3 m×3 m	中心集中力	8.31	<1.00×10^{-15}	4.80	7.93×10^{-7}
4	3 m×3 m	均布压力	12.67	<1.00×10^{-15}	10.08	<1.00×10^{-15}
5	5 m×5 m	中心集中力	4.83	6.82×10^{-7}	2.85	2.19×10^{-3}
6	5 m×5 m	均布压力	11.45	<1.00×10^{-15}	10.06	<1.00×10^{-15}
7	7 m×7 m	中心集中力	5.10	1.70×10^{-7}	2.98	1.44×10^{-3}
8	7 m×7 m	均布压力	10.31	<1.00×10^{-15}	9.21	<1.00×10^{-15}

由表 4-5 可以看出，当分析范围一定时，荷载作用方式以中心集中力考虑时所得的结构可靠指标更小。如只考虑中心 1 m×1 m 方形板范围，冲击荷载以中心集中力考虑时可靠指标 β 为 14.25，而以均布压力方式考虑时 β 为 16.62，后者明显大于前者，其余分析范围时也表现出类似的特征。

当分析范围不同时，随着范围的扩大，结构可靠指标呈减小趋势。以荷载表达式为多元线性回归方程为例，当荷载以中心集中力作用时，中心 1 m×1 m 方形板范围所得的结构可靠指标 β 为 14.25，中心 3 m×3 m 尺寸范围时的结构可靠指标 β 为 8.31，中心 5 m×5 m 范围时的结构可靠指标 β 为 4.83，中心 7 m×7 m 范围时的结构可靠指标 β 为 5.10。这是由于荷载以中心集中力考虑时，钢筋混凝土板的极限承载力与板的平面尺寸范围无关，其值为定值。但随着尺寸的增大，其荷载值增大（考虑回填土自重作用的影响），因此，所得的可靠指标 β 逐渐减小，而失效概率 p_f 逐渐增大。当荷载以均布压力考虑时，上述四个尺寸范围对应的可靠指标 β 分别为 16.62，12.67，11.45 和 10.31，随着分析范围的扩大整体仍呈现降低的趋势，但降幅明显减小，这与均布压力作用下，板的极限承载力与板的半长度的平方成反比有关。而在实际工程应用中，应该根据冲击荷载的影响范围，确定适当的失效范围进行分析。

通过对比两种荷载回归方程所得的可靠指标可以发现，含交互项荷载回归方程对应的结构可靠指标 β 明显较小。如序号 1 对应的计算条件下，含交互项荷载回归方程对应的可靠指标 β 为 9.82，小于由多元线性回归方程所得的 14.25。

从计算所得的结构可靠指标 β 来看，其最小值为 2.85，对应的失效概率 p_f 为 2.19×10^{-3}，说明按照预设的拱形明洞结构，在本书设定的工况条件（落石重量在 0.5 ~ 10.0 t、落石高度在 10 ~ 100 m、回填土厚度在 1.5 ~ 2.5 m）下，落石冲击作用下出现失效破坏的概率为 0.219%。

4.4 本章小结

本章依托结构概率可靠性的相关概念和基本原理，利用适用于包含非正态随机变量可靠性分析的当量正态化法，结合第 2 章和第 3 章推导出的钢筋混凝土板极限承载力表达式和冲击荷载回归方程，建立落石冲击拱形明洞结构的极限状态方程，针对客运专线双线隧道拱形明洞的设计参数，在充分考虑随机变量的分布类型和统计特征的基础上，通过执行 MATLAB 程序对结构的可靠指标进行计算，依此对客运专线双线隧道拱形明洞结构受落石冲击的可靠性进行分析。具体研究成果如下：

（1）当分析范围一定时，相比均布压力荷载，以中心集中力考虑冲击荷载时计算得明洞结构可靠指标更小。当分析范围不同时，随着范围的扩大，结构可靠指标呈减小趋势；其中，荷载以中心集中力考虑时，随着分析范围的增大，钢筋混凝土板的极限承载力不变，但由于荷载值必然增大，因此，所得的可靠指标 β 必然逐渐减小，而失效概率 p_f 逐渐增大；当荷载以均布压力考虑时，随着范围的扩大，结构可靠指标仍呈减小趋势，但降幅较小。在实际工程应用中，应该根据冲击荷载的影响范围，确定适当的失效范围进行分析。

（2）相比于由线性回归方程得到的冲击荷载表达式，含交互项荷载回归方程对应的结构可靠指标 β 明显较小。从结构可靠指标 β 的结果来看，其最小值为 2.85，对应的失效概率 p_f 为 2.19×10^{-3}，说明在本书设定的工况条件（落石重量在 0.5 ~ 10.0 t、落石高度在 10 ~ 100 m、回填土厚度在 1.5 ~ 2.5 m）下，结构在落石冲击作用下出现失效破坏的概率为 0.219%。

第5章 落石冲击下拱形明洞结构可靠性设计及优化

本章主要以无回填土拱形明洞为研究对象。

无回填土拱形明洞主要用于高速铁路隧道洞口段突出式洞门，作为解决高速列车运行产生的空气动力学效应的缓冲结构，当其处在艰险山区高陡边坡处时，也需要具有一定防危岩落石的功能，材料一般使用钢筋混凝土[89]。为保证行车驾驶安全，作为光线过渡段，无回填土拱形明洞也用于公路隧道洞口段，一般为削竹式或喇叭口形状，有时也作为景观设计和满足环境需求而设[90,91]。由于此类拱形明洞顶部没有回填土，因此在艰险山区高陡边坡时，或地震作用下，落石直接冲击作用于结构顶部，使结构受损甚至完全砸穿钢筋混凝土结构，给运营带来安全隐患。如 2011 年 9 月 13 日凌晨，由于连日降雨作用导致西汉高速公路上行线户县段犄角岭隧道口大量山石突然滚落，巨型落石严重击毁路面，堵塞了隧道口，由于巨大的冲击力作用，使得桥体一侧的钢筋混凝土护栏被砸断，落石对隧道口及桥梁的影响如图 5-1 所示[8]。

图 5-1 犄角岭隧道口滚落的巨石[8]

因此，隧道突出式拱形明洞在设计阶段，应该考虑落石冲击作用。目前，国内外对落石冲击下拱形明洞的力学响应研究较少，在为数不多的研究中，有研究者采用了数值模拟和室内模型试验的方法，取得了一些初步成果[23,92]，我国 2015 年发布的《铁路隧道极限状态法设计暂行规范》中，将落石冲击力作为偶然作用处理[93]，但没有给出落石冲击荷载的统计特征，且落石冲击下结构失效形态和极限承载力不明确，不能建立起极限状态表达式，因此无法进行结构可靠度分析与设计。对落石冲击下无回填土拱形明洞结构受力机理及破坏模式进行研究，进而采取合理的结构设计方法，是目前山区交通工程建设中亟待解决的问题，开展落石冲击下无回填土拱形明洞结构可靠度设计研究是非常必要的。

本书根据现场实际、室内模型试验及理论分析，开展了落石冲击下无回填土拱形明洞破坏特征及失效模式、极限承载力、落石冲击荷载及极限状态表达式等的研究，将钢筋混凝土结构各材料参数、落石冲击荷载影响因素等作为基本随机变量，利用一次二阶矩方法求出结构可靠指标，根据规范给出的目标可靠指标，进行结构可靠度设计。

5.1 落石冲击下无回填土拱形明洞结构失效模式及极限承载力

5.1.1 破坏形态

由于隧道洞门工程特点,落石从洞口上方的边仰坡下落,拱形明洞顶部首先受到冲击。现实中其破坏形态如图 5-2 所示,破坏发生在在拱顶局部一定范围[39]。

图 5-2 落石将明洞击穿[39]

在文献[23]的模型试验中,用不同大小、重量、形状的落石从一定高度冲击隧道突出式明洞洞顶,明洞结构模型也表现出与图 5-2 同样的破坏形态,如图 5-3 所示。试验中,用石膏和细铁丝按 1∶30 几何相似比而成的拱形明洞模型,模型衬砌厚度 2.4 cm(原型厚 70 cm),等圆截面处净跨度 49 cm。

(a)破坏性试验 　　(b)结构表面破坏形态

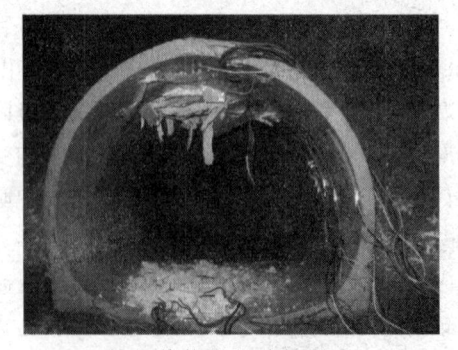

(c)结构内部破坏形态

图 5-3 落石冲击下拱形明洞模型破坏形态

图 3（a）为用质量为 8.3 kg、边长为 150 mm 的立方体混凝土试块从 1 m 高处垂直下落冲击拱形明洞顶部情况，图 5-3（b）为拱顶表面破坏形式，坡脚部位为用体积较小试块反复冲击形成的破坏位置，较大范围处为采用大的混凝土试块冲击破坏处，可知即使两处破坏位置很近，但两处破坏范围并未相连，可见落石冲击下拱形明洞发生的是局部破坏；从图 5-3（c）所示的是结构内部破坏形态可知，除顶部受冲击部位外，拱肩以下部位如拱腰和仰拱则完好无损。

综上，落石冲击下，无回填土拱形明洞以拱顶落石冲击部位一定范围的局部破坏为主要失效模式。

5.1.2　落石冲击下无回填土拱形明洞荷载-结构模型

通常，拱形明洞为由钢筋混凝土结构组成的闭合结构，形成类似于圆柱壳体结构，结构顶部受到落石冲击荷载作用，如图 5-4（a）所示。由于落石冲击下拱形明洞结构为拱顶一定范围的局部破坏，此局部破坏范围内的结构可以简化为周边固支的开口圆柱壳结构模型，如图 5-4（b）所示，由于沿周向不是封闭的，因此圆柱壳有四个边界，具有一般平板承载功能，而又具有比平板更大承载力[49]。钢筋混凝土开口圆柱壳与钢筋混凝土板相比，当曲率较小时，可直接利用钢筋混凝土板进行计算与评估，当曲率较大时，利用钢筋混凝土板进行计算评估偏于安全[49,50]。这样，当进行落石冲击下无回填土拱形明洞结构极限承载力分析时，结构可简化为一定尺寸的四边固支矩形板受集中力模型［图 5-4（c）］，计算模型简化过程如图 5-4 所示。

图 5-4 中，$2a$ 为失效范围边长，P_{max} 为结构表面最大落石冲击力，即冲击力最大峰值，F 为开口圆柱壳或平板结构顶面中心集中力，令 $F = P_{max}$。

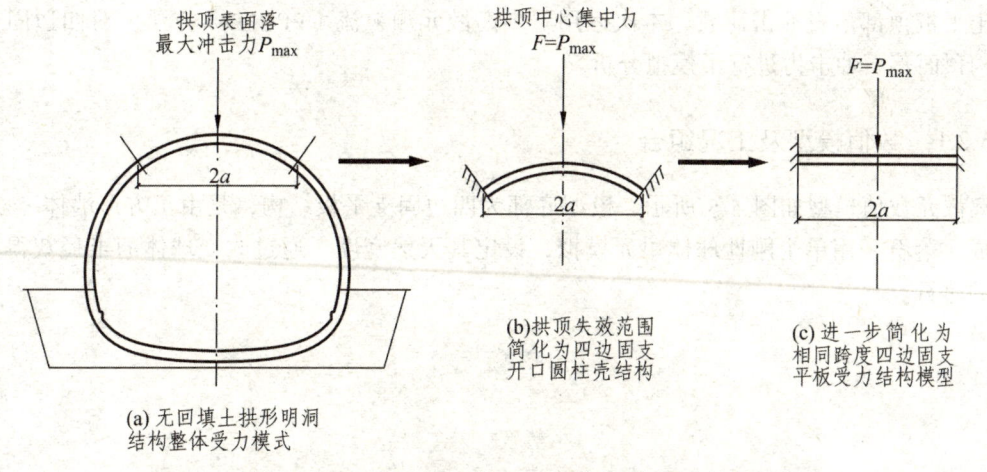

图 5-4　落石冲击下无回填土拱形明洞荷载-结构计算模型简化

5.1.3　落石冲击下无回填土拱形明洞结构极限承载力

相关研究表明，当应变率在 $1\sim10\ \text{s}^{-1}$ 以下，由于变形缓慢，可以忽略惯性效应，可用准静态力学方法进行结构分析[52,57]。由于落石冲击属于低速冲击，故落石冲击下拱形明洞结构力学响应可近似用准静态力学方法描述。对于图 5-4（c）中四边固支钢筋混凝土板，受中心

集中力 F 作用时，将钢筋混凝土板作为理想刚塑性板，基于塑性极限原理，可知其静态失效荷载 F_s 如下[52]：

$$F_s = 16M_0 \qquad (5-1)$$

式中　M_0——板的单位长度上塑性极限弯矩，同集中力具有相同的量纲；

　　　a——正方形板的边长之半。

Whitney 于 1937 年给出钢筋混凝土矩形板单位长度极限弯矩的表达式，得到广泛应用，并被美国混凝土协会标准（ACI）采用[54,51]，该表达式为：

$$M_p = \rho f_y d^2 [1 - \frac{\rho f_y}{1.7 f_c}] \qquad (5-2)$$

式中　ρ——受拉钢筋配筋率；

　　　f_y——受拉钢筋的抗拉强度（Pa）；

　　　f_c——混凝土轴心抗压强度（Pa）；

　　　d——板有效厚度（m）。

将 $M_0 = M_p$ 代入（5-1）式中　可求得四边固支钢筋混凝土板受中心集中力时的静态失效荷载，即可作为落石冲击下无回填土拱形明洞结构极限承载力。

5.2　落石冲击荷载

文献[15]利用离散元颗粒流方法（PFC）进行落石冲击力评定，将数值模拟得到的落石冲击力结果与国内外其他评定方法进行了对比，论述了此方法的合理性与可行性。为研究钢筋混凝土平板顶部落石冲击荷载，本次运用三维离散元颗粒流（PFC3D）方法，对四边固支平板结构顶面落石冲击力进行了模拟分析。

5.2.1　数值模型及工况组合

离散元数值模型如图 5-5 所示，模型底部为四边固支平板结构，是由正方形墙体 wall 单元组成，落石采用单个刚性球体单元模拟，设定其天然密度，通过改变球体的半径获得不同重量的落石。

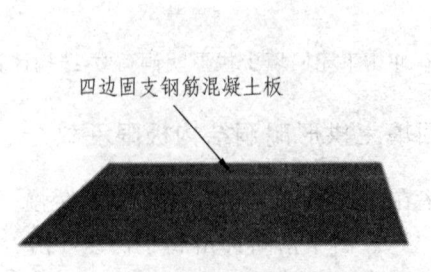

图 5-5　落石冲击数值模型

落石下落高度 H 范围取 5~30 m，落石密度取 2 600 kg/m³，重量 W 为 1~10 kN，相应落石半径为 0.20~0.45 m、体积为 0.04~0.38 m³。各因素取值见表 5-1，采用全面组合共有 30 种模拟工况。

表 5-1　数值模拟工况参数

高度 H/m	重量 W/（kN）
5	1
10	2
15	5
20	7.5
25	10
30	—

5.2.2　落石冲击荷载表达式

图 5-5 中钢筋混凝土板顶部落石冲击力响应如图 5-6 所示，图中纵坐标为落石与板结构顶面的接触力，横坐标为时间步（step），所显示的是重量 W 为 5 kN、高度 H 为 30 m 工况下结构顶部落石冲击力响应时程。由图 5-6 可知，落石从一定高度下落到结构顶部时，与结构发生反复碰撞，最后趋于静止。图 5-6 冲击力响应中，首次碰撞对应的冲击力峰值最大，提取图 5-6 中接触力最大峰值 P_{max}，令钢筋混凝土结构顶面中心集中力 $F = P_{max}$，分析其与 W、H 的关系。

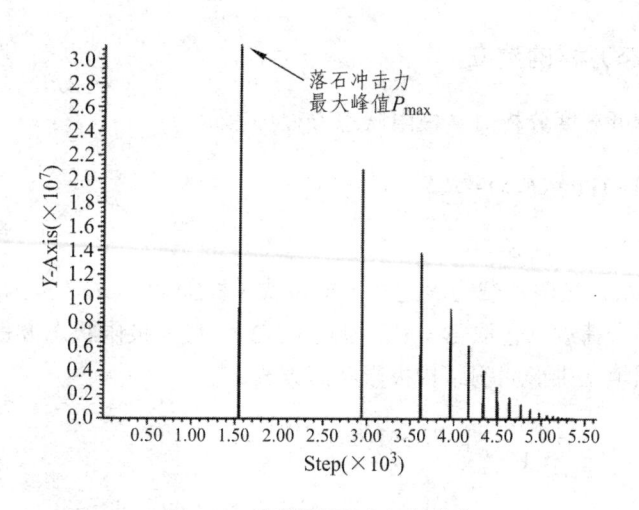

图 5-6　底板落石冲击力响应

通过分析，发现结构顶部最大冲击力峰值 P_{max}，与落石的重力势能，即 W 与 H 的乘积 WH 有较好的相关性，如图 5-7 所示。

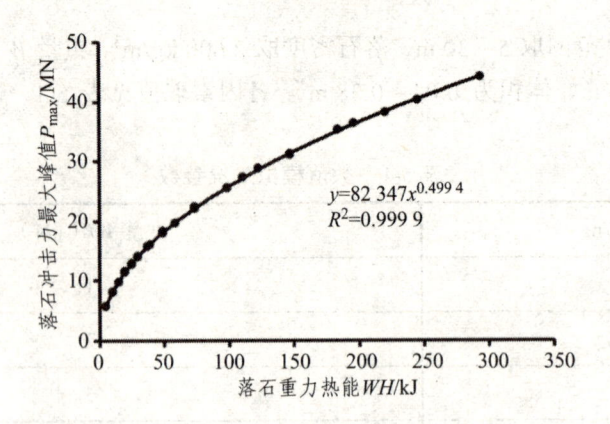

图 5-7　无回填土拱形明洞落石冲击力与重力势能的关系

由图 7 可知，无回填土拱形明洞顶部受到的落石冲击力最大峰值 P_{max} 与落石重力势能 WH 相关性良好，二者可以用幂函数描述：

$$F = P_{max} = 82\,347(WH)^{0.499\,4} \tag{5-3}$$

式中　F——钢筋混凝土结构顶面中心集中力（N）；

　　　P_{max}——无回填土拱形明洞顶部受到的落石冲击力最大峰值（N）；

　　　W——落石重量（N）；

　　　H——落石高度（m）。

5.3　拱形明洞结构可靠度计算

5.3.1　极限状态方程的建立

在进行结构概率可靠度分析时，极限状态方程可表示为：

$$\text{QUOTE } g(R,S) = R|S = 0$$

$$g(R,S) = R - S = 0 \tag{5-4}$$

将 1.3 中得到的结构极限承载力表达式（即将式（5-2）代入式（5-1），作为结构抗力 R，与之对应的是落石冲击荷载 S，取 $S = F$，即式（5-3），代入极限状态方程式（5-4），由此，得到落石冲击下无回填土拱形明洞结构极限状态方程：

$$16\rho f_y d^2 \left[1 - \frac{\rho f_y}{1.7 f_c}\right] - 82\,347(WH)^{0.499\,4} = 0 \tag{5-5}$$

5.3.2　随机变量及其统计特征

计算结构可靠指标，需要得到极限状态表达式中各基本随机变量的统计特征。本次得到的极限状态方程式（5-5）中，基本随机变量包括 ρ、f_y、f_c、d、W 和 H。

对于 ρ、f_y、f_c、d 等与抗力 R 有关的各基本随机变量，可参考我国已有相关研究成果选取。

对于与落石冲击荷载效应 S 有关的基本随机变量 W 和 H，由于现实中落石灾害随机性大，特别是在暴雨或地震等自然灾害中，更是无法预测其大小、高度。对这类无法取得其概率分布的随机变量，仅能对其取值的上限、下限和大致分布情况进行估计，可采用均匀分布、等腰三角形分布、上、下三角形分布及正态分布等常用简化概率分布来近似处理[94]。根据落石灾害发生的特点，假设 W 和 H 服从某取值范围内的均匀分布，这样也便于拱形明洞结构的通用图设计。

这样，当获得极限状态表达式（5-5）中所有变量分布特征及统计特征值后，则结构可靠指标 β 可利用一次二阶矩方法中的"验算点法（JC 法）"求解[75,95]，过程从略。

5.4　无回填土拱形明洞结构可靠度设计

根据工程情况，确定落石规模（重量及高度）范围，再根据类似工程经验，进行结构设计，先初步拟定结构尺寸及材料参数；根据落石规模和所拟定的结构参数，根据公式（5-5）建立极限状态表达式，确定各随机变量的统计特征，利用一次二阶矩等方法求解可靠指标，与目标可靠指标对比，如不满足，重新拟定结构参数，直至达到要求。无回填土拱形明洞结构可靠度设计流程如图 5-8 所示。

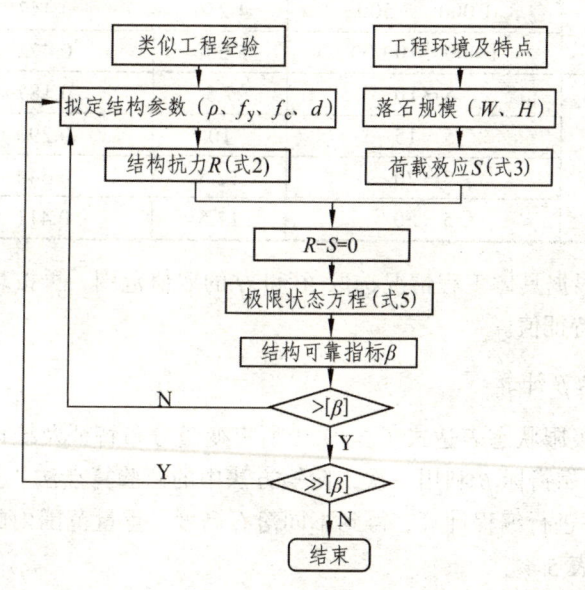

图 5-8　落石冲击下无回填土拱形明洞结构可靠度设计流程

5.5　算例

选取我国客专双线拱形明洞结构设计参数，其中，明洞衬砌设计厚度为 80 cm，材料采用 C35 钢筋混凝土，HRB335 钢筋[80]。

1. 抗力 R 有关的各基本随机变量

包括 ρ、f_y、f_c、d 等。结合已有相关成果资料[81,82,96]，各设计参数统计值及分布类型如表 5-2 所示。

表 5-2　拱形明洞钢筋混凝土设计参数的统计特征及分布

设计参数	均值 μ	变异系数 δ	分布类型
受拉钢筋的配筋率 ρ	0.639%	—	定值
受拉钢筋的抗拉强度 f_y	355 MPa	0.034	正态分布
混凝土的轴心抗压强度 f_c	29.9 MPa	0.130	正态分布
钢筋混凝土板有效厚度 d	76.8 cm	0.050	正态分布

2. 荷载效应 S 有关的基本随机变量

假设 W 和 H 服从某一取值范围内的均匀分布，作为算例，本次选取 W 和 H 的取值范围及其对应的统计特征见表 5-3。

表 5-3　基本随机变量 W、H 统计特征值

基本随机变量	取值范围	均值 μ	变异系数 δ	分布类型
落石重量 W/N	1 000~2 000	1 500	0.192	均匀分布
	1 000~5 000	3 000	0.385	
	1 000~7 500	4 250	0.442	
	1 000~10 000	5 500	0.472	
落石高度 H/m	5~10	7.5	0.187	均匀分布
	5~15	10	0.290	
	5~20	12.5	0.344	
	5~30	17.5	0.411	

实际应用时，可根据具体工程情况选取 W 和 H 的取值范围，再按均匀分布求得相应的均值和变异系数等统计特征值。

3. 结构可靠指标 β 计算

根据上述分析，极限状态表达式（5-5）中所有变量分布特征及统计特征值均为已知（表 5-2、表 5-3），结构可靠指标 β 利用一次二阶矩方法中的"验算点法（JC 法）"求解[75,95]，本次利用 MATLAB 软件进行编程计算，得到不同落石高度、重量范围内的无回填土拱形明洞结构可靠指标，结果见表 5-4。

表 5-4　落石冲击下无回填土拱形明洞结构可靠指标 β

落石高度 H/m	落石重量 W/kN			
	1~2	1~5	1~7.5	1~10
5~10	4.544 4	1.494 3	1.309 2	0.697 3
5~15	4.161 9	1.388 2	0.601 9	0.193 1
5~20	2.084 0	0.827 2	0.236 7	-0.089 2
5~30	1.113 4	0.251 2	-0.173 9	-0.427 0

由表5-4可知，落石高度、重量变化范围越大，对应结构可靠指标越小，即失效概率越大，说明发生失效破坏的可能性越大。

4. 目标可靠指标的确定

在《铁路隧道极限状态法设计暂行规范（试行）》[93]和《铁路工程结构可靠性设计统一标准（试行）》[97]中，指出落石冲击力属于偶然荷载，结构应按承载能力极限状态设计，并且明确了明洞的结构安全等级为二级。如果结构破坏按延性破坏处理，则结构目标可靠指标为4.2。

综上，结合落石冲击下无回填土拱形明洞失效破坏特征，本次选取目标可靠指标$[\beta]$= 4.2。

5. 结构可靠度设计及优化

由表5-4可知，当落石高度H为5~15 m，落石重量W为1~2 kN时，原设计明洞结构可靠指标基本能达到4.2的目标可靠指标，落石规模或范围再大时，则达不到4.2。

假设实际工程中，估计的落石高度范围为5~20 m，落石重量为1~2 kN时，则原设计不能保证足够的可靠度，需要调整设计参数。

由于原设计结构厚度已达80 cm，再增大厚度并不是好的选择，故从材料上进行调整，将原设计的C35调整为C40，钢筋由HRB335调整为HRB500，根据文献[96]可知，C40混凝土f_c均值为33.64MPa，变异系数为0.12，HRB500的f_y均值和变异系数分别为531 MPa和0.036，其他参数不变，重新计算可靠指标，结果如表5-5。

表5-5 调整设计参数后结构可靠指标β

落石高度 H/m	落石重量 W/kN			
	1~2	1~5	1~7.5	1~10
5~10	6.676 9	3.899 4	2.242 4	1.744 0
5~15	5.461 6	3.263 9	1.644 7	1.603 5
5~20	5.457 2	2.558 2	1.626 0	1.046 4
5~30	3.998 3	1.672 0	0.864 6	0.447 1

由表5-5可知，当落石高度范围为5~20 m，落石重量为1~2 kN时，对应的结构可靠指标为5.457 2，大于4.2，达到了结构可靠度要求。

5.6 本章小结

本书通过对结构失效模式、结构抗力、荷载效应、随机变量统计特征及目标可靠指标等问题的分析，对落石冲击下无回填土拱形明洞结构可靠度设计进行了研究，有如下结论：

（1）根据实际工程案例和模型试验，可知落石冲击下无回填土拱形明洞结构失效模式为局部破坏，将落石冲击下拱形明洞简化为四边固支钢筋混凝土板，根据塑性极限原理按刚塑性板静态失效荷载计算方法，得到结构极限承载力表达式。

（2）利用颗粒流离散法方法，进行了平板结构顶部落石冲击荷载研究，得到用落石重力势能的幂函数表示的落石冲击力最大峰值的回归表达式，作为作用于无回填土拱形明洞顶部的荷载表达式。

（3）将所得结构极限承载力和落石冲击荷载分别作为结构抗力 R 和荷载效应 S，建立极限状态表达式，表达式中有关抗力 R 的各基本随机变量的统计特征按既有成果选取，关于荷载效应 S 的基本随机变量包括落石重量和高度，其统计特征按均匀分布考虑，利用一次二阶矩方法通过 MATLAB 编程进行结构可靠指标 β 的求解。

（4）结合既有研究成果及相关规范，确定落石冲击下无回填土拱形明洞结构安全等级为二级，按延性破坏极限承载能力处理，确定其结构目标可靠指标为 4.2，从而建立起落石冲击下无回填土拱形明洞结构可靠度设计及优化体系。

（5）利用所建立的结构可靠度设计方法，对某客专双线拱形明洞设计进行了可靠度检算，结果表明，当落石高度为 5~15 m、落石重量为 1~2 kN 时，原设计明洞结构可靠指标能达到 4.2；当将原设计的 C35 混凝土调整为 C40，钢筋由 HRB335 调整为 HRB500 后，落石高度为 5~20 m、落石重量为 1~2 kN 范围时的结构可靠指标能达到 5.4 以上。

（6）利用本章得到的方法，也可以进行有回填土拱形明洞结构概率可靠度设计，只需要将落石冲击荷载表达式换为第 3 章中表 3-18 相应的表达式即可。

第6章 结论与展望

6.1 主要结论

课题以客运专线铁路双线隧道拱形明洞结构为研究对象,通过资料调研、理论分析、模型试验和数值模拟,结合概率可靠度计算的相关方法,对防落石隧道明洞结构可靠性设计方法进行了研究,主要得出了以下几点结论:

1. 研究了防落石隧道明洞结构受落石冲击荷载的作用机理

通过对落石灾害的调查研究,结合室内模型试验和数值模拟对防落石隧道拱形明洞受落石冲击荷载的作用机理进行了研究,分析了无填土隧道明洞结构受落石冲击对结构应变、位移和加速度的影响,可以判定在落石冲击作用下拱形明洞结构主要表现为局部的失效破坏。通过动力有限元(ANSYS/LS-DYNA)的模拟,对路堑式和单压式拱形明洞结构的落石冲击荷载、荷载效应及力学响应特征进行了研究。根据落石冲击下明洞结构的力学响应特征和荷载分布形态,将拱形明洞结构的局部失效部分简化为四边固支钢筋混凝土方形板结构,落石冲击荷载采用中心集中力或均布力的分布模式。依据塑性极限原理,按照刚塑性板静态极限荷载的计算方法,确定了四边固支钢筋混凝土方形板受中心集中力或均布压力的极限承载力表达式,即拱形明洞结构在落石冲击作用下的极限承载力。

2. 确定了拱形明洞结构受落石冲击的荷载表达式

通过对国内落石灾害资料的调研,确定落石灾害发生的条件,设置合理的模拟工况水平,采用三维离散元颗粒流(PFC^{3D})方法,对不同落石高度、不同落石重量及不同回填土厚度下的落石冲击试验进行模拟。得知作用在回填土顶面的落石冲击力会随落石的重量或下落高度的增大而增大,但基本不受回填土厚度的影响;而作用在回填土底部(即结构物表面)的落石冲击荷载与落石的重量、下落高度及回填土厚度都有关。通过提取作用在底板各个墙单元上的落石冲击峰值荷载,确定了结构在落石冲击过程中的最不利荷载,进而得出了对应结构不同范围的落石冲击中心集中力 F 和均布压力 p_{ie}。依托多元线性回归分析的基本原理,运用 SPSS 建立关于不同范围方形板所受中心集中力 F 和均布压力 p_{ie} 的多元线性回归方程和含交互项回归方程,两类回归方程拟合优度均良好,但后者的回归结果能更显著地反映冲击荷载的变化规律。

3. 评定了客运专线双线隧道拱形明洞结构受落石冲击的可靠性

根据确定的结构极限承载力 R 和落石冲击荷载 S,建立了落石冲击拱形明洞结构的极限状态方程,结合随机变量的分布类型和概率统计特征,采用适用于包含非正态随机变量可靠性分析的当量正态化法(JC 法),通过执行 MATLAB 程序对结构可靠指标进行计算。当分析范围一定时,相比均布压力冲击荷载,以中心集中力考虑的冲击荷载所得的明洞结构可靠指标更小。而随着分析范围的增大,结构可靠指标呈减小趋势;当荷载以中心集中力考虑时,结构的可靠指标 β 随分析范围的增大而明显减小,失效概率 p_f 随分析范围的增大而增大;当荷载以均布压力考虑时,结构可靠指标 β 随着分析范围扩大仍减小,但降幅明显减缓。从不同分析范围内两种荷载类型所得的结构可靠指标 β 来看,计算得结构可靠指标最小值为 2.85,对应的失效概率 p_f 仅为 2.19×10^{-3},即说明按预设的拱形明洞结构,在本书设定的工况条件(落石重量在 0.5~10.0 t、落石高度在 10~100 m、回填土厚度在 1.5~2.5 m)下,落石冲击作用下出现失效破坏的概率为 0.219%。

4. 提出落石冲击下拱形明洞结构概率可靠度设计及优化方法

以无回填土拱形明洞为研究对象,对某客专双线拱形明洞设计进行了可靠度检算,结果表明,当落石高度为 5~15 m、落石重量为 1~2 kN 时,原设计明洞结构可靠指标能达到 4.2;当将原设计的 C35 混凝土调整为 C40,钢筋由 HRB335 调整为 HRB500 后,落石高度为 5~20 m、落石重量为 1~2 kN 范围时的结构可靠指标能达到 5.4 以上。

6.2 问题及展望

课题对防落石隧道明洞结构可靠性的设计方法进行了研究,有待于作进一步地深入探讨的问题包括:

(1)将落石冲击下拱形明洞简化为四边固支平板结构,低估了其极限承载力,设计上趋于保守,更加精确的承载力需要进一步探索。

(2)本次主要针对拱形明洞,能否将拱形明洞与棚洞结构各自优点有机结合起来,使防落石结构更加合理、适用,也是需要不断探索和研究的。

参考文献

[1] 王亦军. 中国高速铁路建设回顾与发展思考[J]. 铁道经济研究, 2016 (1): 6-11.

[2] 何华武. 中国高速铁路创新与发展[J]. 中国铁路, 2010 (12): 5-8.

[3] 赵勇, 田四明, 孙毅. 中国高速铁路隧道的发展及规划[J]. 隧道建设, 2017, 37 (1): 11-17.

[4] 王玉锁, 杨国柱. 隧道洞口段危岩落石风险评估[J]. 现代隧道技术, 2010, 47 (6): 33-39.

[5] 叶四桥. 隧道洞口段落石灾害研究与防治[D]. 成都: 西南交通大学, 2008.

[6] 胡厚田. 崩塌落石研究[J]. 铁道工程学报, 2015 (12增): 387-391.

[7] 孟祥连. 宝成铁路隧道震灾特征及抢险整治措施[J]. 铁道工程学报, 2009 (6): 91-94.

[8] 黄亚平. 陕西多地秋雨连绵 西汉高速山石滚落堵了隧道[N]. 西安晚报, 2011-9-14.

[9] 胡厚田. 崩塌与落石[M]. 北京: 中国铁道出版社, 1989.

[10] 汪精河, 周晓军, 王爽, 等. 落石冲击下隧道明洞耗能措施研究[J]. 公路交通科技. 2015, 32 (9): 103-108.

[11] 铁道第二勘察设计院. TB 1003—2005 铁路隧道设计规范[S]. 北京: 中国铁道出版社, 2005.

[12] 中交第二公路勘察设计研究院有限公司. JTG/T D70—2010 公路隧道设计细则[S]. 北京: 人民交通出版社, 2010.

[13] 铁道第二勘测设计院. 铁路工程设计技术手册——隧道 (修订版) [M]. 北京: 中国铁道出版社, 1995: 146-151.

[14] 景诗庭, 朱永全, 宋玉香. 隧道结构可靠度[M]. 北京: 中国铁道出版社, 2002.

[15] Japan Road Association. Handbook of prevention against rock falls[S]. Tokyo, 1978: 18-27.

[16] Yoshida Hiroshi, Masuya Hiroshi, Ihara Tomomi. Experimental study of impulsive design load for rocks sheds[J]. IABSE PERIODICA, Zurich, 1988(3): 61-74.

[17] Labiouse V, Descoeudres F, Montani S. Experimental study of rock sheds impacted by rock blocks[J]. Structural Engineering International, 1996, 3(1): 171-175.

[18] Kawahara S, Muro T. Effects of dry density and thickness of sandy soil on impact response due to rockfall[J]. Journal of Terramechanics, 2006, 43(3): 329-340.

[19] 杨其新, 关宝树. 落石冲击力计算方法的试验研究[J]. 铁道学报, 1996, 18 (1): 101-106.

[20] 曾廉. 明洞顶设计荷载的研究[J]. 铁路标准设计通讯. 1974 (7): 3-17.

[21] 交通部第二公路勘察设计研究院. 公路路基设计规范 JTJ013-95[S]. 北京: 人民交通出版社, 1995: 45-47.

[22] Yusuo Wang, Keyue Zhang, Jianhui Tang, et al. Model test research of the influences of rock-fall impaction on accelerations of the cut-and-cover tunnel structure[J]. Applied Mechanics and Materials[J]. Materials and Computational Mechanics, 2012(117-119):

206-211.

[23] Yusuo Wang, Jianhui Tang, Tao Yan, et al. Model test investigation of rock-fall impaction to cut-and-cover tunnel arch structure[J]. Applied Mechanics and Materials, 2011(90-93): 2492-2499.

[24] YuSuo Wang, JuMei Zhao, JianHui Tang, et al. Model test research of the influences of rock-fall impaction on deformation of the cut-and-cover tunnel structure[J]. Advanced Materials Research, 2012(368-373): 2716-2721.

[25] 唐建辉. 落石冲击对隧道明洞结构的影响研究[D]. 成都：西南交通大学，2013.

[26] 何思明. 滚石对防护结构的冲击压力计算[J]. 工程力学，2010，27（9）：175-180.

[27] 王玉锁，周良，李正辉. 落石冲击下单压式拱形明洞力学相应研究[J]. 西南交通大学学报．2017，52（3）.

[28] 王琦，王玉锁，耿萍. 橡胶缓冲垫层保护下棚洞结构落石冲击力学响应研究[J]. 铁道建筑，2017（2）：64-67.

[29] 王玉锁，李俊杰，李正辉，等. 落石冲击力评定的离散元颗粒流数值模拟研究[J]. 西南交通大学学报，2016. 51（1）：22-29.

[30] 谭忠盛，李磊，孟德鑫，等. 不同类型明洞结构的可靠度对比分析[J]. 铁道工程学报，2016（5）：48-54.

[31] 松尾稔. 地基工程学：可靠性设计的理论和实际[M]. 北京：人民交通出版社，1990.

[32] Shigeyuki Kohno, Alfredo H-S.Ang, Wilson H.Tang. Reliability evaluation of idealized tunnel systems[J]. Structural Safety, 1992, 11(2): 81-93.

[33] 杨建国，谢永利，李俊升，等. 隧道结构可靠性研究进展[J]. 现代隧道技术，2009，46（6）：1-7，42.

[34] 张弥，沈永清. 用响应面方法分析铁路明洞结构荷载效应[J]. 土木工程学报，1993，26（2）：58-66.

[35] 张清，王东元，李建军. 铁路隧道衬砌结构可靠度分析[J]. 岩石力学与工程学报，1994，13（3）：209-218.

[36] 杨成永，张弥. 铁路明洞结构的可靠性设计方法[J]. 岩石力学与工程学报，1999，18（1）：40-45.

[37] 宋香玉，景诗庭，刘勇. 单线电气化铁路隧道衬砌结构目标可靠指标的试算分析[J]. 岩石力学与工程学报，1999，18（1）：46-49.

[38] 隋允康，宇慧平. 响应面方法的改进及其对工程优化的应用[M]. 北京：科学出版社，2010.

[39] 李乔，赵世春，等. 汶川大地震工程震害分析[M]. 成都：西南交通大学出版社，2008.

[40] 石崇，徐卫亚. 颗粒流（PFC2D/3D）数值模拟技巧与实践[M]. 北京：中国建筑工业出版社，2015.

[41] Cundall P A. A computer model for simulating progressive large scale movements in blocky systems[J]. Proceeding of the symposium of the international society if rock mechanics, 1971(1):II-8.

[42] Cundall P A. The measurement and analysis of acceleration in rock slopes[D]. London:

University of London, 1971.
[43] Cundall P A, Strack O D L. A discrete numerical model for granular assemble[J]. Geotechnique, 1979, 29(1): 47-65.
[44] Itasca Consulting Group. Inc. PFC3D (Particle Flow Code in Three Dimentions) User's Manual (version 3.1) [M]. Minneapolis: Itasca Consulting Group Inc, 2004.
[45] 朱永全，宋玉香．隧道工程[M]．2版．北京：中国铁道出版社，2012．
[46] 工程地质手册编委会．工程地质手册[M]．4版．北京：中国建筑工业出版社，2007．
[47] 王玉锁，王明年，童建军，等．砂类土体隧道围岩压缩模量的试验研究[J]．岩土力学，2008，29（6）：1607-1617．
[48] 马建林．土力学[M]．2版．北京：中国铁道出版社，2012．
[49] 曹志远．板壳振动理论[M]．北京：中国铁道出版社，1989．
[50] 咸玉席．弹丸撞击下钢筋混凝土结构的安全计算与评估[D]．合肥：中国科学技术大学，2014．
[51] 余波．基于塑性极限分析理论的体系可靠度分析[D]．南宁：广西大学，2007．
[52] 余同希，邱信明．冲击动力学[M]．北京：清华大学出版社，2011．
[53] Kenneth Leet, Dionisio Bernal. Reinforced Concrete Design: Conforms to 1995 ACI codes (Third Edition) [M]. The McGraw-Hill Companies, 1997.
[54] Famiyesin O O R, Hossain K M A, Chia Y H, et al. Numerical and analytical predictions of the limit load of rectangular two way slabs[J]. Computers and Structures, 2001(79): 43-52.
[55] 高原．混凝土动力强度与静力强度的关系探讨[D]．北京：清华大学，2008．
[56] 闫丽，安学锋，蔡建丽，等．复合材料层压板低速冲击和准静态压痕损伤等效性的研究[J]．航空材料学报，2011，31（3）：71-75．
[57] LIU Bin, SOARES G C. Plastic response and failure of rectangular cross-section tubes subjected to transverse quasi-static and low-velocity impact loads[J]. International Journal of Mechanical Sciences, 2015(90): 213-227.
[58] 李俊杰．落石冲击力及冲击效应评定的离散元颗粒流数值模拟研究[D]．成都：西南交通大学，2016．
[59] 张路青，许兵，尚彦军，等．川藏公路南线八宿—林芝段滚石灾害的工程地质调查与评价[J]．岩土力学与工程学报，2004，23（9）：1551-1557．
[60] 张路青，杨志法，许兵．滚石与滚石灾害[J]．工程地质学报，2004，12（3）：225-231．
[61] 李必良，裴向军，程强．地震崩塌滚石灾害特征研究[J]．甘肃水利水电技术，2010，46（2）：11-13．
[62] 王波．内昆铁路沙沙坡站至岔河站段崩塌落石病害现状调查及其治理措施[J]．西南公路，2013（4）：127-130．
[63] 杜强，贾丽艳．SPSS统计分析从入门到精通[M]．北京：人民邮电出版社，2009．
[64] 杨晓明．SPSS在教育统计中的应用[M]．北京：高等教育出版社，2004．
[65] 达摩达尔 N 古扎拉蒂（Damodar N Gujarati），唐 C 波特（Dawn C Porter）．计量经济学基础[M]．5版．费剑平，译．北京：中国人民大学出版社，2011．
[66] 王怡，王芝银，曾志华，等．均匀设计响应面法在管道斜井穿越工程中的应用[J]．石油

学报，2010，31（4）：645-648.

[67] 宇传华. SPSS 与统计分析[M]. 北京：电子工业出版社，2007.

[68] 谢宇. 回归分析[M]. 北京：社会科学文献出版社，2010.

[69] 温忠麟，侯杰泰，张雷. 调节效应与中介效应的比较和应用[J]. 心理学报，2005，37（2）：268-274.

[70] 中华人民共和国交通运输部. GB 50158—2010 港口工程结构可靠度设计统一标准[S]. 北京：中国计划出版社，2010.

[71] 中华人民共和国原能源部，中华人民共和国水利部. GB 50199—94 水利水电工程结构可靠度设计统一标准[S]. 北京：中国计划出版社，1994.

[72] 中华人民共和国交通运输部. GB/T 50283—1999 公路工程结构可靠度设计统一标准[S]. 北京：中国计划出版社，1999.

[73] 中华人民共和国建设部. GB 50068—2001 建筑结构可靠度设计统一标准[S]. 北京：中国建筑工业出版社，2002.

[74] 中华人民共和国铁道部. GB 50216—94 铁路工程可靠度设计统一标准[S]. 北京：中国计划出版社，1995.

[75] 赵国藩，金伟良，贡金鑫. 结构可靠度理论[M]. 北京：中国建筑工业出版社，2000.

[76] 中华人民共和国住房与城乡建设部. GB 50153—2008 工程结构可靠性设计统一标准[S]. 北京：中国建筑工业出版社，2008.

[77] 沈恒范. 概率论与数理统计教程[M]. 5 版. 北京：高等教育出版社，2011.

[78] Rudiger Rackwitz, Bernd Fiessler. Structural reliability under combined random load sequences[J]. Computers and Structures, 1978(9): 489-494.

[79] 赵国藩，曹居易，张宽权. 工程结构可靠度[M]. 北京：科学出版社，2011.

[80] 中铁二院工程集团有限责任公司. 新建铁路长沙至昆明客运专线玉屏至昆明段变更设计施工图[R]. 中铁二院工程集团有限责任公司沪昆铁路客运专线项目部，2014.

[81] 中华人民共和国住房和城乡建设部. GB 50010—2010 混凝土结构设计规范[S]. 北京：中国建筑工业出版社，2010.

[82] 张晓静. 铁路隧道复合式衬砌目标可靠指标及分项系数研究[D]. 石家庄：石家庄铁道大学，2014.

[83] 李伦贵，高波. 翼墙式隧道洞门可靠性分析[J]. 西南交通大学学报，2002，37（5）：496-499.

[84] 宋香玉，景诗庭，刘勇. 单线电气化铁路隧道衬砌结构可靠指标的试算分析[J]. 岩石力学与工程学报，1999，18（1）：46-49.

[85] 周佳媚，严松宏，王英学. 单线铁路隧道洞门结构分项系数的研究[J]. 西南交通大学学报，2001，36（5）：505-508.

[86] 胡瑶瑶. 隧道洞门概率极限状态设计方法研究[D]. 成都：西南交通大学，2014.

[87] 张岳. MATLAB 程序设计与应用基础教程[M]. 北京：清华大学出版社，2016.

[88] 张明. 结构可靠度分析：方法与程序[M]. 北京：科学出版社，2009.

[89] 史先伟. 客运专线高陡边坡洞门及缓冲结构设计[J]. 铁道建筑技术，2012，(5)：91-95.

[90] 黄伦海，蒋树屏，张军. 公路隧道洞口环保型设计施工现状及展望[J]. 地下空间与工程学报，2005，1（3）：455-459.

[91] 贾玲利，赵东平. 隧道洞口景观现状及发展趋势研究[J]. 土木工程学报，2008，41（1）：88-92.
[92] 王玉锁，周良，李正辉，等. 落石冲击下单压式拱形明洞的力学响应[J]. 西南交通大学学报，2017，52（3）：505-515.
[93] 中铁二院工程集团有限责任公司. Q/CR 9129—2015 铁路隧道极限状态法设计暂行规范[S]. 北京：中国铁道出版社，2015.
[94] 中华人民共和国铁道部. GB 50216—94 铁路工程结构可靠度设计统一标准[S]. 北京：中国计划出版社，1995.
[95] 张明. 结构可靠度分析—方法与程序[M]. 北京：科学出版社，2009.
[96] 赵东平，喻渝，赵万强，等. 铁路隧道衬砌目标可靠指标研究[J]. 铁道工程学报，2015，（6）：51-56.
[97] 中国铁路总公司. Q/CR9007—2014 铁路工程结构可靠性设计统一标准（试行）[S]. 北京：中国铁道出版社，2014.